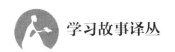
学习故事译丛

另一种评价：
学习故事

［新西兰］玛格丽特·卡尔 (Margaret Carr) / 著

周　欣　周念丽　左志宏　赵　琳　邹海瑞　陈柯汀 等 / 译

周　菁 / 审校

教育科学出版社
·北京·

总序

　　学习故事是一套来自新西兰的儿童学习评价体系，由新西兰国家早期教育课程框架（《Te Whāriki：新西兰早期教育课程框架》，以下简称《新西兰早期教育课程框架》）的编著者之一怀卡托大学玛格丽特·卡尔教授和她的研究团队经过数年的研究发展而成。在新西兰各类早期教育机构中，学习故事被广泛用来帮助教师观察、理解并支持儿童的持续学习，同时记录每一个儿童成长的轨迹和旅程。近年来，学习故事这套评价体系也得到了国际早期教育界的认可，英国、德国、加拿大等国家的很多早期教育机构开始把学习故事作为儿童学习评价的手段。随着新西兰和中国早期教育界间的交流日益频繁，学习故事也受到了中国早期教育工作者的高度关注。为了能帮助更多的中国早期教育工作者了解学习故事，我们目前选择并翻译了玛格丽特·卡尔教授和她的同事们撰写的 3 本与学习故事相关的著作，全面介绍学习故事的理论背景、实践，以及对于儿童学习和发展的意义。

学习故事是什么？

一、学习故事是一套由明确教育价值观引领的学习评价体系

　　引领学习故事的核心教育价值观来自新西兰国家早期教育课程框架。它不是一套对具体教育目的和教育内容进行详细描述和规定的课程。为什么要设计这样一套需要各个早期教育机构自主建构课程的课程框架，而不是规

定了具体内容的课程呢？原因之一是新西兰的早期教育机构有很多种，它们服务的人群和管理模式各不相同，具体包括：①全日制托幼中心（childcare centre），为0—5岁儿童提供全日制的教育服务，在开放时间上与我国的幼儿园相似，大多为上午7:30到下午5:30；②为3—5岁儿童服务的幼儿园（kindergarten），大多为半日制，其中4—5岁儿童每天上午来园，而3—4岁儿童每周来园3个下午；③由家长主导的社区型游戏中心（playcentre），由家长志愿者管理，并组织和支持儿童在玩中学（家长志愿者需参加专业培训）；④毛利语幼教中心（Te Kōhanga Reo），旨在保护和传承毛利文化和语言；⑤家庭式幼教机构（homebased care），提供小规模、家庭式的幼教服务；⑥远程函授学校（correspondence school），为边远和人口稀少地区的儿童和家庭提供远程的函授式早期教育支持和服务。不同类型的早期教育机构可能位于某一民族聚居区，如位于太平洋岛国的文化社区；或面向某些特定人群和家庭，如面向有特殊学习需要的儿童等；也可能采用某一种教学法，如蒙台梭利教学法和华德福教学法等。

　　没有一套规定了具体内容的课程可以满足那么多种不同类型早期教育机构的需要，因此新西兰国家早期教育课程框架仅提出了各种早期教育机构都需要遵循的儿童观、课程观、学习和发展观，以及与这些核心观念相应的教育原则、发展线索和学习成果，而如何在实践中体现这些教育理念是各种早期教育机构可以自主选择的。该课程框架期待的是每个早期教育机构都能创造出符合当地社会文化特点的课程（Lee, Carr, Soutar and Mitchell, 2013），也期待着这些核心理念可以引领新西兰早期教育机构的各项决策和教育教学实践，这其中也包括对儿童进行的学习评价，如学习故事。

　　《新西兰早期教育课程框架》中首先提出的就是儿童观。"此课程基于以下理想：儿童以有能力、有自信的学习者和沟通者的身份成长，追求身体、心理、精神健康，有安全感和归属感，知道他们能为社会做出重要贡献。"（Ministry of Education, 1996, p.9）这句话是该课程框架的核心，也是所有新西兰早期教育工作者——不论是理论研究者还是一线实践者——对儿童的期待。他们认为，儿童从一出生就是"有能力、有自信的学习者和沟通者"，是积极的，有着蓬勃生命力的。因此，在对儿童进行评价时，也需要让儿童看到自己是"有能力、有自信的学习者和沟通者"。很显然，用"找不足、找差距"的视角来评价儿童的学习是无法体现儿童是"有能力、有自信的学习者和沟通者"这一儿童观的。这就要求儿童学习评价的切入点从"找不足、找差距"转变为"发现优点、发现能做的和发现感兴趣的",通过捕捉儿童学习过程中一个个让人惊喜的"哇"时刻来刻画儿童作为"有能力、有自信的学习者和沟通者"这一形象,解读他们的所思、所想、所为,并让儿童知道他们是"能为社会做出重要贡献"的有价值的社会成员。

"课程"在《新西兰早期教育课程框架》中被定义为"在一个专为支持学习和发展而设计的早期教育环境中所有直接或间接经验、活动和事件的总和"(Ministry of Education, 1996, p. 99)。这是一个广义的课程观,也就是说,新西兰的早期教育工作者需要把和儿童在一起的每一分钟以及早期教育机构中的一草一木和所有人(儿童、教职工和家长)都视为课程的一部分。儿童学习的契机蕴含在每一分钟与身边的一草一木和人的交互中,课程发展的线索也蕴含在这些学习契机中,教师需要不断发现和识别这些线索,并在与儿童的不断互动和呼应中促进学习和课程的发展。因此,儿童学习评价需要体现课程的广义性,涵盖儿童学习和生活的方方面面,并体现学习和发展的连续性。

同时,《新西兰早期教育课程框架》又是一套开放的课程。"Te Whāriki"这个词来自毛利语,意为"编织而成的草席"——一种传统的毛利手工艺制品。草席是毛利人生活中的重要组成部分,可供站立和坐卧,甚至可披挂在身上作为独特服饰。每一张草席都有自己独特的纹样,有着开放的边缘,大小长短和用途都各不相同。因此,把新西兰国家早期教育课程框架比喻成"编织而成的草席",意味着它是为所有儿童、家庭和幼儿教育工作者而存在的,属于每一个人。课程发展是倾听和尊重每一个人的声音的过程,每一个人都有权利参与讨论以及"编织草席"的过程,"草席编织者们"——早期教育工作者、儿童、家长及相关的人——需要共同把《新西兰早期教育课程框架》中提出的四大教育原则(激发力量和授权、整体发展、联合家庭和社区、互动互惠),与儿童发展的五大线索(身心健康、归属感、贡献、沟通和探究),以及相应的预期学习成果"编织"在一起,"编织"出植根于社会文化环境、适合自己所在幼儿教育机构的课程。而"编织的过程"——教和学的过程——又是复杂和多元的,可长可短,也可以没有完结,没有固定的边缘。"编织的方法和图案"则存在无限可能,是灵活的和不确定的。这样"编织"出来的课程是由儿童、环境、关系主导的,是生成式、呼应式的,存在不确定性。因此，儿童学习评价也需要体现课程的这些特点，并呈现出儿童学习和发展的情境性、复杂性、多元性和不确定性。

这些判断是在分析了"对于生活在 21 世纪的儿童来说什么最为重要"这个问题后做出的，受到了维果茨基的社会文化建构理论、布朗芬布伦纳的生态系统理论以及意大利瑞吉欧教育理念和实践的影响。《新西兰早期教育课程框架》认为，儿童的学习和发展受到社会文化环境的影响，在与周围环境的互动中、在不断参与社会文化性活动中发生。早期教育不仅需要为儿童进入小学做准备，更需要培养他们作为终身学习者所需要的健全人格、有助于学习的心智倾向，并且帮助儿童建构自己对人、对地方和对事件的理论。因此，儿童学习评价也需要凸显儿童与社会文化环境之间的关系、儿童参与的各种活动以及发展的不同轨迹。

因而，判断一篇有关儿童学习的故事是否是学习故事的最主要因素不是它的形式或其他元素，而是这个故事是否能体现引领着学习故事的儿童观、课程观、学习和发展观等。

二、学习故事是一套用叙事的方式进行的形成性学习评价体系

《新西兰早期教育课程框架》颁布之初，新西兰政府就意识到，对儿童的评价方式是该课程框架能否真正在早期教育机构中实施的关键。但是，为什么评价？评价什么？怎么评价？新西兰早期教育工作者们意识到，"用一根标尺衡量所有人的学习"并不"公平"，而且不是所有重要的东西都可以量化，如学习品质就不可以。因此，新西兰早期教育工作者认为学习评价的目的应该不是测试或仅仅是"评判儿童的学习和发展水平"，而是"促进儿童进一步学习"。教师需要改变已有的建立在对儿童进行"客观"观察基础上的评价方式，因为只要是"人"在观察，就不可能做到完全"客观"。想要实现"客观"的第一步，就是要意识到有可能存在的"不客观"，然后尽量从多维度和多视角解读所观察到的东西。基于观察的评价亦如此。教师记录下真实发生的学习事件，倾听儿童的心声，然后与儿童、其他教师和家长分享，从而实现从不同的视角解读和评价儿童的学习。

"为了促进学习而评价"就是卡尔教授和新西兰早期教育工作者在深入思考"为什么评价"这个问题后给出的答案。卡尔教授和同事们研究后发现，故事可以捕捉学习的复杂性，如学习策略及学习动力等；可以体现学习的情境性，将学习的社会性特征与认知和学习效果结合在一起；能融入儿童的声音,强调儿童的参与和文化。于是,她提出用"学习故事"这种叙事的方式记录、评价和支持儿童的学习,而评价的焦点就落在儿童的学习(过程)上。例如,他们在学什么和想什么(兴趣、行为和思维),是怎么学和怎么想的(方法、策略和关系),为什么会学这些、想这些以及这么学和这么想(知识、技能和态度)。所有这些信息都有可能为教师如何进一步促进和拓展儿童的学习提供方向和指引。

因此,学习故事是为了支持儿童进一步学习而进行的评价,不是对学习结果的测评。它是形成性的,关注的是学习过程;它是课程的一部分,并能够在师生之间持续的互动和呼应中推动课程生成。学习故事又是在日常教育教学情境中所做的观察,是用图文的形式记录下儿童学习过程的一系列"哇"时刻或"魔法"时刻,关注的是儿童能做的、感兴趣的事情,而不是儿童不能做的、欠缺的地方。在这些"哇"时刻或"魔法"时刻里,儿童展示出一个或几个该课程框架所重视的有助于学习的心智倾向——好奇、勇敢、信任、坚持、自信、分享和承担责任。教师的计划和支持儿童进一步学习的方法、策略和内容是建立在分析所观察到的与儿童学习有关的"数不清的因素"基础上的,为教师如何进一步促进和拓展儿童的学习提供方向和指引。佩勒努(Philippe Perrenoud, 1991)将儿童的动机、"学习者"这一社会性身份、学习观及学习氛围都纳入了那些"数不清的因素"中。

学习故事的这些特点表明,它不仅是一种学习评价手段,更是一种理念,一种以儿童为中心的、教师与儿童一起工作的思维和行为方式。那就是,教学始于观察儿童的学习(注意,noticing),尽力去分析和理解它(识别,recognising),然后好好利用识别的信息来有效计划和支持儿童进一步学习(回应,responding)(Drummond, 1993)。每天,教师都会注意、识别、回应儿童的学习许多次,而那些在学习故事中用文字和图片记录下来的3步评价过程可被视为"正式的评价"。不过,在一日生活中,还有很多没有被记录下来的注意、识别、回应过程,即"非正式评价"。事实上,"非正式评价"是教师们每天都在做的事情,不断用注意、识别、回应这套思维和行为模式与儿童一起学习和生活,不仅能促进儿童的进一步学习,还能帮助教师发展即时、专业的回应儿童的能力。而分享那些记录下来的"正式的评价"——学习故事——则能够让早期教育机构中所有成员(儿童、教职工和家长)注意、识别、回应儿童学习的能力变得更强,因为学习故事的结构也与注意、识别、回应这3步评价过程相对应。

- 注意。教师对儿童学习的观察，记录下来的"哇"时刻或"魔法"时刻（故事和照片）。
- 识别。教师对学习的分析、评价和反思，如："我认为我在这个情境中看到了什么样的学习？""关于汤姆，我今天又有了哪些新的认识？"
- 回应。教师为支持儿童进一步学习制订的计划，如："我们还能做些什么，以支持、促进和拓展儿童的学习？"

同时，一个学习故事还可以呈现家长和儿童的声音，让家长和儿童参与学习评价过程。在不断的注意、识别、回应中，所有人都有可能随时随地观察、解读并支持和促进儿童的学习。佩勒努（Perrenoud，1991）认为，"任何能帮助学生（儿童）学习和发展的评价都是形成性的"。由此可见，学习故事不仅将教师的视线聚焦在每一个儿童身上，记录那些学习过程中的"魔法"时刻，那些儿童能做的、感兴趣的事情，还能引导教师们讨论儿童的学习，对教和学进行反思，制订儿童支持计划，并通过阅读和回顾那些充满"魔法"的学习时刻，让儿童参与自我评价，并和家庭成员分享信息和经验，使它成为知识建构过程中不可缺少的一部分。

三、学习故事是一套能够帮助儿童建构作为学习者的自我认知的学习评价体系

"有能力、有自信的学习者和沟通者"是儿童在新西兰早期教育工作者心中的形象，儿童也应该建构这样的积极自我认知。但是，"有能力、有自信的学习者和沟通者"到底是什么样的呢？好奇、勇敢、信任、坚持、自信、分享和承担责任，这些形容词似乎可以用来描述"有能力、有自信的学习者和沟通者"，它们也是《新西兰早期教育课程框架》预期的重要学习成果和儿童学习评价的重要内容。

为什么有助于学习的心智倾向和儿童建构积极的作为学习者的自我认知那么重要呢？卡尔教授在《另一种评价：学习故事》（*Assessment in Early Childhood Settings: Learning Stories*）一书的第二章《有助于学习的心智倾向》有详细的阐述。她认为心智倾向是儿童的学习动机和倾向、学习能力的结合，是"一整套和参与有关的机制，一个学习者从中识别、选择、编辑、回应、抵制、寻找和建构各种学习机会"。她将学习的过程视为一整套和参与有关的机制的转变，是学习者"准备好、很愿意、有能力"参与活动的过程，类似于学徒，在所参与的活动中位置从边缘向中心转变，从新手转变为专家。当没有人能对"不断全球化、飞速变化着的未来世界是什么样的"做出准确预测时，学习特定的技能并不足以为那些目前还不存在的工作和技术做好准备。因此，支持儿童发展那些能够让他们自信地去面对生活中各种挑战，识别、选择、编辑、回应、寻找和建构各种学习机会的心智倾向就显得尤为重要了。不管世界怎么变化，只要学习者"准备好"（视自己是一个学习者）、"很愿意"（对学习场合和情境进行识别）、"有能力"（发展能够为"准备好"和"很愿意"参与学习做出贡献的能力与知识储备）去参与社会文化活动，学习就有可能发生，发展就有可能实现。

《新西兰早期教育课程框架》和学习故事评价体系的一个重要目标就是促进儿童发展有助于学习的心智倾向，帮助儿童建构积极的作为学习者的自我认知，从而激发儿童学习和发展的强大力量。在《学习故事与早期教育：建构学习者的形象》（*Learning Stories: Constructing Learner Identities in Early Education*）一书中，作者围绕 4 个主题——主体能动性和对话、跨越边界将各个学习情境联系在一起、认识和再认识学习的连续性、运用一系列日益复杂的方式占有知识和发展有助于学习的心智倾向——向读者们展示了学习故事可以如何帮助儿童建构作为学习者的自我认知。教师正是通过捕捉一日生活中各种可能的学习契机，在一次次注意、识别、回应中，在一个个学习故事中，让儿童看到自己是"有能力、有自信的学习者和沟通者"，从而发现自己的力量并进一步学习和探究。

儿童身处的社会性环境是影响儿童发展有助于学习的心智倾向的重要因素。在《学习的心智倾向与早期教育环境创设：形成中的学习》（*Learning in the Making: Disposition and Design in Early Education*）一书中，卡尔教授和她的同事们通过介绍一项长期跟踪式的叙事研究课题，探讨了发展心智倾向和早期教育环境、心智倾向及其相关内容与学习者的自我描述和学习者多个侧面之间的关系，不同时段和场合心智倾向相互作用和发展的过程，以及促进其发展的一些重要元素。作者们还对如何设计早期教育环境以支持儿童心智倾向的发展提出了建议。

由此可见，心智倾向和知识、技能一样，是新西兰早期教育的重要内容和儿童学习发展的重要线索。在"取长式"的课程体系和评价体系中重视对心智倾向的解读和促进，有可能支持儿童建构积极的作为学习者的自我认知，建构一个积极的充满力量的学习者形象。

学习故事可能会给我们带来哪些启发？

一、学习故事有可能帮助我们建立教育理念和实践之间的联结

学习故事是一套由明确教育价值观引领的儿童评价体系，它的核心理念与我国的《3—6 岁儿童学习和发展指南》有很多相通之处，如认为儿童是有能力、有自信的主动学习者，儿童的学习和发展是一个整体，儿童在与环境的有效互动中学习和发展，重视幼儿园和家庭及社区的密切合作等。因此，了解新西兰教师们如何在这些教育理念引领下，通过学习故事来观察、解读和支持儿童学习，可能会帮助我国幼儿教师建立理念和实践之间的联结，不断建构和反思自己对这些教育理念的认识，以及它们在自己教育教学实践中的价值和体现。

二、学习故事有可能帮助我们建立知识、技能、心智倾向之间的联结

碎片化的、不体现情境因素的知识和技能可以说是传统评价的重点，而21 世纪中的学习者仅重视知识和技能的习得显然是不够的。卡尔教授视学习为"知识、技能与心智倾向的复杂混合过程"，并在学习评价过程中强调对心智倾向的解读，关注它们对于促进儿童在知识技能建构方面的作用。在学习故事里不仅要对儿童学什么和做什么进行描述，还需要分析和识别支持儿童这些学习行为和过程的内在动机和倾向，试图"读懂儿童的心声"，并以此为起点进一步支持儿童在知识、技能和心智倾向方面的学习和发展。因此，学习故事有可能帮助我们建立知识、技能和心智倾向之间的联结，让我们不仅关注儿童的学习行为和表现、知识和技能的习得，还能帮助我们走进儿童的内心，了解他们的所思所想，了解他们行为背后的意图。

三、学习故事有可能帮助我们建立儿童、环境、关系之间的联结

传统的评价中很少体现环境在儿童学习过程中的作用。学习故事受到社会文化建构理论的影响，认为儿童是在他们与周围环境中的人、事、物互动中学习和探究的，因而，学习评价也需要体现这些互动。从另一层面来讲，学习故事是从捕捉儿童学习过程中的"哇"时刻或"魔法"时刻开始的，但是，"哇"时刻或"魔法"时刻的出现是需要条件的，儿童需要有创造"哇"时刻和制造"魔法"的环境（时间和空间），这就要求教师反思什么样的环境有可能支持儿童创造"魔法"。也就是在这样不断发现儿童制造的"哇"时刻、解读这些"哇"时刻并反思"哇"时刻得以出现的环境和关系的过程中，儿童、环境、关系被联结在了一起。

四、学习故事有可能帮助我们建立儿童、教师、家长之间的联结

很多教师会说，我们给儿童做的评价很少会给家长看——因为这些评价中记录的通常是教师发现的儿童学习发展过程中的"不足"和"差距"——评价后我们会思考如何给儿童"补缺"。试想，有哪个家长会愿意看到对自己孩子净是"缺点"的评价？学习故事在儿童是"有能力、有自信的学习者和沟通者"这一儿童观的引领下，用认可和接纳的态度来观察儿童的学习过程，发现和记录儿童的优点和兴趣，并以这些为起点去评价和支持儿童的学习，然后带着爱和喜悦分享儿童的学习和成长。因此，记录了积极学习体验的学习故事会让儿童、教师和家长乐于一遍遍回顾，并在分享这些积极学习经验的过程中拉近儿童、教师、家长间的距离，促进发展儿童、教师、家长之间互动互惠的关系。

五、学习故事有可能帮助我们建立儿童的学习和发展、教师的学习和发展、幼儿园的管理和发展之间的联结

学习故事是一个工具、一种中介，支持着儿童的学习，记录着每个儿童独一无二的学习和发展轨迹。不过，学习故事的作用不仅限于此，它还像是一颗投入湖水中的小石子，会带来涟漪——促进教师的专业学习和发展，推动幼儿园的管理和发展。帕克·帕尔默（Paker Palmer，1998）认为，让教师感到沮丧有两大原因：一是他们与学生之间的关系出现了断裂；二是他们与自己内心世界的关系出现了断裂。想要让教师对儿童充满热情，对教学充满热情，对自己的专业学习充满热情，需要关注教师与学生、与自己内心世界之间的联结。在学习故事中，教师关注的是儿童，记录的是他们认为有价值、有意义的学习过程，并反思自己对儿童和对自己教学实践的理解，然后设想下一步行动的机会和可能性。因此，卡尔教授认为用学习故事进行评价的实践本身就是一种叙事研究、一种行动，是"实践者的研究"，而教师就是研究儿童、研究教育教学实践的行动研究者。正是在参与这样的研究儿童和研究自身教育教学的过程中，教师与儿童、与自己内心世界的联结得到了不断强化，儿童的学习和发展得到不断促进，教师也能从儿童的学习和发展中看到自己工作的意义，并且不断建构和深化自己对教育的理解。不过，儿童和教师的学习和发展离不开幼儿园的机构文化、管理模式和发展空间。因此，在撰写、解读、分享学习故事的过程中，在儿童、教师和幼儿园管理者共同探究和学习的过程中，幼儿园就成了一个"学习者的共同体"，为促进儿童、教师和幼儿园的持续发展，提供开放、多元、自主、充满机会和可能性的学习环境。

在卡尔教授以及新西兰早期教育工作者的众多学术著作中，我们目前选取了3本，旨在向中国的早期教育工作者介绍：①学习故事这套儿童学习评价体系发展背景、理论基础和实践运用——《另一种评价：学习故事》；②学习故事所关注的心智倾向与早期教育环境之间的关系——《学习的心智倾向与早期教育环境创设：形成中的学习》；③学习故事在早期教育阶段建构学习者形象过程中所起的作用——《学习故事与早期教育：建构学习者的形象》。在阅读这3本书时，读者们可以把书中的一些概念和专业词汇放在社会文化建构理论的语境中理解，并且与新西兰的教育价值观和核心理念建立联结。例如，对于卡尔教授提出的"在中间学习"这个概念，《学习故事与早期教育：建构学习者的形象》一书的审校李薇博士就建议读者们把它和社会文化建构理论联结在一起，从个体与社会环境、个体与社会文化工具、个体与教育环境的交互关系3个层面来理解，因此可以把"在中间学习"理解为：①个体的学习是在社会文化共同体的中间发生的；②学习的发生有赖于所处社会文化共同体中人们常用的认知方式和思维工具；③"中间"就是让教育环境和个体学习者发生交互关系的空间。由此可见，从作者的理论体系和背景来解读相关概念，有助于读者理解作者的意图和视角，并与自身已有的知识和经验对接，建构自己对相关理论、概念和实践的认识。

最后，感谢玛格丽特·卡尔教授和温迪·李老师在我翻译、审校过程中给予的支持和鼓励。希望本丛书能给中国早期教育工作者带来启发，并能够引发人们更广泛、更深入地探讨和研究早期教育课程和评价。

周 菁

中文版序

　　我非常荣幸能够为 *Assessment in Early Childhood Settings: Learning Stories*
的中文版《另一种评价：学习故事》写序。我想要感谢并祝贺华东师范大学
的周欣教授及其团队和本书审校周菁博士能够顺利完成翻译本书的任务，因
为我觉得这应该是一本不太容易翻译的书。不过，我知道这本书是在一群很
有能力的学者手中，因为周欣教授在早期教育界是非常受人尊敬的学者，也
曾经访问过新西兰。作为本书审校的周菁博士曾是一名有经验的幼儿教师，
非常熟悉新西兰和中国的早期教育。她是温迪·李的朋友，我也是。我和温
迪一起进行了很多有关学习故事的研究，并共同撰写了另一本学习故事专著
《学习故事与早期教育：建构学习者的形象》，该书已由周菁博士翻译成了
中文。

　　在本书的第一章中，我分享了我当 3—4 岁孩子的教师时的经历。很多
年过去了，我还记得那些孩子学习的故事，但那时的我并没有想到要把这些
故事写下来。现在，我把它们写进了这本书里，我也希望您——本书的读者
会开始思考和谈论自己和孩子们在一起时发生的那些故事。您能想起一个孩
子突然能做那件他或她一直在努力想要做成功的事情的时刻吗？您能想起一
个孩子非常专注地参与学习的时刻吗？您也可能会想起一段新的友谊，或者
一个友善的瞬间。在您观察孩子、与孩子沟通的时候去发现这样的时刻吧。
当教师识别并写下这些故事，让孩子和成人能够在生活中阅读它们的时候，
还有当教师、家人和孩子一次次回顾它们的时候，那么，孩子们就是行进在
了成为终身学习者的旅途上。他们将准备好、很愿意并有能力发展浓厚的兴
趣，结交朋友，尝试有挑战的任务，并用积极的方式让这个世界变成一个富

2 **另一种评价：学习故事**

有创造力并充满关爱的地方。

　　我希望您会喜欢阅读这本书，也希望这本书能促使您踏上探究学习故事的旅程，或者激励您继续在已经开始的学习故事的旅途上不断前行。

Margret Carr（玛格丽特·卡尔）

2016 年 1 月

新西兰

献给莫罗菲(Merophie)、戴维(David)、摩西(Moses)、波利(Polly)、罗比（ Robbie ）和莉迪亚（ Lydia ）。

他们知道幸福就是在音乐、舞蹈、故事和游戏中把认知与情感融为一体。我尊敬和欣赏他们享受各种无法预知的学习路径和不确定结果的能力。

目 录

绪　言

评价无疑已成为教育中最有力的政策工具。它不仅可以用来确定个人、机构甚至整个教育体系的长处和缺点，还是一种能带来变化的强有力的影响源。（Broadfoot，1966a，p.21）

近年来，由于多种原因，许多国家都要求早期教育专业人士实施能够记录儿童学习过程和进步的评价程序。本书介绍的就是一些一直在探寻如何完成这一任务的早期教育实践工作者为此所付出的努力。在接受这个任务时，很多教育实践工作者并没有做好充分准备。当我们刚开始这一探究旅程时，许多教育实践工作者非常抵触承担这个需要对儿童加以评判的评价者角色。他们说评价工作让他们远离了自己最喜欢做的事情：与孩子们在一起。大多数人对把儿童的发展情况写下来或记录下来的价值表示怀疑。他们把这一工作看作在满足外部机构审查的需要，是浪费他们宝贵时间的一项行政任务。

1989—1991 年，我与一位同人共同领导了新西兰教育部组织的一个对早期教育课程进行研究的小组。在此期间，我们通过与一线教师进行广泛讨论，最终形成了国家性的早期教育课程框架。它包括对 5 个方面的学习成果进行描述：身心健康、归属感、沟通、贡献和探究（Carr and May，1993，1994，2000）。这 5 个方面的学习是教育实践工作者认为真正有价值的学习。我们强调课程关乎"与他人、所处环境和事物建立互动和互惠的关系"，而当时被普遍采用的评价方式更关注从儿童身体、情感和社会性理解及技能等维度来描述学习成果。当教育实践工作者开始使用新的课程框架，并设法面对随之而来的有关评价的新要求时，就遇到了苏·布莱德坎普和特丽莎·罗斯格兰特（Sue Bredekamp and Teresa Rosegtant）所说的一种情况，那就是"如果我们想要看到真正的课程改革，我们必须同时进行评价实践的改革"（1992，p.29）。

国家早期教育课程框架完成以后，我们承接了新西兰教育部的另一个课题——在早期教育环境中评价儿童的经验。当我们开始做这个课题时，我觉得教育实践工作者和我都想紧紧抓住"评价"这一概念，颠覆它，解构它，然后从中发现它可以让我们享受与儿童同在的那部分内容。教育实践工作者喜欢从讲故事开始对评价进行探究，于是，探寻运用不一样的方式来评价的旅途就此开启。我们在 5 个不同的早期教育机构中进行尝试。其中，全日制托幼中心坐落在新西兰一个小城市（人口 10 万），是非营利性的，由一个社区信托基金会经营。该中心提供两种早期教育服务：一种是为两岁以下儿童提供的服务，有 10—12 个儿童；另一种服务对象是两岁以上的儿童，有 30—32 个儿童。该机构有 10 名教师。第二个是幼儿园，提供的是时段性服务（5 个上午或 3 个下午），与前面提到的托幼中心在同一个城市。该幼儿园是当地某个幼儿园联合会管理的 28 所幼儿园中的一所，位于郊区的一幢廉租房内，服务的对象也包括城郊农牧社区。参加幼儿园上午班学习的有 44 个儿童，3 名教师。第三个是家庭式托幼中心。它是某个社区托幼信托基金会所管理的 100 个家庭式托幼中心中的一个。同一托幼信托基金会还管理着两个全日制托幼中心，其中一个全日制托幼中心也参与了这个课题，即前面提到的全日制托幼中心。在本研究进行的过程中，参加这个家庭式托幼中心的儿童人数一直不稳定，有时是 3 个，有时是 4 个。儿童的年龄从 14 个月至 4 岁 1 个月不等。在对持续了 3 个月的观察记录进行分析时，我们主要分析的是两个一直在这个家庭式托幼中心学习的 3 岁左右的儿童。第四个是毛利语幼教中心。它是一家坐落在市区的全纳式毛利语早期教育机构，隶属于国家毛利信托基金会，允许招收 16 个儿童，儿童在园时间为早晨 9 点至下午 3 点。在毛利语幼教中心学习的有 0—5 岁各年龄段的儿童。本书经该园的允许，使用了教师和儿童的真名。第五个是游戏中心。它是由家长管理和运作的合作性组织，隶属于新西兰游戏中心联合会，是一个仅在上午时段提供服务的早期教育机构。参加该游戏中心的是 22 个年龄为 18 个月至 5 岁的儿童。每个上午平均会有 5—6 位家长（一般是母亲）负责组织各类活动（这种体系被称为团队式管理）。此项研究的最终报告于 1998 年提交给新西兰教育部（Carr，1998a）。针对这个课题，我们还制作了 3 盘录像带和一本配套的书，书中收录了 4 个工作坊的实况和 7 篇论文（Carr，1998b）。

另一项与早期教育中技术应用有关的实践研究（Carr，1997，2000a，2000b，2001）也对我产生了巨大的影响。进行那个研究的时候，我曾经在一段时间内很仔细地观察了一些 4 岁儿童运用硬板纸、胶水、钉书钉和颜料制作东西的过程。当时我就一直在思考是否可以把"学习叙事"作为一种描述（和记录）这些儿童学习过程的工具。本书也收录了我在进行那个研究时所采集的素材，即在一所幼儿园中所观察到的 5 个活动或技术应用的案例。这所幼儿园位于郊区的一个中等收入地区，它也为附近一些低收入家庭和农牧社区服务。

我还需要在这里提供一些背景信息，这些信息关乎我所使用的语言以及想要感谢的人和机构。在早期教育领域撰写文章的作者总是需要决定用什么样的词来称呼成人：教师，教育工作者，教育实践工作者，成人，员工，（一般指家庭式托幼中心的）看护者，te kaiako（毛利语，意为教师），te kaiawhina（毛利语，意为辅助人员）。在家长合作管理的游戏中心里，成人指的就是家长；在毛利语幼教中心里，毛利语 ako 意为教（和学），awhi 是保育，因此，与 kaiawhina（辅助人员）相比，kaiako（教师）承担更多教学的角色。我倾向于把"教育实践工作者"当作一个常用的词语，而我的学生告诉我，他们喜欢使用"教育工作者"这个词。许多作者坚持使用"教师"一词。我并不是特别在意使用什么样的词语来称呼成人，我会根据不同的情境选择使用不同的词语。但这并不意味着在全日制托幼中心里被称为教育实践工作者或员工的人就不会去教学，或是被称为教师的人就不承担保育工作了。

"评价儿童的经验"这个课题是新西兰教育部研究司资助的，我感谢他们提供的研究经费以及对此课题持续的兴趣和支持，感谢他们允许我在本书中使用我们提交给教育部的最终研究报告中的内容。非常感谢那些对案例研究做出了贡献的教育实践工作者们：玛格丽特·巴克利（Margaret Barclay）、美雅·斯克利特－怀特（Mere Skerrett-White）、梅伦·古迪森（Merren Goodison）、温迪·李（Wendy Lee）、安妮特·拉什（Annette Rush）、苏·松纳维尔德（Sue Zonneveld）、利·威廉姆斯－霍布斯（Leigh Williams-Hobbs）和罗西娜·梅里（Rosina Merry）。我还要感谢我的研究助手们：吉尔·法尔（Jill Farr）、简·巴伦（Jane Barron）和基莉·古尔德（Kiri Gould）。我要感谢以下早期教育机构中所有教育实践工作者的家人们和在

4 另一种评价：学习故事

这些机构中学习的儿童：费恩戴尔幼儿园（Ferndale）、格兰德维尔幼儿园（Grandview）、伊甸山幼儿园（Mt Eden）、阿卡拉那幼儿园（Akarana）、圣安德鲁斯幼儿园（St Andrews）、英索大街幼儿园（Insoll Avenue）和康斯坦斯·科尔格罗夫幼儿园（Constance Colegrove）、圣马克斯社区托幼中心（St Marks Comunity Crêche）、林托特托幼中心（Lintott Childcare）、汉密尔顿托幼服务信托基金会的家庭式托幼中心（Hamilton Childcare Servias Trust Home-based Programme）、阿莫库拉毛利语托幼中心（Amokura Kōhanga Reo）和两所游戏中心（隶属于怀卡托和丰盛湾游戏中心联合会），感谢他们对儿童的学习进行观察并撰写学习故事。为新西兰教育部的评价项目提供了有力又有效行政支持的是哈利·斯图尔特（Haley Stewart）和詹尼特·米切尔（Janet Mitchell）。雷温·奥尔顿（Raenyn Oulton）为技术应用实践研究课题和本书绘制了图表。科琳·尼克尔森（Corinne Nicholson）用许多种方式提供了支持，包括与世界另一边的保罗·查普曼（Paul Chapman）和世哲（Sage）出版公司的那些很有想法又善于思考的编辑们进行沟通。两岁儿童摩西的家人为第3章提供了额外的素材和内容，我非常感谢他的父母所提供的故事集锦。还要感谢现在已经13岁的安德鲁·巴克利（Andrew Barclay）和他的母亲玛格丽特·巴克利（Margaret Barclay），感谢他们允许我在第二章中使用根据安德鲁两岁时录制的数学方面素材所整理的文本材料。这一文本材料以及收录在第一章中的乔伊（Joe）和马克（Mark）试图理解海盗和宇宙主人的文本材料，最初发表在1994年出版的《澳大利亚早期儿童期刊》（*Australian Journal of Early Childhood*）第19卷第2期上。第九章中达林（Darryn）母亲所撰写的《家长的声音》首次发表在1999年第3期的 *R.E.A.L.* 杂志上。这两个研究课题（"评价儿童的经验"和"技术应用"）都从早期教育机构中收集了有关评价的素材，并得到许可保留了儿童和教职员工的真实姓名。

除了在开展新西兰教育部两个课题研究时所收集的故事外，书中收录的其他学习故事大多是由教师专业发展促进者收集的。我要特别感谢温迪·李努力并满怀热情地帮我收集故事，还有那些共同撰写了故事的家长、儿童和教师，感谢他们慷慨地允许我在本书中使用这些故事。我也要感谢怀卡托大学的教师专业发展团队，他们总是及时地向我提供自己所在早期教育机构的探究进展。我感到很遗憾的是，这本书没有足够的空间让我一一展示这么多年来我读到的所有精彩的学习故事。海伦·梅（Helen May）、安·史密斯（Anne

Smith）、瓦尔·波德摩尔（Val Podmore）、帕姆·库拜（Pam Cubey）、安妮·阿特利（Anne Hatherly）、博纳黛特·麦卡特尼（Beradette Macartney）和布朗文·考伊（Bronwen Cowie）都在和我合作进行与本书相关的其他课题时给我提供了很多想法和支持。1995 年秋天，当我在哈佛大学时，戴维·珀金斯（David Perkins）和夏利·蒂什曼（Shari Tishman）曾帮助我理解"心智倾向"这个概念。得益于怀卡托大学的休假制度，1999 年我在英国正式开始撰写本书，我要感谢诺米·罗·拉科维西（Nomi Rowe Rakovsky）、蒂娜·布鲁斯（Tina Bruce）、玛吉·惠利（Margie Whalley）、艾拉姆·西拉吉－布拉奇（Iram Siraj-Blatchford）和盖·克莱斯顿（Guy Claxton）的热情好客与情谊。盖对本书的贡献始于 1989 年我们合作撰写有关"精心计算的代价"的论文时，本书中的许多想法都来自于我们在（英国南部）那个夏天里的对话。我还要感谢怀卡托大学早期教育系的同事。他们中的许多人自研究新西兰国家早期教育课程框架时起就和我踏上了共同的旅程。我还要衷心感谢马尔科姆·卡尔（Malcolm Carr）那些充满智慧的建议和优质的编辑方面的支持。

尽管对学习进行评价这一挑战是在实施新课程框架的过程中突显出来的，但是支撑本书有关学习和评价的理念并不依赖于任何一种课程。赫麦恩·马歇尔（Hermine Marshall）对一个强调学习挑战的课堂进行了描述。

学习的动机（而不是仪式性的履行任务）是建立在挑战之上的，它与真实世界以及学生的兴趣……有联系。错误不是用来证明某件产品低劣的证据，而是"弄清楚为什么出错"的途径以及新的学习来源。（1992，p.10）

在论述自己对这个课堂的思考时，马歇尔使用了"学习场"（learning place）这个词。本书写的就是早期教育实践工作者为儿童建设学习场付出的努力，以及他们对儿童在这些地方的学习所做的记录。在第一章中，我介绍了自己在理解学习和评价时发生的变化，以及我曾经深信不疑但现在心存质疑的 7 个假设。在对评价进行研究的过程中，我们很快意识到，只有在明确了"评价什么"的问题以后，才能解答"如何评价"这个问题（Drummond and Nutbrown，1992）。埃利奥特·艾斯纳（Elliot Eisner）认为，教师提出的他们想要完成的目标与他们如何评价学生实际学到的东西经常是矛盾的（2000，p.346）。他补充道："之所以忽略（评价中）那些蕴含远大理想的内容，一部分原因在于获得与这些评价内容有关的信息比较困难且太耗费时间。"

　　本书的第二章以及之后的 3 章都是围绕着"评价什么"这一问题展开的。第六章讨论的则是如何评价前几章中提出的蕴含远大理想的内容。其余 4 章描述了参与 5 个案例研究的教育实践工作者们尝试运用有助于评价教师、家长和儿童认为有价值的学习的评价程序，他们中的一些人自此之后一直采用着这样的评价程序。最后一章继续讨论了将前面几章串联在一起的那些线索以回答第一章中提出的两个问题，并且增加了第三个问题。

- 我们如何用对学习和进步有价值的陈述方式来描述早期教育的学习成果？
- 我们如何运用能够促进和保护学习的方式来评价早期教育的学习成果？
- 教育工作者需要得到什么样的帮助才能转变对评价的理解和认识？

　　我希望本书对师范生们和对评价感兴趣的教育工作者们，以及那些对自己班里的儿童满怀高期望并且打算踏上探究如何评价复杂又不确定的学习成果旅程的早期教育实践工作者们有所帮助。

第一章
从一种传统模式的评价到另一种评价

　　20年前，当我刚刚开始当幼儿园老师时，我相信评价就是看看那些快要上小学的儿童是否已经获得了我认为上小学必须具备的技能，包括早期书写（写自己的名字）技能、自理技能、早期数学（数数）技能、轮流和使用剪刀的技能。因此，我会去注意儿童还没有具备哪些入学准备必备技能，准备一个考核表，然后在儿童入学前的几个月中有意识地使用一些非常直接的教学策略，以教会儿童这些他们所欠缺的技能。我不认为这一过程有什么趣味或对我自己有什么用处，不过，毫无疑问的是，我认为这个过程是与我作为一位称职幼儿园教师的声誉联系在一起的，并希望在儿童的家庭和当地学校中保持这种声誉。

　　在我帮助儿童做入学准备的过程中，我的行为背后存在着几个与评价有关的假设，但20年后的我已不再相信其中任何一个假设了。我的兴趣已经转移到了4岁儿童艾米丽（Emily）身上。她是一个善于表达、非常自信的孩子。当她的朋友劳拉（Laura）告诉她拼图拼错了的时候，艾米丽会生气地大声说："不，不要说我'错'了。如果你说我'错'了，我就不让你敲我的老鼠。"儿童的一些活动过程也深深吸引着我。比如说，当杰森（Jason）把简单的滚珠画活动变成一个既复杂又困难的过程，那就是，他教内尔（Nell，他一般会避开这种难度的活动）如何做滚珠画，内尔再去教金妮（Jinny）和尼克（Nick）。在观察发生在某个早期教育机构中的一个活动时，我经常听到成人说"真是个好姑娘"，但从未听到成人这样表扬"好男孩"，尽管男孩子们也在参与该活动。我追随迈拉（Myra）和莫莉（Molly），她们正在说一种"闺蜜语言"（girl-friend-speak），这种语言在进行交互、回应式对话时使用，但很显然她们把丽萨（Lisa）排除在对话之外了。我访问了丹尼（Danny），想要了解他觉得做什么事情比较困难。他告诉我，他发现画小汽车后面的三角形窗户很困难。我给两岁的摩西读故事书，他想知道在水面下鸭子是否还有脚，那些脚又是什么样子的。我听到特雷弗（Trevor）对他的朋友说，如果发现某些事情很难，那么就放弃吧。在本书中我们还会见到许多这样的儿童，因为我在思考学习是否既发生在"水面上"，也发生在"水面下"，这是什么样的学习，我们可以如何评价它，以及这是不是我们早期教育工作者应该管的事情。

　　我一直把我这些已存在 20 年之久的有关评价的观点称为我的传统评价模式。戴维·奥尔森和杰罗姆·布鲁纳（David Olson and Jerome Bruner, 1996）把传统教育学界定为我们所拥有的日常的、直觉性的教育理论，这些理论与学习和教学、儿童的思维以及我们可以如何帮助他们学习有关。他们指出，这些日常的、直觉性的理论深刻地反映了那些根深蒂固的文化信念和假设。以我的传统评价模式为例，它存在以下假设：评价的目的（根据一份描述了下一阶段教育所需能力的清单进行考查），感兴趣的学习成果（碎片式的、不能体现环境因素的、与学业有关的技能），干预或注意的焦点（弱点/缺点），评价数据的效度（最好是能对技能进行客观观察，并在一份清单中反映出来），进步（技能等级，特别是在阅读与数学方面），程序（清单）和价值（监督作为教师的我）。这些假设是在我的成长过程中逐渐形成的，来自我自己作为一个教师的经验，来自我自己上学时经历过的评价，来自我对自己的孩子接受早期教育和中小学教育的感受，也来自我的家人和同事的观点。我们的师范教育对改变这些假设没有任何作为。

　　然而，与我所拥有的这种传统模式的评价并行的是另一种截然不同的、更关注学习和教学的评价。后来，在与一些想要探究不一样评价实践的教育实践工作者一起时，我才有机会尝试把我们有关学习和教学的想法与另外一些有关评价的假设整合在一起。表 1.1 列出了我的传统评价模式背后的假设，也列出了与之相对应的支持另一种评价模式的假设。本章介绍了这些另类的评价假设，它们也是本书的基础。

表 1.1   两种评价模式背后的假设：传统模式和另一种模式

假设	我的传统评价模式	另一种评价模式
目的	根据描述了入学所需能力的清单进行考查	促进学习
感兴趣的学习成果	碎片式的、不体现环境因素的、与学业有关的技能	有助于学习的心智倾向
干预的焦点	发现缺点和不足，弥补差距	突出长处，促进心智倾向的发展
效度	客观观察	对观察进行解读，讨论，达成共识
进步	技能的层级	参与状态有提升，更为复杂和深入
程序	清单	学习故事
对教育实践工作者的价值	接受外部机构的监管	与 4 类读者沟通：儿童、家长、其他员工以及教育实践工作者自己

目 的

20 年前，我认为评价是根据事先决定的清单对儿童的知识技能进行总的考查。哈里·托兰斯（Harry Torrance）和约翰·普莱尔（John Pryor）把这样的评价称为聚合性评价。与此不同的评价则是发散性评价，强调学生的理解，并由教师和学生共同完成。这些想法不仅反映了与评价有关的观点，还反映了人们是如何看待学习和教学的。我觉得当时我同时拥有聚合性和发散性的学习观。在聚合性模式中，我比照描述了儿童入学所需能力的清单对儿童的学习成果进行考查。当清单告诉我某个儿童没有习得某些所需技能时，我就会设计一些方法直接教他们。在发散性模式中，我通过实施一种以自由游戏为基础的课程来促进我认为有价值的学习，但我并没有看到评价或记录在这样的学习过程中可以起什么作用。

现在，我已经没有我所做的那些聚合性评价的实例了，但是我还保留着一个那时我用发散性模式工作的实例。围绕几年前一个 4 岁儿童在幼儿园用木工钻进行发明创造这件事，我撰写了一篇文章（Carr，1987）。我观察到有孩子把一个"G"形钩倒过来转手柄，想用它在木工台上钻出一个洞。一般情况下，"G"形钩的螺纹旋转手柄尾部会有一个保护帽，以防止它在夹桌子时留下痕迹，但是这个"G"形钩上的保护帽已经被弄丢了，螺纹旋转手柄尾部就变成尖尖的了。他大声地说："看，玛格丽特，我在钻一个洞。"我们讨论了他是如何把钩子变成了木工钻的，并认为这项发明创造是提高儿童木工技能的潜在的非常好用的工具。那时，我们所用的钻洞工具都来自于各种各样的手钻式打蛋器，儿童不得不用一只手保持手钻直立，另一只手一边下压手柄一边垂直转动它。在使用新的木工钻时，因为它的螺纹旋转手柄能够保持下压力，所以儿童能够用两只手同时转动手柄。后来我请一位家长在"G"形钩上焊了一个螺纹钻头，然后把它钻进一块木头里。事实上，这个小小的变化确实促进了儿童在木工活动中解决问题和制订计划的过程。我写了其中一个男孩制作小船的故事，他在一块木头上又是锯又是钉，打了2个5毫米的洞，钉上一些短木钉（做桅杆），然后把船放到水槽里（船歪向一边。后来，他重新修改了设计，使船直立了起来，后面这部分并没有被记录下来）。还有一个女孩在用旧扫把柄锯成的一个个"轮子"上打洞，然后用平头钉子把这些"轮子"钉到一块木头的两边，再把它放在地上当成汽车或手推车推着玩。这些活动我都拍了照片，跟家长分享，但是我从来没有想到这些发明创造或木工活是可以被记录下来作为评价程序一部分的。现在我觉得把那些学习过程记录下来可以给儿童、家庭和我自己带来一些新的启发，这些新启发与早期教育课程的目标有关，也与这些目标可以如何得到人们的认可并在其他活动中得到进一步发展有关。

当时，我只记录了课程的一部分，而且，我是应幼儿园外一些人或机构的要求而做这个记录的。可能许多幼儿园教师也属于我这种情况。由于外部问责制给早期教育行业施加的压力始终不减，外部监管也开始影响凭直觉开展的、呼应式的教学。我所理解的另一种评价模式就试图把外部问责和呼应式教学联系起来，它倡导记录学习者的学习成果，这种记录也是融入呼应式教学过程中的。然而，这种评价模式对学习者学习成果的界定与我在20年前所使用的聚合式评价清单完全不同。

感兴趣的学习成果

我用传统模式记录下来的评价把学习视为个体的行为和脱离情境的行为。这种评价感兴趣的学习成果是那些碎片式的、不能体现环境因素的、与学业有关的技能。而另一种评价模式则认为学习总是会受到所处情境的影响，正如詹姆斯·沃茨（James Wertsch）建议的那样，学习者实际上是一个"行动中的学习者"（learner-in-action）。这一观点源自维果茨基（1978）的概念即"受中介影响的行动"（mediated action）。基于这些概念的学习观关注的是学习者和环境之间的关系，寻找的是能够界定和记录环境中那些交互的和呼应式的关系的途径。芭芭拉·罗格夫（Barbara Rogoff，1997，1998）把发展描述成"（一个人）参与（社会文化活动的方式和程度）的变化"，这个定义强调的就是这种学习观。

其他学者也强调了学习所具有的情境性和文化性本质。例如，布鲁纳（1990，p.106）就把"开始重视学习的这些本质"这一现象描述成心理学领域的一个"情境化革命"。人们关注的焦点已经从关注（个体的）内部结构和思维表征转移到关注（个体）在自己所生活的这个世界里建构的意义、愿望和关系。早期教育实践工作者对学习观层面的这种发展变化非常感兴趣。那种把个体与环境分隔开来的传统做法，那种把存在于"大脑中的"可携式技能和知识作为学习成果的学习观，已经被能将社会和文化性的目的与知识技能联系在一起的学习观所取代，这样的学习观模糊了个体与学习环境之间的分界线。有一种方法能帮助我们理解一系列的学习成果，那就是把它们视为一种累积。表 1.2 列出了四大学习成果，以及这些学习成果复杂、连续的累积过程。

表 1.2　经过复杂、连续累积的过程而形成的学习成果

1. 技能与知识

2. 技能与知识 + 意图 = 学习策略

3. 学习策略 + 伙伴和社会性实践 + 工具 = 与当下情境相关的学习策略

4. 与当下情境相关的学习策略 + 动机 = 有助于学习的心智倾向

技能与知识

在这里，（人们）关注的是学习者习得的、存在于学习者头脑中的技能与知识。在早期教育中，（成人）经常会去教或测试一些基本的和低水平的技能：用剪刀剪东西，在轮廓内涂色，按正确的顺序说出一系列数字，知道字母的发音。复杂的任务常常被看作学习层级体系中的一部分，其内含的假设是，（个体）需要先掌握一些比较小和简单的行为——这是以后掌握更复杂行为的前提条件。用斯金纳的话（B. F. Skinner，1954，p.94，参见Shepard，1991）："在任一领域里发展能力的整个过程必须被分成许许多多小步骤，能力的强化必须取决于每一小步的成就。"

洛里·谢巴德（Lorri Shepard）报告了美国50个学区测评负责人的内隐学习理论。他指出，这些专业人士似乎普遍拥有一个顽固的观点，他把这个观点称为"标准参照型测评学习理论"（Criterion-referenced-testing Learning Theory）。它秉持两个关键信念。第一，"测评"和"课程"是同义词。谢巴德（1991，p.4）访问了这些测评负责人，其中一位是这样说的："我们有一份当地开发的以标准为参照的测评工具，这些技能都是我们认为必须绝对掌握的最基本的内容，我们会测了再测，直到学生都掌握了为止。"

第二，学习是线性的和有序的。这种学习观认为复杂的认知只有在把那些简单的、基础的知识单元加在一起以后才有可能出现。由测评主导的基本技能教学是建立在这样一种学习模式上的，那就是"必须先教授和掌握基本技能，然后再去接触高层次的问题"（Shepard，1991，pp.2-3）。谢巴德问道："学习如果不是线性的，也不是由更简单的学习组装起来的话，那它会是什么样的呢？"（p.7）盖·克莱斯顿和我把这种学习模式称作"精心计算的教育"，在这样的教育过程中，儿童的智力被分解成像乐高积木块那样的元素，教师的目标就是把它们一块一块地拼接在一起（Carr and Claxton，1989，p.133）。我们指出，这种学习模式支持的是教师主导和控制的教学策略，它忽略了学习的特定性、情境性和社会性。当我们试着去理解艾米丽、摩西、杰森和内尔（的学习过程）时，这种学习模式就无法帮助我们了。

这种基本技能式学习经常被用来预测儿童未来在学校学习的情况。不过，与入学准备相关的文献并不能说服我们。我们不明白，为什么那些与有意义的活动没有任何联系的特定技能和知识就可以预测出儿童未来的学业成就呢？1994年，基斯·茨尔尼奇和贡特朗·朗贝蒂（Keith Crnic and Gontran Lamberty）回顾了20年以来与入学准备有关的研究文献，他们对"只要对关键性的技能有基本的认识就可以在学校里取得成功"这一错误观念发表了评论，并作了如下补充说明。

> 尽管一直有人在试图研究个体发展或技能与入学准备之间的关系，不过，目前并没有相关的理论或可靠的实证研究可以帮助我们判断什么才是入学准备所需要的最关键技能。就这方面而言，评价包括认知、语言和动作技能在内的一些准学业技能可能会有一点用处，但是在决定哪些是入学准备所需要的最关键技能时，这样的评价可以发挥的作用就非常有限。（p.96）

同年，凯西·西尔瓦（Kathy Sylva）回顾了早期教育机构对儿童发展的影响。她的结论是，早期教育机构会给儿童带来的一种重要影响就是"学习取向"（learning orientation）。她引用了一个研究报告。该报告对11个受到严格监管的美国早期教育机构的影响进行了元分析。

> 曾有一种假设：早期教育经验可能把儿童从被动的学习者变成主动的学习者。他们开始主动地寻找信息，主动寻求帮助，主动与其他人互动。当这种越来越强的学习动机在家庭和学校中都得到积极的回应时，就能获得认知方面的长期发展。（Sylva, 1994, p.138, 参见 Lazar and Darlington, 1982, p.63）

当然，教师和学校可能会编制一整套的入学技能清单，通过教师对儿童的期望产生影响，这也可能成为（入学准备中）很关键的因素。不过，当技能和知识变得至关重要时，如果因为小学课堂和早期教育机构的一些制度和安排，而没有把这些技能和知识融入激发儿童学习动力的情境，并赋予它们社会性和文化性意义的话，它们将是非常脆弱的。

技能与知识 + 意图 = 学习策略

技能与意义和意图结合在一起被称为"学习策略"。与之相似的是，把家庭和课堂联系在一起的方案探究活动能够使知识储备与意义、意图和谐一致（Moll，Amanti，Neff and Gonzalez，1992）。约翰·尼斯比特和詹尼特·舒克史密斯（John Nisbet and Janet Shucksmith）提出，一个学习策略就是为了达成一定目的而使用的一系列技能："策略与技能是不同的，它们间的不同在于策略是有目的的。"（1986，p.vii）学习策略经常与儿童"学习如何学习"这一观点联系在一起。尼斯比特和舒克史密斯把策略描述为预先制订计划，追踪工作的进程以识别困难来源，提出问题。乔伊·卡伦（Joy Cullen）在澳大利亚进行的研究描述了儿童从早期教育阶段到小学阶段在学习策略方面的连续性。她观察到儿童在幼儿园游戏中和小学阅读课上使用了同样的策略：坚持某个任务，使用（试用）资源，把同伴当成资源，把成人当成资源，把自己当成他人的资源，指导自我，指导他人。她认为，这些"重复出现的行为和语言模式反映了一种积极主动的、颇有策略的学习方法"（Cullen，1991，pp.45–46）。不过，卡伦也指出，在不同的小学课堂里，这样的能力或策略不一定都会被展现出来。如果没有机会让儿童使用创造性的方法去选择与手中任务相适宜的资源，或让儿童有机会把自己当成他人的资源的话，这样的能力是不会出现的。

学习策略 + 伙伴和社会性实践 + 工具 = 与当下情境相关的学习策略

在累积过程的第三级，目的或意图是与伙伴和社会性实践以及工具相联系的。学习策略是与当下情境相关的。这一级的关注点在于行动中的个体，也就是说，个体的行动受到伙伴、社会实践和工具（能够使用的技术和语言）这些中介的影响。有时它会被称为一种与情境相关的方法，而这一级的学习成果可以被称为与当下情境相关的学习策略。这里重点强调学习就是参与社会文化活动，这是本书的核心。正如伊丽莎白·格劳厄和丹尼尔·沃尔什（Elizabeth Graue and Daniel Walsh，1995）评论的那样，受中介影响的行动"处于特定的文化和历史实践与时代中"。在论述早期教育中的质性研究时，他们又提出，受中介影响的行动"由意义和意图构成，与特定的社区和个体紧紧拴在一起"（p.148）。他们把这一观点与行为主义进行了比较，认为行为主义中的"行为缺乏这些本土特征，是一种没有叙事色彩的机械性描述"。受中介影响的行动有时会被认为是被分散或延伸到不同工具、伙伴和社会性实践中的。在对认知进行论述时，加夫瑞尔·所罗门（Gavriel Salomon）认为，分散式认知阐述了这样一个观点，"人们倾向于在文化性工具和器物的帮助下共同思考，或与他人合作思考"（Saloman，1993，p.xiii）。戴维·珀金斯（David Perkins，1992）用"个人+"（person-plus）这种表达方式来描述分散式认知，并对它进行了这样的总结：周围环境（指与个人密切相关的外在物质资源、社会资源和符号资源）参与了认知过程，它不仅仅是信息输入源、信息接收器，而是一个思维的工具（载体）。周围环境承担了部分思维，掌控了部分学习。

"思维或学习是分散在社会性实践、伙伴和工具中的"这一观点为我们引出了另一个观点，那就是，视学习为环境和思维之间交互关系的产物，学习过程是环境和思维间产生交互影响的过程。个体学习者参与活动，他们的参与改变了活动，同时他们所参加的活动也改变了他们。杰森改变了"滚珠画"这个活动（我们将在第四章读到这个活动的更多细节），并在这一活动中变成了一名导师；迈拉和莫莉（第五章）正在共同发展一种语言，其他儿童也会去学习这种语言。摩西（他会在第三章中出现）不仅借助成人、玩具和录像来丰富自己有关动物的知识储备，还把动物当作一种隐喻或途径，以帮助他理解和应对自己的两岁儿童的世界。

与当下情境相关的学习策略 + 动机 = 有助于学习的心智倾向

第四级将动机加入了与当下情境相关的学习策略中，形成了有助于学习的心智倾向（Katz，1993）。如果用一种生动的方式来描述这种动机、情境和技能的累积，我们可以说一个学习者已经"准备好、很愿意并有能力"学习。劳伦·雷斯尼克（Lauren Resnick，1987，pp.40-42）在论述批判性思维时指出，心智倾向的发展是能力发展的核心，而且，学习成为一个优秀思想家的很大一部分学习内容，就是要学习识别甚至是去寻找能够运用自己能力的机会。她补充道（p.42），"心智倾向是在参与社会群体活动时培养的——这些社会群体重视思考和独立判断"。如果以沟通或表达自己的想法为例，"准备好"就意味着有沟通的动机或倾向，"很愿意"就是认识到所处的情境是适宜表达自己想法的，"有能力"指的是拥有在这一场合沟通所需要的技能和理解力。萨尔瓦认为"（儿童有）做的意愿和技能"是有效学前教育带来的（1994，p.163），而珀金斯及其同事们（Perkins，Jay and Tishman，1993）把意向（inclination）、对场合的敏感（sensitivity to occasion）和能力（ability）描述成有助于思考的心智倾向的3个组件。克莱斯顿（1990，p.164）认为，在一个知识、价值观和关系类型都在发生着快速变化的社会里，"我们需要强烈主张学校的主要责任必须是帮助年轻一代成为准备好、很愿意并有能力成功应对变化的人，也就是说，成为强大而有效的学习者"。应对变化也意味着应对各种变化着的情境：伙伴、社会性实践和工具（的变化）。重视当下情境中有助于学习的心智倾向可以被界定为一整套和参与有关的机制，一个学习者从中识别、选择、编辑、回应，抵制、寻找和建构各种学习机会。在本书中，它们会用以下方式表述。

- 有助于学习的心智倾向。
- 准备好、很愿意、有能力。
- 意向、对场合的敏感、能力。
- 一整套和参与有关的机制。
- 惯习。

"惯习"是皮埃尔·布尔迪厄（Pierre Bourddieu）使用的一个词语（英语是habitus，是一个源自希腊语单词hexix的拉丁词汇，有"心智倾向"之意），在这里使用这个词是因为它也可以用来指依附于某一社会群体的一整套和参与有关的机制。来自心理学的词语（心智倾向）在社会学中也有与之相对应的词语（惯习）。它意味着，当我们讨论一个学习者愿意参与时，另一个与这个话题有很大相关性的话题就会是，刻画了这个早期教育环境特征的一整套和参与有关的机制是否与学习者相匹配。布尔迪厄用"惯习"这个词来指"一套通过内隐或外显的学习获得的心智倾向"（1984/1993，p.76）。

为什么我要恢复使用这个古老的词语？因为理解"惯习"这个概念时，你可以参考那些与"习惯"这一概念非常相近的观点，但是两个概念在某一个方面非常不同……习惯会很自然地被看作重复性的、机械的、自动的、被复制的，不具有生产力。我想要坚持的是，惯习是有着强大生产力的东西。（pp.86-87）

布尔迪厄说，使用这个词可以提醒我们惯习指的是由历史决定的东西，和"能力"这个概念一样，并不是由"本质主义"决定的。正如迈克尔·科尔（Michael Cole）所论述的（1996，p.139），一个惯习组成了一套通常是没有经过审视的关于这个世界的背景性假设，它包含一个学习者设想的早期教育机构和学校对他或她的期待，反过来，它也包含了早期教育机构和学校所假设的一个学习者或一个学生的期望。在本书中，"心智倾向性场域"（dispositional milieu）和"学习场"也被用来指一整套和参与有关的机制，而参与的这些机制又依附和受惠于某个活动、某个地方或某个社会群体。这些概念的发展在很大程度上要归功于"惯习"这一概念，但对我来说，它们比惯习更允许反抗和变化的出现。第二章将更详细地讨论"有助于学习的心智倾向"和"心智倾向性场域"这两个概念。

总结"感兴趣的学习成果"

评价的准确性与评价内容的复杂性和精致程度之间的关系是反向的。因为教育是一个高度复杂和精致的过程，把教育评价视为测量，充其量只是一种远离它真正内涵的比喻而已。（A.V. Kelly, 1992, p.4）

我在此提出从 4 个层次来分析复杂教育过程，每一个层次都在前一层次的基础上加上另外一个要素。在最终的第四层次，我把学习描述成（学习者）准备好、很愿意并有能力在学习场和活动中参与（并改变它们）。这 4 个层次形成了概念的层级体系，而不是发展水平的层级体系。我们在评价儿童的学习时，可以从这 4 个累积层次中的任意一层入手。然而，对第一层学习成果（技能和知识）进行的评价，并不适用于评价第四层（有助于学习的心智倾向）的学习成果。正如艾斯纳（Eisner，2000，p.346）指出的那样，"对于教育中那些真正重要的内容，用'测试'这种工具来评价是非常不明智的"。我们需要设计一些与测试有很大不同的东西。有时，测试可以用来评价（可能是测量）内涵狭隘的学习成果，但在下一章里我会提出这样一个观点，那就是，如果只是评价前面 3 个层次的学习成果的话，那么我们就是在用一种狭隘和毫无创造性的观点来理解儿童的学习。第四层的学习成果才应该是我们优先关注的。

介入的焦点

在我的传统模式中，评价被设计成用来强调缺点的模式。（这种强调缺点的评价）基于这样一种观点，即认为儿童的发展是不完善的，就好像一套缺了很多小片的拼图那样，因此，那些儿童"不会的"领域就成了教育最感兴趣的领域，在清单上已经被打上对钩的能力是没有吸引力的，它们已经被"完成了"。另一个选择是忽略所有能力不够的方面，把它们归至还没有发展成熟的能力之列，然后安慰家长，儿童在这些方面发展成熟的那一天"即将到来"。强调缺点的模式要么会说"我们会找到那些不足之处"，或是说"不要担心，那些不足的地方到时间会自己弥补的"。就好像玩拼图一样，总是在寻找缺失的那一块。

另一种评价模式是一种强调长处、强调促进心智倾向的模式。（与学习者）相关的社会决定了哪些心智倾向是重要的，同时，在一个强调长处的模式中，那些能促进（学习者的）学习倾向和做好准备的非常成功的参与实例被放在最显著的位置。它们是教育最感兴趣的地方，因为我们希望成功参与的实例能够频繁出现，从而成为一种倾向。用拉扎尔和达林顿（Lazar and Darlington）的话来说，解读成功的参与事件能增强学习动机，并且会在家庭和学校中获得积极的回应。在这些成功的参与事件背后，是引发这种（学习）意向以及让学习者很愿意参与的情境和场合。我们希望能够经常遇到这些情境，并一下子就能把它们辨别出来。在这些成功的参与事件背后，当然还有为了可以有能力投入某一特定心智倾向领域所需的技能和知识储备。

当我问这种强调长处的评价模式对了解儿童是否有帮助时，一位正在试用这种评价模式的早期教育实践工作者这样回答："是的，这种（评价方法）彻底改变了我，把我从仅仅关注负面的东西转到关注积极的东西。"另一位在同一早期教育机构工作的员工说了以下这段话。

> 非常好的一点是，有人告诉我，我需要多关注积极的一面。以前，我也知道要这样做，但它很难做到，它和你从小所接受的教育方式完全不同。它真的帮助我用更积极的视角去看儿童。

基于短处的评价是"从小所接受的教育方式"，而基于长处的评价方式"彻底改变了我"。这是早期教育实践工作者在识别和抵制他们自己所了解的传统评价模式。在本书中描述的那些发现闪光点和突出成就的方法并不仅仅关乎自尊的培养，它关乎强化有助于学习的心智倾向，鼓励儿童视自己为一个学习者。早期教育实践工作者在评估自己所在的早期教育中心时，经常会把（学习）情境和场合搬到前面，而在评价（儿童的学习）时却经常把技能和知识放在首位。大家对那些能够突出学习意向的评价程序也不太熟悉。但是，早期教育实践工作者们还是在实践中建立起了强调长处的评价框架，他们引导着我们对环境与相应技能和知识储备的评估，他们的经验是本书所论述的另一种评价模式的基础。将学习意向放在最显著的位置是让我们把注意力转移到学习场合或能力的理由。

效　度

我的传统评价模式的另一个特征，是认为有一种外部的"客观"测量或标准能适用于所有的学习成果（如果我们能找到它的话）。我曾经寻找能够被完全不了解学生的人用来独立打分的学习表现。然而，在另一种评价模式中，如何评价前文所阐述的复杂学习成果（有助于学习的心智倾向、在行动中和关系中的学习者）是谜题的核心。要使评价有效，这些评价必须要超越小事、趣事，超越信念和希望。它们需要的是经过解读的观察、讨论和共识。这种评价的过程就像行动研究，教师和研究人员是这一行动过程的一部分。早期教育领域的评价程序需要阐释性和质性的评价方式，个中的原因与一名研究人员选择阐释性和质性的研究方法来探究真实早期教育环境中复杂的学习过程是一样的。如此选择是因为我们对正在行动中和处于关系中的学习者感兴趣，也对动机感兴趣——也就是从儿童的视角来理解学习环境。在评价过程中，我们可以调查包括儿童在内的许多人的看法，而评价也常常会是尝试性的。第三至第六章会阐述如何对复杂的学习成果进行评价。论述完另一种评价程序的细节之后，第十一章又会回到有关效度的讨论。

不管是研究还是评价，在"尝试理解"客观数据并把它们变成一个看似真实的故事的时候，总有可能面临"过于简单化"这一风险。失去儿童行为的丰富性常常会引起歧义。正如安·克努普菲尔（Ann Knupfer）告诫的那样，在撰写研究报告的过程中（她的观点对评价同样适用），当成人尝试去理解、讲述一个儿童学习的"故事"时，"如果为了研究报告的连贯性而试图牺牲复杂性的话，我们可能要冒不能全面讨论其中的困惑、矛盾和冲突的风险"（1996，p.142）。与包括儿童在内的多种利益群体共同进行的讨论和观察，可以成为格劳厄和沃尔什（Graue and Walsh）所说的"深度描写"的来源，承认矛盾、模棱两可、前后不一致以及与具体情境相关的因素。琳达（Linda）在幼儿园花了大半个上午的时间从一个活动换到另一个活动，看起来她是在为每个人是否都愉快地活动着而操心。然后，她坐到梅格（Meg）身边，两人用了近一个小时的时间共同完成了一个复杂的项目。我们一直在近距离地观察和倾听她们的谈话，并试着去寻找儿童的观点。当我们推测（儿童的）进步时，我们的推测常常是错误的。

进　步

我先前论述的传统评价模式包含了这样的概念：所有的学习都能够用一个技能层级体系来描述进步。皮亚杰的认知发展阶段理论和早期教育领域中的早期干预运动的影响为这样的观点提供了坚实的基础，即技能和理解力拥有一个"早期"阶段，早期教育的任务就是要确保有条不紊地教授具体的发展技能。

一种特定的层级体系或序列暗示着一个单一的终点，但是，在皮亚杰提出"以逻辑数理为发展终点"这一观点之后，与智力相关的研究已经发生了根本的变化。在 1979 年，一种以皮亚杰理论为基础的创新儿童课程——高宽课程（the Weikart High/Scope programme，Hohmann，Banet and Weikart）提出这样的假设，即学习就是个体获得全面、抽象、更具象征性和逻辑性的知识和技能——向着被称为"正式运算"的终点前进。最近几年，这条单一的发展路径已经让位于其他一些路径了。不同的（发展）阶段已经被挪到了其他路径的旁边，并被描述为同等重要但又各不相同的理解世界的方式。与多元化的思维和了解世界方式相关的理论对雪莉·特克和西摩·佩珀特（Shirley Turkle and Seymour Papert，1992，p.3）所说的"抽象的、正式的和逻辑（学习）的霸权"提出了挑战，以赋予具体形象的（学习）以及"这里和现在"（发生的学习）新的价值，而这些在皮亚杰的理论中最初被视为发展的不成熟阶段。佩珀特（Papert，1993）强调重视行动和"具体形象化"，批判了他称之为"违背常理地承诺在学校里会让（儿童）尽快从具体形象思维发展到抽象形式思维"（p.143）的观点。他用"正式的方法是随时可以用的，而不是高高在上、遥不可及的"这句话完美地总结了他的观点。皮亚杰理论的价值在于他为我们理解非抽象的思维方式带来了启发。

> 但是他和列维-施特劳斯（Levi-Strauss）没有意识到他们所发现的具体形象思维——列维-施特劳斯所说的"尚未发展完善的"社会，皮亚杰理论中"尚未发展完善的"儿童——并不只是因为尚未发展完善。儿童就是这样的（运用具体形象思维），太平洋地区和非洲村庄里的人们是这样的，很多居住在巴黎和日内瓦的有教养的人也是这样的。（p.151）

跨文化的研究也对"某一特定（发展）终点是具有普适性的"以及个体的理性主义提出了质疑。这些研究指出，任何有价值的（发展）终点是一种文化的建构，并非是发展的必然结果。非洲西部某些地区使用一些社会标志来界定不同的发展一直到完整的自我（full selfhood）。儿童在生命的不同阶段被赋予了不同的角色，发展就是在社会群体中变得越来越有权威和能够承担责任（Nsamenang and Lamb，1998）。在尼日利亚的约鲁巴人中间，宗教由一种精心设计的神灵体系组成，每个神都有自己的责任和功能，他们的文化赋予现实的造型艺术和戏剧很高的价值。同样在尼日利亚，努佩人却对装饰艺术顶礼膜拜，并没有约鲁巴人那样的戏剧传统。努佩人宗教崇拜的核心是"抽象的不带个人色彩的力量"（Nadel，1937，引自 Cole，1996，p.61）。玛格丽特·唐纳森（Margaret Donaldson）在《人类的思维》（*Human Minds*）一书中提出了发展的两条主要途径：智力的和情感的。在"价值—判断性"的情感途径中，想象是核心。她提醒我们（p.259），教育就是要促进一套"能愿"体系："它关乎为未来的生活提出新的方向。"

　　以下是两个4岁儿童间的一段对话，他们的对话阐明了两种认知或意义建构的方式：逻辑的方式和叙事的方式。讨论始于成人（我）尝试了解儿童心中对海盗和"宇宙的主人"的定义，但这个讨论被马克（Mark）用作进行自我安抚的尝试，通过逻辑推理，马克的结论是（杀人的）海盗是不会到幼儿园里来的。乔（Joe）表现出了同样敏捷的思维，不过，他没有使用逻辑推理，而是想象叙事，并且表达了另一种看法。

　　　　我：那么海盗做什么呢？

　　　　乔：他们杀人。

　　　　我：他们杀人。（停顿）海盗还做什么呢？

　　　　乔：他们有海盗船。帕格沃希船长有"黑猪"①。（笑）

　　　　我：对的。这个名字当作船名很可笑是吧？

　　　马克：海盗有船，（宇宙的）主人没有船。

　　　　我：嗯……我明白了，这会是一个很好的、很好的、很有用的、不一样的地方。

　　　马克：所以，海盗不会到这里来。他们必须漂浮着，但他们在新西兰不能漂浮，没有水（停顿），所以他们不会到幼儿园里来，因为幼儿园外面没有水。

　　　　我：我明白了。你说得对。他们不能把船开到幼儿园的门口，是吧？

　　　　乔：但是他们有可能来……他们有可能（停顿）找来一匹马（停顿），在水里游泳，找到马，骑在马背上，然后马再到水里游泳（马克：不要！），然后上岸，飞快地跑到幼儿园来。

　　　马克：不会，他们只是（停顿），嗯，骑着马在地上跑，他们只是，马就在地上跑（停顿），在地上走。

　　　　我：嗯。

---

① 帕格沃希是海盗船"黑猪号"的船长，人物出自英国系列儿童绘本，后来被制作成电视动画片。——译者注

　　马克的逻辑是这样的：所有的船都需要水，所有的海盗都要有船；这里没有水，因此就没有船，没有船就没有海盗。乔引入了一个故事，故事里有会游泳的马，而这是一个让马克坚决反对的想法。他们两个人都在练习使用、同时也听到了不同模式或种类的说服过程。

　　"进步就是按一系列认知发展阶段发展"这一观点面临的第二个挑战就是情绪和认知的综合，强调关系是知识的一个有价值的领域。如内尔·诺丁斯（Nel Noddings）就论述了与他人关系中的"责任"和"关怀"（care）[①]是教育的一个主要目的，而不是达到目的的手段。非常有意思的是，当"养育"这一概念被皮亚杰主义者从早期教育词汇中边缘化的同时，"早期养育和教育"变成了"早期教育"，养育从另外一个方向重新进入了与教育有关的对话中。因此，一位研究学校科学教育的学者（Peter Taylor，1998）发表了以下评论。

　　　　关怀有助于避免形成谋私利的主宰性关系，这是因为它让教师重点关注与学生共同建立一种具有同情心、诚实、独立和可以信任的关系……如果在交际关系中缺乏注重感受、价值观和情绪的关怀，知识和生命的脉络很可能融合成一种只具有短暂价值的文化结构。（pp.1120, 1121）

　　安·史密斯（Anne Smith，1992）在早期教育领域中引入了"保教"（educare）一词，这就是对这种二元性很好的认可，这个词也已为其他很多人使用。

　　因此，这些新声音已经建议了责任、关怀和直觉也是终点。从早期经验到后来的学习轨迹中，关系被视为核心，而这些关系可能不仅仅是中介变量或到达认知发展终点的手段。交互式的关系和参与的机会不仅对早期教育机构中当下（的学习）有价值，对于儿童以后的学习能力也会产生持续的影响。那么，关于进步，这些新声音又告诉了我们些什么呢？生态系统学派和社会文化理论学派的学者们给我们提供了一些理论上的指引。我发现以下这些理

[①]　原文中 care 一词在中文里有很多不同的解释，一般指关心、关怀、关爱、照顾和看护；而在教育文献中，特别是幼儿教育中 care 常被用来指"保育或养育"。在本书中，译者根据不同语境选择不同的译法。——译者注

论观点有助于理解"进步"这个概念。珍·列维（Jean Lave）和艾迪尼·温格（Etienne Wenger）把发展和进步描述成从在社区活动的边缘（外围）地带参与到担任更为核心的角色的转换。罗格夫（Rogoff，1997）把发展描述成参与的变化。根据这一观点，她为学习和发展评价列出一些特征，包括：参与和角色的变化，在家庭和学校之间灵活转换参与的方式，对学习的兴趣或对维持现状的兴趣，以及承担文化活动中的责任，这包括在改变当前社会群体实践过程中表现出"灵活和远见"。邦妮·里托维兹（Bonnie Litowitz，1997）也强调，参与就是责任和抵制（互动互惠关系）：对一个活动或一个任务，儿童可能会有和成人完全不一样的看法。尤里·布朗芬布伦纳（Urie Bronfenbrenner，1979，pp.60，163，212）提出，发展中的人通过参与越来越复杂的活动和互惠式的互动促进学习和发展，也通过学习者和成人之间发生的"权力的动态平衡"促进学习和发展。他的生态理论还认为，发展和学习即学习者在越来越多的具有不同结构的环境中承担角色，建立关系。

我们收集了一些早期教育实践工作者把这些观点转换到评价实践中的实例，本书会介绍其中一部分。当教育实践工作者和我在研究过程中一起运用这些另类的理论时，帮助和她们一起工作的儿童时，以及与家庭分享想法时，参与的 5 个特征显现出来了。以下列出的就是参与的这 5 个特征，在后面的4 章中还会继续讨论这些特征。

- 感兴趣：在家中和在早期教育机构中感兴趣的东西可能会相同，也可能不同；应对过渡时期和变化着的情境。
- 在参与：参与程度越来越高。
- 遇到困难或不确定情境能坚持：对学习感兴趣，愿意承担犯错误和失败的风险。
- 与他人沟通，表达意见、想法或情绪。
- 用多种方式承担越来越多的责任。

教育实践工作者们使用参与式的和心智倾向式的框架来制订促进进步的计划，这些都会在第十章中进行描述。

程　序

　　这样看来，我以前所使用的测评清单似乎并不是唯一的或最好的在早期教育阶段对学习进行记录的方法。清单的好处之一就是它不需要花很长的时间来完成，而使用叙事方法的质性和阐释性的评价方法——学习故事——则非常耗费时间。不过，用讲故事的方法进行评价的教育实践工作者却已经开始在早期教育中形成一种宝贵的人类学研究和个案观察的传统。苏珊·艾萨克斯（Susan Isaacs）于 20 世纪 30 年代所做的观察，用玛丽·简·德拉蒙德的话说（Mary Jane Drummond，1999，p.4），被"转换成一种学习的地理，因为她绘制出了儿童探究内在和外在世界的版图"。近来，安德鲁·波拉德（Andraw Pollard）和安·法勒（Ann Filer）在英国使用了个案研究分析学生的自我身份认知和进步。在美国和澳大利亚，叙事性的方法经常被用来研究儿童如何变成学生，如何掌握读写能力，以及薇薇安·嘉辛·佩利（Vivian Gussin Paley，1986）所探究的"3 个 F"：想象（Fantasy）、公平（Fairness）、友谊（Friendship）。然而，尽管我前面提到，一个教师就好似一个行动研究者，由一位教育实践工作者来对早期教育机构中儿童的持续学习进行评价与由一位来访的研究人员进行观察是非常不同的。（早期教育机构中的）员工们必须寻找有可能让这种类似于讲故事的评价方法可控可行的方法。那些得以在本书中分享她们经验的教育实践工作者变得越来越有能力去发现"关键"时刻，记住发生的事件，飞快地写下对话，而评价也已经不再会让她们远离"真实"的教学行动，也不会带走她们与儿童在一起的愉悦了。与所处情境相关的框架需要把成人也包含在观察之中，而对许多一线教师来说，这一点既非同寻常，也比较困难。第七、第八、第九和第十章讲述了教师的故事，这些故事是早期教育机构中的教育实践工作者尝试运用质性的方法进行评价，包括为儿童撰写学习故事。

对教育实践工作者的价值

　　20 年前，只有当我的（作为教师的）声誉在外部机构那里出现了问题时，我才认为评价的文本对我是有价值的。在我的头脑里好像有一个早期教育机构的排行榜，我希望我所教儿童的成就不亚于马路尽头另一家早期教育机构中的儿童。而且，我也不希望有儿童因为没有为入学做好足够的准备而受到学校和家庭的责备。然而，当我与教育实践工作者一起探究用不同的方法进行评价，而这种评价又是与课程实施息息相关时，一些更有价值的为什么要对评价进行记录的理由出现了。它对教育实践工作者的价值包括：①理解和认识儿童，与每个儿童"协调一致"；②把记录作为与其他人讨论的"催化剂"，借以理解儿童；③与同一早期教育机构中的其他人分享信息；④对实践进行反思；⑤为个体和集体制订计划。其他价值还包括儿童参与自我评价，与家庭成员讨论课程设置和分享经验。在某种程度上，这些价值可以根据不同的读者进行组合，这些读者是儿童、家庭、其他员工和（撰写故事的教师）自己。

总　结

　　本章从7个方面阐述了我在评价观上的转变，从20年前传统模式的评价，到目前我对更为复杂的另一种评价模式的理解。本书详细介绍了后者。我选择使用玛丽·简·德拉蒙德给评价下的定义。她认为评价就是"日常实践的方式，我们观察儿童的学习，尽力去理解它，然后把我们的理解用到合适的地方"（1993, p.13）。于是，评价就具有了4个特征：关乎日常实践（在此地），建立在观察的基础上（包括与儿童交谈），需要解读，为更好地学和教指明方向。

　　具有讽刺意义的是，在20世纪的后半叶和21世纪即将到来之时，在我们开始认识到儿童学习的一个关键特征就是要植根于活动和社会实践情境中的同时，政府却要求制定全国性的课程和对每个儿童的成就进行统一的测试。在很多国家，这种"关注"或监管——米歇尔·福柯（Michel Foucault）和尼古拉斯·罗斯（Nikolas Rose）在提到各种类型的评价时所用的词语——关注的是早期教育机构中的儿童。早期教育课程还经常受到小学课程和入学测试的"围攻"。在本章的开头我曾经问过，早期教育中的学习评价是不是我们应该管的事情？当早期教育工作者对（政府和学校的）这些要求做出回应时，它就已经变成我们的事情了，而在做的过程中，在许多情况下，我们需要重新建构目的、学习成果、干预的内容、效度和进步的定义、程序和对教育实践工作者的价值。重新建立规则，重新界定课程和成就有可能是从一种形式的监管转变为另一种形式的监管而已。但是，我们还是有责任去确保我们为儿童建构的新社会群体——如托幼中心和幼儿园——是有利于所有儿童学习的道德和安全的环境。因此，早期教育实践工作者必须提出一些与学习、评价和评定（以及道德和安全）有关的假设，而这些假设必须是有依据的和反思性的。本书提出了下面两个问题。

- 我们如何用对学习和进步有价值的陈述方式来描述早期学习成果？
- 我们如何运用能够促进和保护学习的方式来评价早期学习成果？

　　本书中阐述的与另一种评价模式有关的假设突出了有关学习成果的两种主要观点，它们会影响本书中围绕评价展开的讨论。第一种观点是，学习可以被描述成参与状态的变化，它植根于社会实践和活动中，包括责任和抵制。第二种观点是，在学习中，我们对动机感兴趣，而把动机和与当下情境相关的学习策略加在一起，就是有助于学习的心智倾向，这些都是非常复杂的学习成果。接下来的 4 章对复杂学习成果的 4 个层级进行了更细致的介绍。第二章进一步讨论了"有助于学习的心智倾向"这一概念，并且介绍了它可能存在的 5 个领域。第三、第四、第五章详细阐述了这些领域。第六章介绍了如何对有助于学习的心智倾向进行评价。第七、第八、第九和第十章详细地介绍了早期教育实践工作者如何尝试用能够促进和保护学习的方式来描述和评价复杂学习成果。它们展现了教师亲身经历的评价程序的转变过程，对许多人来说，这就是从传统评价模式到另一种评价模式的转化。

第二章
有助于学习的心智倾向

　　"有助于学习的心智倾向"这一概念在第一章中已有所提及，它是与当下情境相关的学习策略和动机累积在一起而成的，即一整套和参与有关的机制，学习者从中识别、选择、编辑、回应、抵制、寻找和建构各种学习机会。我也把它们描述为准备好、很愿意并有能力用不同的方式参与，是学习意向、对场合的敏感和能力的结合。我们也可以用"支架"来比喻教学过程，也就是说在一项任务中，教师把儿童带到下一步，给儿童提供一些帮助，然后逐渐减少帮助，这样儿童就能够自己独立学习了。正如杰奎琳·古德诺（Jacqueline Goodnow, 1990）所评论的那样，这样的隐喻假设在学习过程中不仅有一位"愿意"相助的教师，还有一位心存"渴望"的学习者。我们的经验提醒我们，儿童并不总是渴望（准备好、愿意）学习我们愿意教他们的东西。那么，可以如何描述和鼓励（儿童）渴望的学习呢？本章由此问题出发，对心智倾向的 5 个领域进行论证，然后引出"有助于学习的心智倾向是依附于活动和学习场"这一论点，并且介绍"心智倾向性场域"或"学习场"这一概念。最后，我将对第一章中提到的"前景"（foregrounding）和"背景"（backgrounding）这两个概念进行更细致的阐述。

　　"心智倾向"（disposition）这一概念来源于发展心理学。在日常用语中，我们经常把它说成气质或性情（temperament），例如，我们会评论某人"性格开朗"（a cheerful disposition）。它被视为个体的品质，与生俱来的一些东西，或环境促成的结果。然而，正如戴维·希基（David Hickey）所言，当一个人的动机与所处情境相关时，"环境是会产生根本性影响的，而不仅仅是一种促进作用"（1977，p.177）。丽莲·凯兹（Lilian Katz）也说到了这一点："和学习知识、技能相比，心智倾向是一种完全不同的学习。它们可以被视为思维的习惯，是用一定的方式对情境做出回应的倾向。"（1988，p.30）

在本书中，有助于学习的心智倾向与个体和环境之间互动互惠的关系有关。它们可以形成一整套（个体）所熟悉的和特有的贡献和沟通过程。因为要强调情境性与社会文化性之间的联系，芭芭拉·库默（Barbara Comber）运用布尔迪厄的 "惯习"这一概念分析了一些澳大利亚儿童从早期教育课程转换到小学读写课程的过程。

> （儿童）带到小学的是他们健康的身心或不健康的身心，他们累积而成的优势或与之相对累积而成的不足，或者如布尔迪厄（1990，1991）所说，（带去的）是他们在经济、文化、社会、符号和语言方面的资本和他们的惯习，还有在日常生活中获得的心智倾向，这些都会使人们倾向于用特定的方式行动。（2000，p.39）

库默对两个成功过渡到小学的孩子——泰莎（Tessa）和马克（Mark）进行了描述，发现他们"乐意展现他们的知识和得到（他人的）帮助"，也就是说他们经常在特别适当的时间收到所需的反馈、建议和教导。同样是从早期教育机构到小学的过渡，另外一个孩子的经验却是消极的，他似乎"拒绝老师"给他提供的支持，或是其他成人的监督（p.46）。

有助于学习的心智倾向的 5 个领域

有助于学习的心智倾向中有哪些领域是我们感兴趣的呢？在上一章中，我埋下了一个伏笔，我说我感兴趣的是艾米丽为什么会担心"犯错"，还有摩西在谈论自己有足够知识储备的话题（动物和脚）时所表现出来的表达自己好奇心的能力。库默也特地提到了泰莎和马克乐意展现他们的知识，乐意从成人及同伴那里得到帮助。在本书逐步建构起来的框架体系中，有助于学习的心智倾向和成为某个学习场的参与者有关，也和用一种审辨式的方式参与有关。从根本上说，有助于学习的心智倾向与强化读写算能力没有太大关系——这些是课程开发者们所钟爱的话题，不过，有助于学习的心智倾向将促进儿童理解一系列小学课程所涉及的领域。在对大家所关心的早期读写课程进行论述时（我认为在早期教育中，读写方面的学习已经是越来越明显的一个特征了），库默是这样写的。

> 我并不想把这个主题罗曼蒂克化，但让我觉得很有意思的是，在澳大利亚，大家都想着要把 6 岁的孩子培养成独立的阅读者，并且为此恐慌和焦虑，而在其他一些国家，年龄更大一点的孩子甚至还没有开始接受正式的教育或读写的学习。我们需要小心这种以牺牲其他重要能力的发展为代价、赋予读写学习特殊地位的做法会带来的影响，并且探究将儿童的现有知识、能力和兴趣融入学校读写课程设计的方法。（p.46）

有助于学习的心智倾向的一些领域在上一章节中已有所介绍。

- 感兴趣。
- 在参与。
- 遇到困难或不确定情境能坚持。
- 与他人沟通。
- 承担责任。

表 2.1 从 3 个维度分析了这些领域：准备好、很愿意和有能力。这个表格只对这些领域进行了一般性的描述，它没有提供与情境相关的信息，只是在每个小格子中对不同的部分进行了说明。"准备好"是本书最为感兴趣的首要（显著的）关注点，但是它必须得到"很愿意"（对当下机会的评估和学习者对当下学习机会的敏感度）和"有能力"（支持某种学习意向的知识和能力储备）这两个部分的支持。从本质上看，"准备好"指的是将自己视为一个学习的参与者，"很愿意"指的是识别这个地方是（或不是）一个学习的地方，"有能力"就是拥有能够为"准备好"和"很愿意"参与学习做出贡献的能力与知识储备。在第七章中，这 3 个维度将与实际情境联系起来，用以分析在一个幼儿园里发生的一个项目，它们也会和 4 岁儿童恰塔（Chata）的一个学习片段联系起来。有关这些特定领域的研究是在新西兰早期教育机

表 2.1　有助于学习的心智倾向：3 个维度

有助于学习的心智倾向的领域	准备好	很愿意	有能力
	儿童在发展	儿童在发展	儿童在发展
感兴趣	兴趣；期望人物、地点和事物会很有趣；视自己为有趣的并对事物感兴趣的人。	准备好在所置身的学习场中识别、选择或建构兴趣，在不同学习场中将人工制品、活动和社会身份联系起来。	能够支持他们探究自己感兴趣事物的各种能力以及相关的知识储备。
在参与	准备好持续参与，持续关注；视自己为能够参与的人。	对自己所置身的本地环境的安全性和可靠性做出有依据的合理判断。	有助于参与活动和保持专注的策略。
遇到困难或不确定情境时能坚持	在遇到困难或不确定情境时坚持不懈的热情；对学习中的风险和犯错的作用形成自己的假设；视自己为遇到困难或不确定情境时能坚持不懈的人。	对学习场和场合保持敏感，认为在这个场合和学习场克服困难或应对不确定情境以及抵制旧有成规是有价值的。	发现问题和解决问题的知识与技能；将犯错视为解决问题过程的一部分的经验。
与他人沟通	希望用"一百种语言"（Edwards，Gandini and Forman，1993）中的一种或多种语言与他人沟通，表达想法和感受；视自己为沟通者。	对学习环境的回应，在这种环境中儿童有发言权，也会被倾听。	一种或多种语言（广义上的）；熟悉一些与情境相关的"体裁"；有关熟悉事件的脚本知识。
承担责任	以多种方式承担责任，从另一个角度思考问题，支持公正反对不公；视自己为有权利和有责任的公民。	识别或创造承担责任的机会。	承担责任、做出决定和被请教的经历；对公平和公正的理解；承担责任的策略。

构的观察和讨论过程中逐渐形成的，而新西兰国家早期教育课程框架是一个双语的（英语和毛利语）课程框架，是在新西兰当地的社会和文化大背景下建构而成的。课程框架提出了 5 条宽泛的发展线索以及相应的学习成果：归属感、身心健康、探究、沟通和贡献。课程强调了"编织"这个隐喻，以喻示一种在地方层面的课程发展方式（New Zealand Ministry of Education，1996a）：早期教育机构把国家提出的发展线索和本地本园的发展线索"编织"在一起。因此，（本书所强调的）这一系列有助于学习的心智倾向是源自一个特定时期和一个特定地方的。尽管如此，它还是可以作为研究情境性和心智倾向性学习成果以及与之相应的评价模式的一个案例。接下来的章节会详细阐述有助于学习的心智倾向的 5 个领域。

感兴趣

"感兴趣"是有助于学习的心智倾向的第一个领域。这是两岁的安德鲁（Andrew）和妈妈在午饭即将结束时的对话。（那段时间）玛格丽特（安德鲁的妈妈）正在帮我在家里用录音机录制一些偶然发生的互动，她知道我正在做与早期数学学习有关的研究。请注意，当玛格丽特（可能）忘记了自己发起这次对话的目的——与学科有关，而突然记起了凯丽（Kylie）的生日时，玛格丽特和安德鲁两个人的兴趣程度是如何发生转变的。

玛格丽特：你的围嘴上有多少只鸭子？
安德鲁：2。
玛格丽特：看一看。你告诉我，1……
安德鲁：3（3 的发音不准确）。
玛格丽特：2。
安德鲁：3（3 的发音不准确）。
玛格丽特：3。
安德鲁：4。
玛格丽特：好孩子。凯丽就快到这个年龄了。4 岁。还有 10 天时间，她就要过生日啦。

安德鲁：我生病了吗？我打钩了吗？①

玛格丽特：没有。丹尼尔（Daniel）快要6岁了。你要想成为一个上小学的大孩子的话也要到6岁。

安德鲁：我两岁。

玛格丽特：对的。你两岁。

安德鲁：我是一个 scoo-boy……我是一个 goo-boy？②

玛格丽特：（误解）你是一个好孩子，把午餐全部吃掉了。

安德鲁：我是一个 scoo-boy……我是一个 goo-boy？

玛格丽特：一个小学生？噢，一个小学生。不，在你满5岁之前你还不是一个小学生。

安德鲁：妈咪是一个 coo-boy？

玛格丽特：妈咪不是一个小学生!

安德鲁：耶! 我的爸爸是一个 coo-boy？

玛格丽特：爸爸曾是一个小学生，是的。

一开始，玛格丽特用"支架"的方式来建构按一定顺序来数数这一方面的学习，安德鲁非常礼貌地回应了她。然而，当她的思维跳跃到了一个她感兴趣的话题上时（也许是因为需要给凯丽买生日礼物而让她突然想起此话题），安德鲁也抓住这个他非常感兴趣的话题：生日和成为一个小学生。事实上，一直到这个时候，整个对话还是与数字有关的，但是，数字已经退为背景了：处于前景中最显著位置的是安德鲁对自己所处文化中年龄和（学生）身份之间关系的兴趣，并努力尝试理解它。也许我们可以说安德鲁已经认为他自己（很快就会）是小学生了。安德鲁非常感兴趣的其实是一种由文化和历史决定的"可能的自我"（possible self）——黑兹尔·马库斯、宝拉·纽利斯和苏珊·克罗斯所用词汇（Marcus and Nurius，1986；Cross and Marcus，1994）。安德鲁"很乐意"去思考这个话题。他的妈妈接过了这个新话题，并（在对话中）跟随他的思路。这种话题的转换不仅仅发生于安德鲁和他妈妈间的这段对话中，也出现在安德鲁所处的更为广阔的文化世界和

---

① 生病（sick）和打钩（tick）发音接近，其实，安德鲁似乎是想说"six"（6岁）。——译者注

② 试图发 school-boy 这个音，意为小学男生。——译者注

所重视的受文化影响的目标中：成为 5 岁的孩子（在新西兰，孩子们几乎总是在 5 岁生日那天开始上小学），上小学，以及像爸爸那样。佩利阐述了一个对她来说具有重要意义的话题，关于那些 3—5 岁的儿童。

> 教学，就是每天寻找儿童的观点。……当我把每日的录音记录下来时，一些现象就这么浮现出来了。每当讨论涉及想象、公平、友谊时（在第一章中我开始称它们为"3 个 F"），参与程度就直线上升……在讨论有关生日的话题时这个现象尤为突出……"生日"本身就是一种课程。除了能够学习数字、年龄、出生和死亡外，它还提供了持续探究"3 个 F"的机会。（Paley, 1986, pp.124, 126）

安·哈斯·戴森（Ann Haas Dyson）认为，（学习者）对阅读的渴望也包括学习者"视他们自己为一名阅读者"这一方面内容，她研究了"正在学习写作的朋友们"，重点关注 8 名一年级的儿童，并描述了这些儿童成为写作者的过程是如何融入他们的社会生活和他们对某一社会群体的"归属感"的（Litowitz，1989，p.xvii）。里托维兹认为，"重新审视我们要求学习者去做的事情，也必须包括重新审视我们希望学习者成为谁"（Litowitz，1993，p.191）。通常，学习动机意味着学习者渴望去学习，并且"视自己为学习者"。他们会参照身边可见的、与"学习者会做什么"有关的范例（来学习），就好像戴森研究中的儿童参照自己身边社会群体里那些"阅读者"所做的事情那样。

是否感兴趣取决于自我归类和群体认同，这些是建立在社会归属感上的。1992 年，卡罗尔·古德诺（Carol Goodenow）报告了两项与城市高中学生有关的研究。在一项研究中，研究者发现了参与研究的高中生们生活中最为重要的几个不同的"自我"。人们对青少年的回应是将其视为朋友、男、女和家长，但是从未将他们视为学生或未来的工作者，因此他们很少有机会能够细致地或真实地理解自己作为学生或未来工作者的角色。在另一项研究中，研究者们描述了"对立的社会身份"，那就是，儿童或青少年因为自己与大多数人和主流社会的不同之处而感到自豪。例如，对于一些少数群体而言，这意味着他们在心理和社会层面都必然要否认他们与大多数特权群体的目标之间存在任何关系，特别是与学业追求、与成功（有关的目标）的关系。古德诺主张促进学业学习的动机与投入程度的方式不应该以牺牲（学习者）自我身份认知中这些重要的社会维度为代价。

> 教育心理研究可能从两个方面得益：一方面是更明确地探究学生的自我归类与群体认同之间的联系，另一方面是他们的行为、动机与学习之间的联系。（1992, p.182）

　　一些从社会文化视角研究教育问题的学者已经指出了社会认同、"可能的自我"、社会性模式以及对某一社会群体的归属感的重要性。安·布朗（Ann Brown）及其同事们把他们的创新型班级描述为一种致力于学习如何去学习的"学习者共同体"（1993，p.190）。从长远角度来看，早期教育的目的就是使儿童能够扮演与"成为一个学习者"相关的文化角色。我自己在对早期教育中实践性技术应用情况进行研究时发现，一些社会身份似乎会对心智倾向的另一个领域产生影响：遇到困难或不确定情境时能坚持。在某一个托幼中心里，"结交朋友"意味着你要处理友谊的发展与维系过程中出现的困难，这并不一定是技术上的困难；"做一个好孩子""做一个女孩"或"做一个马上就 5 岁了的孩子"就意味着你要避免去做任何让你"不能够"拥有这些身份的事情，避免应对任何带有不确定性或困难的事情。获得另一个身份——孩子们也许会称之为"成为能制作东西的人"，而我会称其为"工艺师"——意味着在遇到技术性困难时你也要探究和坚持。这些社会身份或社会性意图会以复杂的方式相互重叠与竞争。在接下来的 3 章中，我们将认识参与此研究中的几个孩子——内尔、杰森、梅格和丹尼。

　　到目前为止，在本章节中我强调了我感兴趣的话题——社会性意图或社会身份。越来越多的文献把动机会产生的作用视为"兴趣"的另一些方面，而教师们对心智倾向的这个领域所做的那些记录也引领着我把"人工制品"（artifacts）和"活动"（activities）也包含到兴趣中。第三章中会呈现更多与兴趣的这 3 个方面有关的例子。光谱方案是一种强调人工制品与材料之间关系的早期儿童评价模式，它是基于加德纳多元智能理论（Gardner，1983）设计的，并用于评价儿童的学习风格、兴趣领域以及天资。研究者观察并记录了 7 个领域中"玩耍 / 游戏"的特征（使用了 7 个任务或人工制品，有些是开放式的，另一些则是具有结构性的任务或人工制品）。在心智倾向的众多领域中，研究者最感兴趣的是对"工作方式"进行评价，并用它描述儿童与各种任务和材料在不同领域中的互动。

> 这些工作方式试图反映一个儿童工作或玩耍的"过程"，而不是最后做出来的东西是什么样的。它们呈现了儿童的情感指数、动机指数以及与各种材料的互动，还呈现了更多的风格特征，比如工作节奏以及听觉、视觉或运动觉使用倾向方面的线索。（Krechevsky, 1994, p.203）

工作风格清单能够列举孩子们在处理任务或使用材料时采用方式的"风格特征"，其中有 16 个特征以两两对立的形式列出，例如，爱嬉戏的或严肃的，对任务坚持不懈或胆怯。对爱嬉戏孩子的定义是：因材料和活动感到快乐；不费力地使用材料，时常自发地发表评论，或者能很有意思地延伸活动（p.207）。

在参与

有助于学习的心智倾向的第二个领域是"在参与"。比利时的费雷·莱福斯（Ferre）、英国的克里斯·帕斯卡（Chris Pascal）和托尼·伯特莱姆（Tony Bertram）都对如何评估早期教育课程展开了研究，他们都在研究中将"参与"描述为一个学习环境的核心特征（Pascal et al, 1995；Laevers, Vandenbussche, Kog and Depondt, no date；Laevers, 1994）。莱福斯及其同事们发展了一套"以过程为导向的儿童监测体系"（process-orientated child monitoring system），该体系聚焦于两个变量：参与和身心健康。他们概括出了一些和参与以及身心健康有关的表象，并认为这两个变量是紧密联系的（p.41）。"身心健康"意味着"感觉像在家里一样""做自己"和 / 或"感到快乐"。"参与"则有关"活动强度、专注程度、被吸引的程度、全力以赴的能力、热情，以及在探究中发现乐趣"（Laevers et al., p.5）。"身心健康"存在于 4 个"关系场"之中（与教师，与同伴，与游戏、课堂、学校等环境，与家庭成员和好朋友），而"参与"则聚焦于活动以及"发展的基本领域"（自我组织、运动能力发展、思维和理解、表达、语言和沟通）。

对于青少年和成人来说，"参与"在特定活动中会起哪些作用呢？米哈里·希斯赞特米哈伊（Mihalyi Csikszentmihalyi）及其同事们对这个课题进行了多年的研究（例如，Csikszentmihalyi，1991，1997）。该研究对一个人喜欢并希望重复的那种令人感到"流畅"的经验进行了描述。希斯赞特米哈伊及其同事们想知道，为什么如此多的人会去做耗时的、困难的且经常有危险的活动，而这些活动并不会让他们收获明显的来自外部的奖赏。在这个研究过程中，研究者对攀岩者、棋手、运动员和艺人进行了大量访谈，并据此得出如下结论。

> 研究对象们报告了一种非常相似的主观经验，这种经验让他们非常享受以至于非常愿意再经历一次。最终我们把这种经验称为"流畅的"经验，因为在描述参加这种活动会有什么感受时，有一些研究对象使用了这样一个比喻：他们感觉就好像有一股水流在带着他们前行那样。（Csikszentmihalyi and Rathunde, 1992, p.58）

"流畅"的经验有 9 个特征：清晰的目标，即时反馈，挑战与技能之间的平衡，对任务的全神贯注，对当时当下情境的认知，不畏失败，忘我，忘却时间，以及享受活动本身。

即便是在非常小的年龄，深度参与一个主题也能为在其他领域中进行类比思维和隐喻提供一个"基础"或一定的知识储备。它为理解、推测和想象提供了一个个"小钩子"。稻垣加代子（Kayoko Inagaki）对该领域进行了大量的论证，包括 5—6 岁儿童的类推能力，在一段时间内，这些儿童一直参与照顾金鱼。他们从自身关于金鱼的知识进行类推，对一种不熟悉的水生动物——青蛙做出了合理的预测性说明。稻垣加代子补充了下列观点。

> 这些研究强有力地说明，当儿童获得了与他们自己选择的一些主题或领域有关的丰富知识时，他们就会深入参与其中，他们也能够超越自己所选择的主题或领域……这种知识也可以被用作在相关领域中进行推理和获得知识的基础。（1992, p.128）

在第三章中，我们将看到两岁孩子摩西是如何利用他在参与游戏过程中获得的关于动物的丰富知识来进行类推，并建立与其他领域的联系。这是一个"有兴趣"和"在参与"相结合的例子。

遇到困难或不确定情境时能坚持

围绕"遇到困难或不确定情境时能坚持"的讨论很大程度上应该归功于卡罗尔·杜维克（Carol Dweck）及其同事们的大量研究（Dweck，1999）。20 世纪 70 年代初期，杜维克和其他美国学者发现了被他们称为"习得性无助感"的影响力（Dweck and Reppucci，1973），该研究主题持续了二十多年。研究者观察儿童对失败的反应，并将这些反应分为导向无助或掌握（helpless-or mastery-oriented）两类。杜维克将儿童（包括 4—5 岁）描述为要么倾向于"表现性目标"（performance goals），要么倾向于"学习性目标"（learning goals）。杜维克认为，"想要对动机有深层次的理解，就需要去理解在特定情况下行动时个体倾向于实现的具体目标是什么"（Dweck，1985，p.289）。当儿童倾向于实现"学习性目标"时，他们会努力提升自身能力，努力理解和掌握新事物。当儿童倾向于实现"表现性目标"时，他们要么会努力获得他们喜欢听到的肯定的评价，要么就是避免与他们能力有关的消极评价。其他学者运用不同的标签来描述类似的对比性目标。1992 年，赫尔米娜·马歇尔（Hermine Marshall）用的标签是学习性与工作性目标导向（learning and work orientaion）。卡罗尔·埃姆斯（Carole Ames）在 1992 年对掌握性与表现性目标导向（mastery and performance orientaion）进行了描述。1994 年，杜维克和她的一个同事写道，他们自己的及其他相关研究都"显示 4 岁或 5 岁的儿童要么会通过评估自己制作的产品来理解所投入的精力，要么会在学习过程中理解自己的付出"（Smiley and Dweck，1994，p.1741）。在下面的记录中，苏西（Susie）告诉我，她以前完成过一个"看上去真的很棒"的丝网拓印画，但是她不想再做了，因为那实在是太难了。她非常坚定地认为她不想冒"再一次"犯错的危险了。她似乎变得越来越倾向于表现性目标了，至少就参与丝网拓印画这个活动而言。

苏西：（被问到在幼儿园里她会做哪些困难的事情）我画画、涂色，但是我不知道怎么做丝网拓印画。

我：你不知道怎么做吗？（苏西摇摇头）不知道。好吧。那你还想再试着做一次吗？还是不想试了？

苏西：不想。

我：你不想再试试了？（蕾切尔插话："我知道怎么做。"）为什么不想？

苏西：因为（蕾切尔和温迪再一次插话）……

我：（再一次把苏西拉回交谈话题）为什么不，苏西？你为什么不想再试试做丝网拓印画呢？

苏西：太难了。我不知道怎样把画的东西剪下来。我不知道剪什么。

我：噢。

苏西：但是，艾莉森（Alison，教师）在这里的时候我做过一个。但是，我记不起来我是怎么做的。

我：噢。

苏西：我印过有两只（停顿）眼睛的女孩。艾莉森剪的眼睛（把眼睛的部位镂空）。它看上去真的很棒，但是我已经不记得是怎么做的了。

我：噢，噢，所以你就不打算再试一次了？

苏西：不。

我：嗯。

苏西：因为我可能会做错的。

我：你可能会做错。然后会发生什么呢？

苏西：呃！因为，有时候往(丝网上)加颜料时，事实上我会放太多颜料的。因此我再也不想做了。

我：噢。所以你再也不想做了。

尽管苏西有过成功进行丝网拓印画的尝试，但很明显，这次尝试中有某些方面（也许一些人指责过她加的颜料太多）让她觉得，如果没有艾莉森老师（后来离开了这个幼儿园）的帮助，她是不能胜任这个任务的。她不想再冒险了，因为那可能会影响她的"声誉"。4岁的儿童似乎已经能够很果断地决定自己是否适合去处理困难或冒险犯错。在另一个场合，苏西告诉我："我不会做任何对于我来说很困难的事情……如果我的姐姐做了一些很困难的事情，我不会去做。"另一个名叫劳拉的4岁孩子说，"我只做我知道怎么做的事情"。而特雷弗则建议他的朋友，如果你做错了，那么你就"放弃"吧。马歇尔（Hermine Marshall）总结道："简而言之，这类研究论证了学生们入

学时所持有的目标有可能影响他们以后会变成什么类型的学习者。"（1992，p.16）

第四章将进一步论述"有助于学习的心智倾向"这个领域。

与他人沟通

与他人沟通是有助于学习的心智倾向的第四个领域。戴维·韦卡特及其同事们（Schweinhart and Weikart，1993，参见 Sylva，1994）的研究发现了既能同他人积极地沟通又能同正在完成的任务保持沟通的心智倾向在早期教育中的作用。他们的观点来源于一项追踪学习者从童年早期一直到成年初期的纵向研究。

> 将童年早期经验与以后在学校和社会群体中逐步获得进步和成功的模式联结在一起的必不可少的过程，似乎是发展那些能允许儿童积极地同他人和任务进行沟通的习惯、特质和心智倾向。这一发展过程既不基于已经固定了的智力表现，也不基于学业知识。（p.4）

凯瑟琳·尼尔森（Katherine Nelson）、戈登·威尔斯（Gordon Wells）、杰罗姆·布鲁纳和其他许多研究早期语言发展的学者都清晰地指出，用口头语言和非口头语言与他人沟通有多种形式。尼尔森的一些研究集中在与熟悉的事件相关的脚本中呈现出来的沟通和语言方面的发展，这种研究方向和视学习为参与的学习观非常契合（她把参与机制的改变和发展称为"合作性建构"）。儿童的脚本（和他们的玩耍／游戏）显现出了他们与事件相关的具体知识：对活动发展顺序的理解，参与活动的人的角色，活动的道具，活动的开始与结束。与事件相关的知识被有效地用于演讲、形成语言结构、学习与使用新词汇、投入到想象游戏中、自编故事、记住特定的事情和进行客观分类。尼尔森补充道，儿童语言方面意义的建构有两个来源：儿童自身与事件相关的知识，和成人在谈到这些事件的某些方面时所用的语言。我非常感兴趣的一个观点是，被记录下来的和合作性的评价事件能够影响（学习者）描述自己是个什么样的学习者，这也是本书的一个主题，而这个观点来源于尼尔森的评论："儿童拥有自婴儿期起的单个的记忆片段，不过，只有在社会分享中持续叙事，儿童自己和他人的价值才会是显而易见的。"（1997，p.111）

　　尼尔森的研究将有助于学习的心智倾向中兴趣的领域（知识储备，在尼尔森的研究中指的是与事件相关的知识）和与他人沟通联系在一起，这让我想起我在最近参观的一所幼儿园里看到的一个例子，而它是一个非常好的将与他人沟通和遇到困难能坚持联系在一起的实例。我在征求了家长许可后阅读了一些对孩子所进行的评价，我发现一些故事中记录了孩子们用"故事石"讲故事的事情。这些故事似乎特别具有想象力和戏剧性，而且非常长。"故事石是什么？"我问道。"噢，这只是我们在这里做的事情。"这是我得到的回答。它开始于某一天谢莉（Shelley）老师请大家看她用在假期发现的石头进行的创造："这是一些画有符号的石头，这些符号可以用来代表故事中的角色。"她请几个孩子每人挑选一块石头，然后她用他们的名字作为手中石头所代表角色的名字讲了一个故事。她所讲的故事有时候具有一个相当标准化的格式：一个或多个角色常常会因为一个魔咒而遇到麻烦，然后，其他人不得不去救他。这些故事经常涉及的主题是勇敢与遇到困难和不确定情境时能坚持。"故事石"这个老师创造出来的资源被证明是非常受欢迎的，特别是当孩子们开始与老师合作设计故事情节的细节时。有一次，老师们注意到一群孩子聚在一起，他们发现其中一个孩子画了一些画，并将它们（画）用透明胶带贴到石头上，然后自己在编故事。当蒂莫西（Timothy）离开幼儿园去上小学后，他会用一套故事石给他的小妹妹讲故事。当小妹妹3岁半开始上幼儿园时，她可以自己给石头们命名，并且用它们给其他人讲故事。经过一段时间的发展，这已经成为日常事件了，是"我们在这里做的"一个内涵丰富的合作性语言活动。

　　在美国，一项研究3—4岁班日常"圆圈活动"（地毯上的活动或小组活动）的课题呈现了儿童是如何学习在班里"用适当的方式交谈"的。研究者总结道，"这些学到的参与方式影响着学生当前以及未来在学校的生活"（Kantor，Green，Bradley and Lin，1992）。在他们的研究中，儿童正在学习一种可能支持和约束他们参与的"学校主流话语语境"。早期教育中心提供并融入了很多种事件结构，这些事件结构中会包括音乐、舞蹈、戏剧、数数、写作和阅读，以及其他文化所重视的各种沟通工具。

承担责任

有助于学习的心智倾向的第五个也是最后一个领域是"承担责任"。承担责任包括为共同活动与共同注意的事件做出贡献。在美国和瑞典进行的纵向研究表明，儿童早期与同伴、与成人的良好关系是之后在学校与第一任老师良好关系的"前兆"，也与 8 岁时的语言能力相关（Howes，Matheson and Hamilton；Broberg，Wessels，Lamb and Hwang，1997）。众多研究记录了学习的可能性存在于与他人互动互惠关系中：在布朗芬布伦纳所说的"力量的天平向正在发展中的人倾斜"的情境中（Bronfenbrenner，1979，p.163），或者说在力量的天平总是倒向学习者的情境中所共同关注的事件（Moore and Dunham，1992；Smith，1999）。罗格夫和她的同事们（Rogoff，1993）研究了来自 4 个不同文化群体的学步儿与其看护人在共同参与的活动中所进行的合作。他们发现，所有 4 个文化群体都存在两个方面的共同点："搭桥"（bridging），即成人和儿童分享他们的理解；"组织"（structuring），即成人和儿童在解决研究人员设置的问题时会组织彼此的参与方式。这些共享的承担责任的过程让成功合作解决问题成为可能。一整套和参与有关的机制中也包括与成人和同伴相互依存和共担责任的能力。1992 年，伊丽莎白·琼斯（Elizabeth Jones）和格里琴·雷诺兹（Gretchen Reynolds）从"权力集中""权力共享"和"权力赋予"这几个层面分析了成人和儿童间的责任关系："权力共享"以协商、合作和交换为特征；"权力赋予"以"支架"为特征，活动的议程通常是由成人掌控的；"权力集中"就像是在个别指导。托兰斯和普莱尔（1998，p.82）举例说明了"权力终结"和"权力共享"间类似的区别。

儿童能够承担评价的责任，还有课程的责任。蒂莫西就是一个例子。在几天时间里，用"故事石"讲故事的那家幼教中心里的老师们注意到蒂莫西一直在观察其他孩子采用绕绳法从下往上爬滑梯。为了达到这个目的，他们把一根打了很多结的绳子系在滑梯上。老师们在想，蒂莫西是否需要有人去鼓励他也试一试？但是，过了几天，他开始自己尝试使用绳索爬上滑梯，开始是爬行，后来一次能迈几步。最后，有一天早上，他爬到了滑梯顶部，冲着身边的一位老师喊："快拍照！我做到了！"老师拍了照片，那张照片和老师的评语都被收入蒂莫西的学习成长档案。

最后，承担责任与社会公正和公平竞争有关，也包括儿童愿意在偏见和歧视面前维护自己和他人。佩利记录了她发现某些交往规则存在问题的过程。

> 到了 60 岁，我越来越容易听到课堂里那些排斥的声音。"你不能玩"这句话似乎突然变得非常傲慢与刺耳，如同一记耳光在教室里回响。在幼儿园，一个孩子能够如此随意地决定另一个孩子的命运……在幼儿园时期，……一种结构开始呈现，不久将会被铭刻在石头上。某些孩子有权力去限制他们同学的社会经历。…… 必须这样吗？今年我不经意间发现了一个方法。我就在班里张贴了《你不能说"你不能玩"》这个海报，我宣布了新的规则。从一开始，它就令人难以置信。（Paley, 1992, p.3）

佩利的著作《你不能说"你不能玩"》（*You Can't Say You Can't Play*）讲述了她尝试改变 "铭刻在石头上"的结构、宣传与公正和包容这些信念有关的故事。第五章将对"与他人沟通"和"承担责任"进行更进一步的探讨。

学习场和心智倾向性场域

到目前为止，对有助于学习的心智倾向各大领域的探讨主要聚焦在个体学习者身上。然而，有助于学习的心智倾向也是内嵌于各种活动、学习场和社会群体之中的，正如前一章在介绍惯习和心智倾向性场域这些概念时所论述的那样。"很愿意"就是对环境中的心智倾向性结构很敏感，对它们进行评判和回应。学习发生在学习场之中，正如唐纳森（Donaldson，1992）所言，教育要为生命可能的走向指出新方向，并扩大和丰富儿童所拥有的一整套和参与有关的机制。然而，在这种复杂的各种因素交互作用的过程中，参与应该被视为关系与场域相遇的结果，在不同的程度上，二者是彼此"相容"或"相符"的（Thompson，1991，p.17，在对布尔迪厄的理论进行论述时提出此观点）。新西兰早期教育课程框架将这种交互过程描述为"人、地方和事物之间互动和互惠的关系"，那么在现实的早期教育环境中这意味着什么呢?

本书中的大多数实例都来源于苏西所在的早期教育机构这个"真实的世界"。历时 6 个多星期对该中心的艺术区、手工区和建构区进行的观察，呈现了一些正在发生的（交互）过程。（我观察的是一些 4 岁的孩子，年初时已经在这个早期教育机构中学习了 6—12 个月不等，他们会在 5 岁生日那天开始上小学）首先，该中心就是一个心智倾向性场域，它为孩子们提供了感兴趣、在参与、遇到困难能坚持、沟通和承担责任的机会。孩子们也在学习如何熟悉这个环境（"适应"），丰富这个环境，并把这些元素增加到自己所拥有的一整套和参与有关的机制中。各种各样的活动也随即被发展成了一个个心智倾向性场域。其次，孩子们的学习意向，加上他们对学习场的解读，也在用不同的方式改变着学习场和心智倾向性场域。儿童在不同的心智倾向性场域中进行选择，也改变着心智倾向性场域，并且形成"默认状态"（default settings）。

早期教育机构即心智倾向性场域

熟悉环境

离开家人、独自在早期教育机构中学习的儿童已经意识到，在不同的学习场中，规则和程序也是各不相同的。在以下的对话中，苏西的一位朋友说出了幼儿园里的一条规则。当时的情境是，幼儿园里有一个孩子刚刚在艺术区里说了一句"脏话"。

不可以在幼儿园说脏话的，对不对，苏西?
不可以的。
你可以说"烦人"。
是的。
但是不可以说骂人的话。（停顿）你也可以说"闭嘴"。
我知道。
你可以说"闭嘴"。
我知道。

但不可以说骂人的话。

我知道。

这些儿童已经熟悉了不同环境，也能够在不同环境中与布朗芬布伦纳理论中的 3 个 R 联系起来，即角色（Roles）、规则（Rules）和关系（Relationships）。场域的设置需要与孩子们"解读"新环境的能力相适应。库默分析了马克和泰莎成功的幼小衔接经历，得出的结论是，他们有能力在小学教室里利用自己在早期教育过程中所获得的智力、文化和语言资源，同时，她也对孩子们对于学习场和环境的敏感度进行了评价。

> *在学校里，马克和泰莎都表现出他们在积极地解读班级文化，解读老师重视的是什么，并且能相应地改变自己的行为。他们能够迅速地发现什么是老师和同伴所重视的，并且知道在班级中以何种方式努力以得到他们想要的……"解读"班级特点的能力，了解何时以及如何让自己被看见、被听见的能力，在他们上幼儿园和在家里时就已经显现出来了。*（Comber, 2000, pp.43–44）

丰富和增加一整套和参与有关的机制

在为期 6 周的观察中，大量的证据表明，苏西所在早期教育机构的孩子们在尝试着用许多新的方式做事情。他们有不同的兴趣和社会性意图，在表现性目标与学习性目标（遇到困难能坚持）之间采用不同的平衡方式，用不同方式承担责任等。尽管记录下来的有关纳森的 4 个片段中，有 3 个都是与"是一个男孩"有关（更喜欢在户外玩，避开成人），但在其中的一个场景中，他很努力地和一位老师一起工作，这位老师教他如何做丝网拓印画，并且帮助他写上名字。彼得（Peter），另一个男孩，也在和一位老师一起画鲸，并把它剪下来，然后制作成手偶，而这个小故事对于他来说并不常见。马丁（Martin）总是会把困难任务与家人尤其是他的哥哥联系在一起，他常常独自玩耍，但是有两次他在参与一个（与他人）共同关注（某事）的过程中表现出遇到困难能坚持（一次是和同伴合作，一次是和老师合作）。特雷弗有一次在坚持应对技术性挑战（他通常习惯于进行简单的任务）。丽萨似乎开始承担评价与监督自己工作的责任：她越来越能够为自己做决定，决定自己想做什么，完成任务，写下自己的名字，然后和老师一起讨论她的作品，偶尔会在遇到困难时寻求帮助。琼开始试着和同伴在技术性问题上展开合作。在第三章中，我将提到内尔。内尔通常不会向杰森寻求帮助，但这次她问了他，并且承认自己不知道该怎么做。孩子们开始寻求归属感与探究之间的一种平衡，即表现出他们是集体中的一员（如好学生就是表现良好并且不犯错误）与敢于挑战不确定性或困难任务之间的平衡。

活动即心智倾向性场域

在苏西所在的早期教育机构里，有一些活动变成了心智倾向性场域。具有心智倾向性场域特征的活动似乎是由两个要素的结合发展而来的，即人工制品（材料）或任务的物理本质，以及儿童和教师随着时间推移而赋予这些材料和任务社会性意图和责任模式这两者间的结合。在艺术区，丽萨和同伴沟通的唯一方式就是评价她的行为，并讲述别的孩子忽略的故事。然而，她在积木区里（和男孩子们一起）可以自己去"建立友谊"，通过与他人沟通，提供建议，解释（用"因为"）并且通过使用"猜猜看""嗯哼"等语言保持他们的注意力。当她换到其他活动的时候，她也改变了自己的参与方式，搭建积木时她似乎更乐意尝试与他人沟通和承担责任。丝网拓印画是一种艺术活动，该活动需要儿童画一幅画或一个形状作为印画图案模板，然后复制。然而，在这家早期教育机构里的观察表明，教师们强调的是一系列"学校化"的能力，如写名字，用剪刀剪东西，轮流，完成一个复杂的程序。除了丹尼和少数孩子，大部分孩子常常会保留自己画的模板，而把印制出来的画扔掉。

儿童选择并改变心智倾向性场域

在这个学习场中的第二个交互过程发生在当儿童选择和改变心智倾向性场域时。

选择心智倾向性场域

在早期教育机构里，儿童会根据自身的心智倾向选择他们自己的环境，这一过程被称为"创立合适的环境"（niche-building）或"选择合适的环境"

（niche-picking）。我曾经观察过 17 个孩子，他们的 13 个观察记录都在讲述着类似的学习经验，它们是在同一个活动中或是在一系列的活动中表现出来的。例如，梅格不喜欢成人去帮助她，于是她时常远离丝网拓印画活动，因为在丝网拓印画活动旁，总是会有很多成人站在旁边准备帮忙。然而，丹尼就显得很喜欢成人给他提供的与丝网拓印画相关的指导。内尔则倾向于将友谊当作一个话题，当友谊陷入困境时就来克服困难，并充分利用想象力来改变活动，以避免让他们遇到技术性难题。她利用丝网拓印画设备将颜料印在拼贴画上，这就避免冗长又困难的印刷模板准备工作①，而且，她选择为小宝宝和不在场的人制作帽子，这很明显是为了避免测量帽子所需的尺寸大小。琳达曾经因为她有良好的表现并获得大人的认可而被优待，她避免参加任何会显示她做不好的活动。艾米丽也不希望老是"出错"，她避免参加建构类的活动，而是把大量时间投入到社会性情境游戏中，因为在这一活动中，她能够主导游戏脚本（情境的创设）。她在表演游戏或装扮游戏中得到发展的合作性叙事等技能，似乎并没有转移到建构活动中。孩子们在社会性表演游戏中共同发展脚本，然而，同一群孩子在建构区却是各自行动的。不过，尼克却是个例外，我们会在第五章中分享他的故事。很多孩子都会根据自身的心智倾向选择合适的环境，或者是改造活动来符合自身的心智倾向。

改变受一定倾向影响的社会环境

心智倾向为学习者提供了一个学习到底是什么和应当是什么的故事。心智倾向也反映了（学习者）对这个学习场持有的理论（例如，艾米丽所持有的理论就是，学习场是一个要避免自己出错或是解决不了问题的地方），这些理论在学习的建构过程中发挥着积极的作用。儿童能使用自己强大的心智倾向去抵制、规避或是改变自己所处的社会环境。在第四章中，我们会遇到丹尼，他越来越熟练的制作丝网拓印画的技能改变了这个活动的心智倾向性场域；梅格在搭建活动中获得的经验促使她拒绝平庸，做成了一项非常复杂的遮阳鸭舌帽；而杰森乐于解决难题的心智倾向则把一项简单的活动变成了一项对其他一些孩子来说很有难度的活动。

---

① 这些模板需要先画好图形，再剪下，剪得越细致或镂空越多，印制出来的图案效果就越好，这一步骤对很多孩子来说都很有难度。——译者注

默认状态

　　我在前文中提到，儿童似乎在寻求归属感和探究之间的平衡。在这场平衡游戏中，归属感往往是胜利者。马歇尔（Marshall，1992，p.16）认为，成为什么类型的学习者（儿童）很大程度上是受教室环境影响的。她还提出，支持学习性目标的教室环境有以下特点：有需要（学习者）主动参与的富有挑战性的任务，运用多元化的方法，提供选项，提供分担责任的机会。丹尼、梅格和杰森所在的早期教育机构就具备这些特点，很多场合中的一些流程就好像是一种"默认状态"，在鼓励着表现性目标。在第四章中，有一个片段就是关于梅格和她的几个朋友（包括莫莉和琳达）共同参与的一个活动。她们在一起画一幅蝴蝶壁画，以说明"毛毛虫和蝴蝶"这一主题。在这个过程中，梅格两次试图将这个活动变得更加具有挑战性，但是她的尝试被忽略了。在这之前，孩子们花了大量的时间讨论究竟是谁把颜料洒了出来。以下就是对这个片段的记录，孩子们的讨论以安（Ann）老师走过来提醒他们而告终。安老师说，这没什么关系，只要拿块布擦一下就行了。

　　　啊，谁这么淘气，把颜料洒出来了？
　　　不知道。它自己洒出来的。
　　　不是我。
　　　也不是我。
　　　不是我。
　　　肯定有人洒了一些出来。
　　　我没有。
　　　我没有。
　　　不是我。
　　　也不是我。
　　　不是我。
　　　可能是她撞倒的。
　　　谁？
　　　迈拉。
　　　对！可能是你，可能是你。（咯咯地笑）
　　　是她弄的。
　　　谁？

那边那个。

一定是你撞倒的。

对。

不是。

是的。

不是。

到底是谁把颜料弄倒了？

谁弄倒了？

（安老师过来了）盖子不是盖得好好的吗？

洒出来的颜料擦干净以后，梅格试图把这个活动变成一个可以带有学习性目标的解决问题的活动，然而活动环境已经无法改变了，也没有成人在场支持她，孩子们的交谈渐渐变成了去谁家玩、谁要去的问题。我把这一过程称为一种"默认状态"，即一个群体环境趋于保守的倾向，低水平的表现性目标是它的特征，尤其是没有成人在场的情况下。然而，在另一个场景中，同一群女孩在积木区内合作为动物建围场时，梅格又一次承担了发起人角色。她适度地增加了认知难度，建议大家把"野生动物"和其他动物分开。这一次，大家都接受了她的建议，并开始合作发展游戏脚本。

琳达：还剩下很多动物啊，梅格？

梅格：是啊。都是些野生动物啊，是吧？

琳达：对。

——：哼，哼。

——：这个是妈妈，这个是宝宝，对吧？

——：你能帮我弄一下这些吗？

——：好的。

——：大家都帮我弄一下吧。

琳达：（似乎不太清楚如何给某一动物归类）这个怎么办？

莫莉：这个是疣猪。要放这里。（把疣猪放进了野生动物的围场里）

在这里，梅格、莫莉和琳达在共同合作解决问题（莫莉在另一些场合中围绕友情的话题与他人合作，我们会在第五章中分享这些故事）。然而，当她们在合作画蝴蝶壁画的时候，并没有意识到要去运用这些能力。她们建构

了一个非常不同的心智倾向性场域。或许是因为画蝴蝶壁画是老师的主意吧
（是安老师发起的），下面这段话就清楚说明了这一点，而前面那个为动物
搭建围场的活动从一开始就是属于大家的。

> 安老师：我想大家还可以做另一样东西，因为我们还有我们的大蝶蛹。
> 　　　　什么东西会从蝶蛹中出来呢？
> ——：　圣诞节吗？ ①
> ——：　不是圣诞节。
> 安老师：我觉得我们可以做一只大蝴蝶，因为蝴蝶有漂亮的翅膀。大家
> 　　　　说好不好？
> ——：　好。
> 安老师：我觉得我们可以把蝴蝶的形状剪出来。谁愿意帮我来做蝴蝶？
> ——：　好的。
> 安老师：好。你们能过来帮我画大翅膀吗？
> 　　　　（好）……

安老师设置了任务，或许，孩子们是为了"支持老师的想法"而去完成
任务。然而，积木搭建活动关乎"为动物们提供安全的住所"，是由孩子们
提出、发展并赋予意义的。埃姆斯（Ames，1992）在对学校课堂中（学习者）
的动机进行研究时发现，教室课程中有 3 种（互相重叠的）结构与动机的适
应性或非适应性模式有关：提供的任务，评价的本质，以及课堂里的"权威"。
提供的任务自身就可以成为心智倾向性场域，它常常（就像画蝴蝶壁画那样）
会与教师的计划不同。

对"学习场与心智倾向性场域"的总结

童年时期经验所产生的影响是学习者与学习场、有助于学习的心智倾
向与心智倾向性场域之间复杂的交互作用的结果。儿童用各种各样的方式
对新环境进行回应和"阅读"：有些儿童会抓住机会，通过参与、挑战、沟

---

① 蝶蛹和圣诞节的英文发音很相似。——译者注

通和承担责任来丰富自己的兴趣；有些儿童会尝试一些新的方向和兴趣；有些儿童则会规避学习。在试着通过眼睛和耳朵去发现孩子的观点而不去设置障碍影响自己去看、去听这方面，我们做得很好。这些观察都与学习评价相关。评价活动自身其实也是一种心智倾向性场域。托兰斯和普莱尔（1998，pp.68-82）就详述了一个4岁女孩艾洛伊斯（Eloise）在上学第二天所经历的"摸底评价"。这是一个很有说服力的分析，分析的是孩子进入预备班① 初期，师生之间所进行的与评价有关的互动。虽然这些互动表面上看是为了收集有关早期读写算能力的信息，但是艾洛伊斯还是认识到了在这个学习场中，"基本规则"是由老师来决定的，她不必去理解活动的意义，老师掌控着谈话的走向，她要做一个"好女孩"才行。成为一个"好人"开始取代成为一个"好学习者"这个想法。成为一个"好人"是一个道德领域的问题，充满着表现性目标，是丽莲·凯兹（1995，p.12）所说的童年期"自尊"领域中必不可少的一部分。我想说的是，在大多数环境中，成为一个好的"学习者"需要关爱和责任心，而是不是一个"好人"（或比较好的人）并不是一个早期教育机构或学校课堂需要做的判断。但是，就像艾洛伊斯的故事说描述的，"好"这个字的意思可以是"能够胜任这个活动"，"在此环境中行为得体"，但也可以是"品德良好，总体合格"。对于儿童来说，这个"好"字的含义可能会很模糊，而为什么会受到认可的原因对他们来说也可能是高深莫测的。在这种情况下，老师就拥有了所有的权力。

前景和背景

在图2.1中，我将心智倾向分为3个维度：准备好、很愿意、有能力。在前文中我曾经指出，本书重点突显的是"准备好"这种倾向。在上一章节中，我也提到，我们常常在评估早期教育机构时把（学习）情境和场合搬到前面，但是，我们更擅长的是把技能和知识搬到显著的前景位置。熟悉处于前景位置的社会环境是为了评价我们的教育机构，不过，我们更为熟悉的是将知识

---

① 英文原文为 reception class，此处译为"预备班"，指英国小学开设的招收4—5岁儿童的班级。英国教育体系中，儿童5岁开始上小学。——译者注

和技能置于前景之中。本书强调的是，我们应该将（学习者的）学习意向在
前景中突显出来，这是一个大家还不太熟悉的过程。当背景中的环境因素、
技能和知识能促进学习者的学习意向时，我们就应该去关注它们。

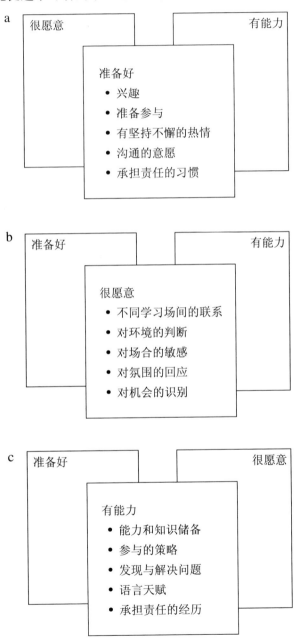

图 2.1　前景和背景

在一个或多个心智倾向领域中长期的、积极的经验可以促使"准备好、很愿意、有能力"这3个维度协调一致。然而，在任何一个场合中，我们都能够把这3个维度描述为它们是在前景位置，还是处于背景位置。图2.1说明了3种不同的视角：a说明了学习意向被放置在前景位置突显了出来（准备好）；b显示了我们对加强或改善情境感兴趣，使得学习意向在这个情境中是适宜的（很愿意）；最后，c表明我们乐意帮助儿童增强或发展那些能够让学习意向更为坚定的能力和知识储备（有能力）。

当"准备好"参与在前景中被突显时（图2.1a）

当"准备好"参与在前景中被突显时，教育实践工作者们会用一种取长式的视角去观察、注意、评价、与学习者和其家人讨论、记录以及分享。儿童根据有助于学习的心智倾向的5个领域（如下）来建构自己作为一个学习者的身份认知。

- 兴趣：期望人物、地点和事物是有趣的；视自己为有趣的并对事物感兴趣的人。
- 准备好持续参与：持续关注，视自己为能够参与其中的人。
- 遇到困难或不确定情境时能坚持不懈，对学习中的风险和所犯错误的作用形成自己的假设；视自己为遇到困难或不确定情境时能坚持不懈的人。
- 希望用"一百种语言"（Edwards，Gandini and Forman，1993；也可参见Gallas，1994）中的一种或多种语言与他人沟通，表达想法和感受，视自己为沟通者。
- 习惯于以多种方式承担责任，从另一个角度思考问题，支持公正反对不公，视自己为有权利和有责任的公民。

教育实践工作者们注意到了布鲁斯（Bruce，见第六章）替其他儿童承担责任的时刻；而在一开始的时候，这种时刻可能很少被发现。教育实践工作者们也记录了内尔（见第三章）先是解决了一个技术性难题，然后向杰森承认自己"不知道"（怎么做）的场景（和活动）。成人们设法让这些"关键时刻"能够一次次发生，希望它们能够成为习惯。儿童开始了解在这个学习场中的目标是些什么，并能为这些目标的具体细节承担责任，就像蒂莫西在沿绳爬滑梯时所做的那样——他重视自己努力后的成果，也知道老师们重视这种成果。

当"意愿""情境"在前景中被突显时（图 2.1b）

本章中论述的心智倾向领域包括：对某事物感兴趣，参与某个活动，遇到困难或不确定情境时坚持不懈（经受某事物的挑战），与某人沟通或互动，为某事承担责任。心智倾向的这些领域与"活动中的学习者"或"关系中的学习者"有关。正如我之前论述的，关系是双向的。在表 2.1 中，我提出，这些活动或关系包括以下内容。

- 准备好在所置身的学习场中识别、选择或建构兴趣，在不同学习场中将人工制品、活动和社会身份联系起来。
- 对自己所置身的本地环境的安全性和可靠性做出有依据的合理判断。
- 对学习场和场合保持敏感，认为在这个场合和学习场克服困难或应对不确定情境以及抵制旧有成规是有价值的。
- 对学习环境的回应，在这种环境中儿童有发言权，也会被倾听。
- 识别或创造承担责任的机会。

这些关系的性质在不同的学习场或是对不同的儿童来说都将是不同的。当托幼中心的老师们发现罗伯特（Robert）对手指画很感兴趣却不愿意参与时，他们决定从两个方面来改变环境。他们知道罗伯特怕脏，于是就为他准备了围裙。制作手指画颜料的老师也邀请他一起做颜料。罗伯特不愿意穿围裙，但邀请他和大人一起做颜料、选颜色却是一个突破口，因为这让他能做出以下判断：这个环境是安全可靠的。之后，他连续参与了好几次手指画活动，并且非常投入，玩了挺长时间。很明显，在一个由成人掌控日程的环境中，我们是不能期待儿童承担责任的；同时，有效评估的一个方面就在于兴趣（兴趣倾向）是否植根于当时当下情境。教育实践工作者们可以用多种方式来运用本章中的 5 领域框架评估自己所在的学习场。①

当"能力和知识储备"在前景中被突显时（图 2.1c）

当能力和知识储备在前景中被突显时，我们关注的是能为学习做出贡献的技能和知识储备。在表 2.1 中，我列举了如下技能和知识储备。

- 能够支持他们探究自己感兴趣事物的各种能力以及相关的知识储备。
- 有助于参与活动和保持专注的策略。
- 发现问题和解决问题的知识与技能；将犯错视为解决问题的组成部分。
- 学习一种或多种语言的天赋（广义上的）；熟悉一些与情境相关的"体裁"；有关熟悉事件的脚本知识。
- 承担责任、做出决定和被请教的经历；对公平和公正的理解；承担责任的策略。

这些能力和知识储备是在学习者所置身的本地环境中得到发展的。比如在"故事石"实例中，教师促进了那些对讲故事充满热情、但还没有能力讲述一个连贯故事的参与者们的发展。她为他们提供了一个格式（如"接下来小老鼠会遇到麻烦吗？"），一些故事情节先后发展顺序上的暗示（如："接下来发生了什么？""他们要怎么样回家呢""一条小船会帮上忙呢，还是一架直升机呢？"），并提醒他们一些可以参照模仿的熟悉的故事情节。将学习的过程视为一整套和参与有关的机制的转变非常类似于做学徒，它不仅包括初学者在没有直接指导的情况下进行观察和尝试，也包括专家在适当的时候教给初学者相关知识和能力。

---

① 与这 5 个领域联系密切的儿童（心中）的问题，是一个有关评价的研究项目的基本框架。该研究项目是在与评价有关的项目完成之后进行的。该项目中儿童（心中）的问题为实践工作者评估自己实践的一系列方式提供了基础。这些问题包括：你懂我吗？我能信赖你吗？你能让我展翅飞翔吗？你能听到我的心声吗？这是一个对我们所有人公平的地方吗？（详见 Carr，May，Podmore，Cubey，Hatherly and Macarney，2000）

总　结

虽然心智倾向这一概念源于心理学，而心理学又将其和气质视为个体的所有物，但本书认为，有助于学习的心智倾向存在于行动和活动当中，并且与行动和活动相互交织在一起。我认为，有助于学习的心智倾向是早期教育的宝贵成果，我把心智倾向界定为一整套和参与有关的机制，一个学习者从中识别、选择、编辑、回应、抵制、寻找和建构各种学习机会。库默也支持这种观点，她在研究幼小衔接的课题中（Comber，2000，p.46）总结道："我们对 20 个儿童案例进行仔细分析后发现，对于刚刚入学的儿童来说，他们在学校里的读写学习情况是因人而异的，这些差异与参与方式的选择、学生身份的表现形式有关。"

我根据自己在新西兰早期教育机构中的经验，列举了有助于学习的心智倾向的 5 个可能的领域，并且提出，在早期教育中运用有助于学习的心智倾向框架设置目标时，有助于学习的心智倾向的 3 个维度——准备好、很愿意、有能力——会以不同形式在前景中突显或被置于背景中。不过，总的来说，我们对用一种取长式的评价来突显学习意向这个过程并不熟悉。第六章中描述了这样一种取长式的评价模式，第七章到第十章则描述了教育实践工作者是如何运用这一模式的。本章接下来的 3 章内容将把我们重新带回到儿童的真实经历中，并围绕心智倾向的 5 个领域做详细阐述。在第三章中，我把前两个领域配成了一对——感兴趣和在参与，第四章讨论的是遇到困难或不确定情境时能坚持，而第五章则把最后两个领域——与他人沟通和承担责任放在一起进行讨论。

第三章

兴趣和参与

第二章已经介绍了兴趣和参与作为有助于学习的心智倾向中两个领域的重要性，这一章会更为详细地围绕兴趣和参与展开论述。兴趣和参与是息息相关的：兴趣的一种定义就是"吸引人们投入到工作（任务）中"，这也是参与。许多研究都佐证了学习是建立在兴趣基础上的。正如第二章中佩利的观察显示的那样——每当她班里讨论的是一些孩子感兴趣的话题时，"孩子们参与度就会直线上升"。希斯赞特米哈伊（Csikszentmihalyi，1996，p.158）发现，虽然那些有创造力的人通常没有在早年就显示出很高的成就，但"他们似乎从小就致力于探究和发现他们自己世界里的某些领域"。

那么，能引起孩子兴趣并使之参与的究竟是什么？1999年，德拉蒙德引用了艾萨克斯的观点，即儿童的学习取决于他们的兴趣，相应地，兴趣源自渴望、好奇心和恐惧。佩利和艾萨克斯强调了儿童运用他们的恐惧和欲望的能力，她们关注那些将情感和认知紧密联系在一起的学习成果和过程。在佩利的著作《坏人没有生日》（*Bad Guys Don't Have Birthday*）中，弗雷德里克（Frederick）的兴趣来自于他因为家里一个新生命即将诞生而产生的焦虑。我觉得，佩利可能会认为与之相关的那种怕被忽略的恐惧既是个体的兴趣，也是具有普遍性的。希斯赞特米哈伊在他撰写的关于创造性的著作中强调了兴趣对创造力的影响。他也同时强调了情感的作用，例如莱纳斯·鲍林（Linus Pauling）在上学前就已经爱上了化学，同样，佩珀特（Papert，1980）说他在两岁时就已经爱上了各种工具。

　　苏珊娜·希迪（Suzanne Hidi）、安·伦宁格（Ann Renninger）和安德烈亚斯·克拉普（Andreas Krapp）认为兴趣在学习和发展中扮演着关键的角色。他们的结论是，个体的兴趣包括与其他物体以及个体参与的事件相关的高水平的知识储备和价值观（1992，p.434）。他们区分了个体兴趣和情境兴趣。个体兴趣通常被视为相对持久的心理状态，就好像气质，而情境兴趣则是由环境中一些有趣的特征引发的。

　　本书的一个核心观点是，学习是受中介影响的行动，想要探究的是"评估是如何促进这样的（受中介影响的）学习"这个问题，而这些都暗示着兴趣将会与中介手段和（或）行动有关。沃茨提出要关注行动中的学习者，而不是作为个体的学习者。他说，"我所追求的最核心观点是，人类的行动通常会采用一些'中介手段'，例如工具或者语言，这些中介手段也在本质上决定着人类的行动"（1991，p.12）。如果用这种方式来描述一个学习者的话，那么兴趣也可能被描述为"中介手段"。我提出了以下这个兴趣和参与系统：人工制品（物件、语言、文化故事和传说所提供的故事情节），活动（为了实现一系列目标使用工具的方式、常规和实践）和社会群体。引起这些兴趣的深层次原因很可能是恐惧或者悲伤（如同佩利在弗雷德里克身上所观察到的，或是下文中凯西对莎莉的观察所显示的），但是，当我们观察儿童会关注哪些人工制品、活动和社会群体时，我们只能猜测它们在隐喻或心理层面的意义。借助这个系统，我们能够说，深度参与某一感兴趣的事会出现在当一个人使用文化制品（如物件、工具和故事）投入到一个活动中，而这个活动又是被社会群体重视和支持时（图 3.1）。兴趣可能会存在于这个系统的一个或多个层面中。

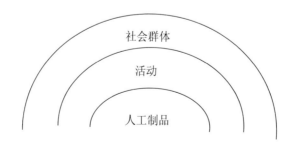

图 3.1　兴趣和参与系统：人工制品、活动、社会群体

本章将详细阐述3种不同类型的兴趣：对人工制品的兴趣（摩西和莎莉）、对一个特定活动的兴趣（艾伦）以及对一个社会群体的兴趣（内尔）。对摩西的观察是在他1岁时开始的，一直持续到他两岁8个月。摩西每周会去一个托幼中心两天。莎莉是位于英国的一所幼儿园中的两岁孩子，凯西·亨特（Kathy Hunt）老师告诉了我莎莉的故事。艾伦4岁，每天上午都会去上幼儿园。内尔4岁半，和艾伦一样，上的是时段性幼儿园，每天上半天幼儿园，但是和艾伦不在同一家幼儿园。

摩　西

摩西是一个两岁的孩子，在他爸爸妈妈的记忆中，他一直对动物十分感兴趣。在他1岁的时候，他有一个装有动物玩具的盒子，他会用不同的方式排列和摆弄这些动物，还会模仿这些动物的叫声。他非常喜欢的一些书里有动物的图片，他会说出动物的名称或者问"这是什么"。下面的第一个观察就记录了这样一个时刻。

观察 1

1岁3个月

摩西从盒子中拿出动物（10个动物左右）。他趴在地上，让动物们一一站在地板上。他一一模仿动物的叫声。

摩西两岁的时候，他的游戏脚本进一步拓展，他能够叫得出名字的动物也越来越多。他已经非常熟悉3个动物园了，并且知道在哪里可以找到他最喜欢的动物——羚羊和长颈鹿。现在，他的游戏脚本还包括表演。

观察 2

妈妈：摩西，告诉爷爷你在超市看到了谁？

摩西（四肢着地）：我现在是山羊。

妈妈：山羊，告诉爷爷你在超市看到了谁？

摩西：咩咩。

观察 3

在小镇上的儿童农场拍的照片里，摩西正在仔细地研究动物的蹄子和屁股。他在动物旁用手当蹄子，学着它们爬来爬去。

摩西对像马一样飞奔特别感兴趣，尤其喜欢从他表哥那里学来的套着凉鞋飞奔这一招。

观察 4

摩西的祖母正在给他讲故事。摩西说其中的一个角色有一双"小丑鞋"，并补充说他自己的凉鞋是"飞奔鞋"。

摩西用大块的乐高积木搭动物，也开始尝试画动物。他从托幼中心学了一些动物的歌曲，还尝试说服身边成人和他一起演唱（编）羚羊的歌或者山羊的歌。

观察 5

有一次，摩西得到了一些橡皮泥和木块，他很投入地玩了一会儿，然后嚷嚷着"我需要一些动物"。他用橡皮泥在犀牛的背上安上了驼峰，将它变成了一只骆驼，然后又做了一个动物园和一个农场。

观察 6

摩西和他的祖母正在阅读《一只小鸟》（*The Little Bird*，作者是 Dick Bruna），里面有一棵向日葵画有眼睛、鼻子和笑脸。摩西："那个向日葵有脸吗？""它有凉鞋吗？"还有一次，他们正在阅读《小波在农场》（*Spot at the Farm*，作者是 Eric Hill），摩西问："鸭子有头发吗？""鸭子的脚在水下吗？"

摩西两岁半的时候已经可以区分农场动物和野生动物，并给它们搭建围场，用他的话说就是"搭建一个农场"。他对动物有的是蹄子还是爪子，或仅仅就是"脚"而感到困惑。他也会玩文字游戏，特别是在模拟动物对话的情境中。

观察 7

摩西：我是一只羊。

母亲：你叫什么名字？

摩西：Sheepy-weepy-sleepy[①]。

两岁 8 个月的摩西非常喜爱有关动物的书，尤其喜欢有关动物的科普书，比如标有各种各样马的名称的书。他现在会用橡皮泥制作动物，还会画动物（虽然他更希望由爸爸妈妈来画动物）。摩西会非常专心地给动物排队，常常是成双成对地排，或排成好几队。他还开始用积木很精心地搭建，然后加入动物。在家里的各个角落，都会有他搭建的东西。他还会发现看上去像动物的东西：一个拖把就像一只绵羊，一个影子像一头猪，一块石头像一头猪。他还会用动物来形容一些人（他说他一个朋友的爸爸妈妈像狮子）。他会跟着有节奏的音乐舞蹈。一次摩西的父亲带他去国家马术中心，他的爸爸讲了下面这个故事。

观察 8

我带摩西去国家马术中心，那里所有的马都给他带来了极大的震撼。他走到一匹马身边，慢慢地伸出手，轻轻拍拍马的鼻子。他走到一位正在给马配鞍的人跟前，询问了许多问题，并且在对话中会发出总结性感叹，例如："这些马的蹄子很大，对吧？"当我向他感叹有一匹马飞奔起来有多么漂亮时，他说，"嗯，就像音乐一样"。

现在摩西已经从托幼中心学到了许多有关动物的歌曲，他已经开始用他所收集的动物（非常多）当演员来表演一些场景，并赋予它们不同的声音。这些表演的脚本有的时候会包括以下这类对话。山羊："睡觉时间到了。"马："我不想睡觉。"山羊："那么休息一会儿怎么样？"马："不，不要休息。"摩西会摆放出一些动物，让它们看着自己睡觉、跳舞、吃东西和看电视。他的爸爸妈妈说他有时会扮演某种动物，目的是不听爸爸妈妈说的话（例如不听从爸爸妈妈让他去睡觉的指令）。

---

① 从"羊"（sheep）一词引出的变化，后面两个词与"羊"一词有相同的韵脚。

莎　莉

在 1991 年的一次会议上，我听凯西·亨特讲述了莎莉的故事，这个女孩只有 3 岁，但是她唯一的亲人——妈妈已经去世了。在幼儿园里，莎莉的状态是这样的。

> 莎莉显得非常绝望，我们知道她正承受着令人难以承受的痛苦……莎莉表现出了亲人去世后可以用来表达哀伤的所有行为，恐慌，大声哭喊，一遍遍到处寻找。神志恍惚，无法安定下来，很难集中注意力。她不能参与游戏，不愿意和其他孩子在一起，对画画、图书和故事也没有兴趣。

凯西描述了莎莉是如何一步步地参与到幼儿园活动中的，并用比喻的方式来表达她的意愿。在这段时期，她一遍又一遍重复的一个游戏行为就是带着一小一大两只玩具熊（小的是宝宝，大的是成人）沿着戏水池边的小路漫步。她常常会将那只小的玩具熊扔进戏水池，看着它沉入水底，然后深吸一口气大喊："哦，不！"说完后，游戏有可能会再重新开始。后来，莎莉开始非常喜欢雷蒙德·布里格斯（Raymond Briggs，1978）的图画书《雪人》（*The Snowman*），而且她会请求别人一遍遍地读这个故事给她听。几年后，凯西才了解到，虽然这个故事看上去与死亡并没有多大的关系，但却是布里格斯在失去了一个亲人后所写的。对于莎莉而言，人工制品（玩具和图画书）为她提供了意义重大的、帮助她修复因为失去妈妈而造成的心灵创伤的隐喻，而作为研究者，我们只能对这些隐喻的意义进行猜测。

艾　伦

艾伦上的是一个提供时段性教育服务的幼儿园，这个幼儿园采用项目学习模式（a project approach）。吸引艾伦发挥想象的是当幼儿园老师和孩子们决定给栅栏（把幼儿园操场分成前后院的栅栏）的一个缺口设计一个大门的时候。当木工在搭建栅栏时，他跟孩子们讨论了为什么要在栅栏上安装一个结实的大门以确保孩子们的安全——老师们很难顾及后院，而垃圾焚化炉又位于后院。在这个项目开始之前，艾伦并不是非常愿意来幼儿园。但是，在参与了项目以后，他对来幼儿园这件事充满热情。有一次，当艾伦的水痘好了以后，他还是不想上幼儿园。他的妈妈提醒他，"木工今天会来幼儿园跟孩子们讨论大门最终设计图"，于是艾伦改变了主意，并且在讨论过程中一直处于核心位置。以下就是对艾伦进行的观察。

8月15日—8月28日

8月15日，艾伦画了第一幅简易大门设计图——一个有3条斜线的正方形，在正方形的一条边上画了一个小的把手，可能是大门的铰链或插销。8月26日，艾伦根据他的设计第一次用木头做了大门。他从家里带来了铰链，在用螺丝把铰链装在门上时遇到了困难，但他还是坚持不懈：先要钻一个洞。他发现菲利普牌螺丝和普通螺丝不同。在成人的帮助下，他先打一些洞，然后选择了菲利普牌螺丝，因为他有一把菲利普牌的螺丝刀。第二天，他兴致勃勃地继续工作："我想要出去完成我的大门。"他和另一个孩子西恩（Sean）尝试着把他做好的大门装在栅栏的缺口处，很明显，大门太窄了。艾伦说："我必须再做3个大门。"

8月28日，艾伦完成了第一个木质大门模型，不管大门的宽度如何，他都想要把它装到栅栏上。在和一位老师商量后，他的结论是他做的门除了不够宽，还不够长，"把这个大门装在栅栏顶部的话就碰不到地了"。他说他接下来要做的大门"要和栅栏一样大"。他在室内不同的地方尝试着装上自己做的大门，最终他决定装在自然角的一根木头上，这根木头的一面是平的。"我必须先测量一下。"于是艾伦测量了大门的一根柱子，"到6—0—0"。然后他测量了木头，"哦，不，它们不一样长。它应该也是6—0—0的。这个高度不对"。艾伦到户外把大门柱子锯掉了一点。他量了量，然后在大门柱子上画了一条线。

芭芭拉（Barbara，另一个4岁孩子）问他："你在干什么？"艾伦说："我必须在这条线这里锯断。"他把门钉到了那根木头上。艾伦钉门的时候，贝弗（Bev，另一个孩子）帮助他扶着大门。艾伦试着关了3次大门，但是大门始终摇摇晃晃关不住。他指着贝弗说："你必须在这上面弄把锁。"贝弗找来了一个水平仪，把它放在大门的上面。"它差不多在中间了。"艾伦说。但是，他们并没有制作门锁。

8月29日—9月2日

8月29日，艾伦的第二个计划图中画的是一个"十"字形的设计，并明确画出了铰链——"这些要和栅栏联结在一起"——还有圆圈代表的螺丝（图3.2）。他指出，要把一个钉子钉在中间，这就能把所有的木块钉在一起。这次他测量了栅栏的缺口，还在他的设计图上标出了测量的结果。在设计图上老师写下了如下评论，"艾伦测量了缺口的大小以做出一个尺寸适宜的大门"。

9月2日，一位老师建议艾伦可以用硬纸板来完成他的设计。10分钟之后，这位老师观察了艾伦：他裁了6根长条的硬纸板，然后用透明胶带将它们粘贴成一个正方形，显然这个正方形有点歪歪扭扭。艾伦撕掉了透明胶带，拿了一些皱纹纸，然后重新开始制作。他粘了两条平行的硬纸板以支撑顶部和底部。艾伦看了看图纸，意识到现在做的和图纸有些不一样，他说他想做和他的木头大门一模一样的门。他折了一些小的硬纸板做门的铰链，然后又在大门的一侧打了一些洞，也在铰链上打了洞。他把铰链粘到了大门上。老师问："你遇到问题了吗？"艾伦回答："是的，那个突出来了（指着硬纸板长出来的地方），我装上了4根铰链。"他把它们画了出来（图3.3）。

9月5—9月6日

艾伦描述了他的第三个计划："门的线条是向下的，需要3根铰链，还有一把锁。"（图3.4）他解释说栅栏上的线条是"斜的"，并向老师解释了自己的测量结果："栅栏顶部的数字表示这里是一米宽。""它和栅栏的高度一样。"

第二天他制作了第三扇门，这也是最大的一扇门："今天我要建造我做过的最大的一扇门。"他用了很大的木头去做大门中间的"十"字形。这次他没有先从门的边框做起，他也没有完成他的大门：因为在硬的木头上钉钉子是很困难，也可能他用完了大块的木头。

艾伦 29/8

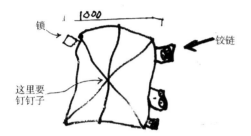

图 3.2　艾伦的第二张设计图

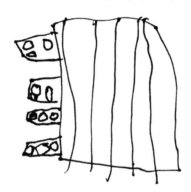

图 3.3　艾伦画的硬纸板大门

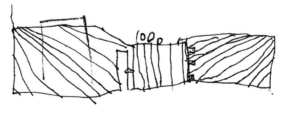

图 3.4　艾伦的第三张设计图

9月9日

9月9日，孩子们正在看一些铁门的照片。约翰尼（Johnny）在照片的启发下制作了两个模型：一个是用铁丝做的，另一个是用铁丝和纸做的。卡拉（Cara）也用铁丝和纸做了"像照片里的那个（门）"的模型。米基（Mikey）把他的铁丝模型变成了玻璃的。艾伦用铁丝制作了第四个模型。

10 月 15 日—10 月 22 日

9 月 12 日，艾伦生水痘了，幼儿园也从 9 月 23 日到 10 月 7 日休期末假。艾伦最后的那张设计图是在 10 月 15 日完成的，那天木工会来选择大门的最终设计稿。大门的最终设计结合了艾伦之前所做的两个设计：它包括有 3 根垂直的支撑条和两个"十"字形支撑设计。

10 月 22 日，木工来幼儿园制作大门，艾伦也帮忙了。最后制作时采用的大门设计与艾伦的设计很相像：前面有垂直的板子，后面有斜的支撑条（不过不是"十"字形的）。第二天，艾伦就正式开始上小学了。

整个过程中，艾伦一直都保持对这个活动的兴趣，特别是对测量和铰链表现出了浓厚的兴趣。在活动的初期，艾伦从家里拿来一些铰链，足够和其他孩子一起用。当孩子们坐在地毯上（圆圈时间）一起讨论用当地产的一种石头做大门这个话题时，艾伦说"在大石头门上你需要用很大的铰链"。他用卷尺测量，并读出测量出来的数，然后把这些数写在他的设计图上。

内　尔

在内尔的幼儿园里，有一些孩子正在发展和练习一系列能帮助她探究如何交朋友和维持友谊这方面兴趣的社会性和语言方面的策略：一起玩，互帮互助，讨论去谁家玩等话题，这些讨论中显示出了对他人的需要、想法和信念的认识（女孩们的显著特点）。以下的两个观察都与允许朋友加入或把朋友排除在外有关。第一个观察中，4 岁的内尔跟丽萨解释了朋友的一个特征："只有朋友才能看着自己的朋友。"

内尔和金妮用滚珠画箱里的颜料玩手指画，这个时候，丽萨在不远处制作丝网印画，很认真地看着她们两个。

内尔：（对丽萨说）不要看着我的朋友，这很不礼貌。

金妮：是的。

内尔：不过，我可以看，是吧，金妮。

金妮：嗯，因为你是我的朋友。

内尔：是的，只有朋友才能看着自己的朋友。

内尔把友谊中的威胁当作一种自己有兴趣解决的积极挑战，第二个观察证明了这一点。

艾米丽和劳拉用排挤内尔的方法建立两人之间的友谊：劳拉用夸张的语气赞美内尔的作品，而艾米丽认为这样的赞美是骗人的，故意大声地跟劳拉耳语。

艾米丽：我们不喜欢它，对吧？

劳拉：嗯，我们只是骗骗她的。

内尔：你们的话我都听到了。

劳拉：我们喜欢它，对吧，艾米丽？

艾米丽：不，我们只是说说谎话而已。

这次内尔似乎遇到麻烦了，但是内尔并没有沮丧、离开或是告诉老师劳拉和艾米丽欺负她。她一直留在搭建桌旁，试图在谈话中寻找能够转化力量制衡现状的机会。劳拉讲了一个有关她爸爸的故事，讲故事过程中，内尔试图询问劳拉："你找到一些（蝉）了吗？"

劳拉：事实上，我爸爸知道蝉是如何在夜间孵化的（艾米丽：
　　　是的），因为如果你没有在白天看到它孵化，它当然就
　　　在晚上孵化喽。就是这样的。

艾米丽：你这是在告诉我们事实真相，是吧？

劳拉：是的。有一次爸爸就是这样做了，我看到的。有一次他
　　　带我们去那里，我们看到他做的。

内尔：你找到一些（蝉）了吗？

劳拉：嗯，有一次我们发现了一只活着的蝉，我们放它走了。

然后劳拉又讲述了她爸爸从蹦床上摔下来的故事。劳拉还说自己也很想玩一次蹦床，内尔马上抓住机会说："如果你想的话就可以玩，因为我可以邀请你参加我的生日聚会。"

> 劳拉：真的吗？
>
> 内尔：你妈妈知道豪拉基湾（Hauraki Downs）在哪里吗？
>
> 劳拉：不知道。我觉得她不知道这个地方。
>
> 内尔：那你就不能参加我的生日聚会了。
>
> 劳拉：为什么我们不问问你妈妈呢？
>
> 内尔：对呀，我们可以问问。

内尔运用了很多策略，最后用屡试不爽的手段——邀请别人参加自己的生日聚会来结束谈话，她已然成功地让自己从谈话的边缘位置移到了中心，所有的孩子似乎都享受着谈话过程中所蕴含的那种张力。

内尔展现了很多交朋友和维持友谊的策略，她运用了与谈话和讲故事相关的知识储备来丰富这些策略。我们将在第五章再次看到她，她指导尼克用硬纸板做滚珠画的盒子。

简要评述摩西、艾伦和内尔的兴趣

视"兴趣"为一个受中介影响的行动系统中的一部分，这个系统又是由3个部分组成的——人工制品、活动、社会群体，这样，我们就可以分析兴趣是如何发展的，以及兴趣是如何变得越来越复杂和越来越吸引儿童参与的。摩西的发展过程最为清晰，因为对于他的观察整整持续了18个月。他有关动物的知识储备迅速地增长，而他的兴趣也开始延伸到整个系统。他对人工制品（动物玩具）的兴趣让他开始对其他与这些动物玩具有关的活动感兴趣（例如，会用动物玩具和积木给动物排队或搭建）。到了两岁半的时候，他的动物已经开始归属于（动物的）社会群体了——农场、动物园、马术协会，同时，也表现了（非动物的）社会群体中的生活——成为摩西家的一员，并且帮助他理解（和抵制）家里的常规。艾伦对于铰链和测量的兴趣与越来越精确的设计图、搭建得越来越复杂的大门融合在了一起。在幼儿园里制作大门的活动提醒了他的另一个"可能的自我"——成为一名木工，而来幼儿园帮助他们制作大门的木工就成了他的一个榜样。内尔拓展了她的谈话技巧以维持友谊，她们的谈话从做朋友和互相帮助，慢慢发展到一种语言形态或工具——

我称为这个幼儿园的"闺蜜语言",安·谢尔登(Ann Sheldon, 1992)称为"双重声音话语"(double-voice discourse)。这个兴趣包括内尔想要讨论自己议题的意图,以及她对其他孩子的兴趣。在内尔的案例中,我们可以看到她会讲一些有趣、恰当又长度适宜的故事,激发朋友讲故事,倾听朋友的回答——并且等待着邀请朋友参加自己生日聚会的机会。对于内尔和她那些可以使用"闺蜜语言"的朋友来说,发展一种新的语言工具巩固了她们是这个朋友群体中一员的地位。

在观察的过程中,这4个孩子已经准备好、很愿意并有能力对某一事物感兴趣并参与其中。在这4个例子中,兴趣和参与行为都是自愿自发的,虽然艾伦的例子是与幼儿园建造大门的项目平行发展的,但是,他把这个项目变成了他自己的项目,并且选择了他自己最想关注的两个方面:测量和铰链。在艾伦的例子里,他"很愿意"参与的态度是清晰可见的:他的参与是与活动进展息息相关的。摩西和莎莉则是根据自己的意图选择了所处环境中的具体物品作为自己的兴趣点。他们有助于学习的心智倾向和所处的学习场所(家庭、托幼中心、幼儿园)是协调一致的:摩西的家人对于他在家里的各个角落给动物排队这个行动非常宽容,而莎莉的幼儿园老师则一直在等待,等她自己(从丰富的幼儿园环境中)找到对她而言具有特殊意义、能给她慰藉和喻义的物品。这种容忍和协调一致让儿童能够发展技能和知识储备:内尔的新语言(我们会在第五章再次提及,因为迈拉和莫莉也在讲这种语言),摩西所掌握的动物知识(在某些方面甚至超过了他的父母,例如各种马之间的差异),艾伦数学以及木工方面的技能和知识,莎莉对比喻和象征的直觉力。这些兴趣可以用多种方式来阐释解读。艾伦对于铰链的兴趣可能会符合由克莉丝·艾希(Chris Athey)和卡西·纳特布朗(Cathy Nutbrown)及其他学者发展的现代皮亚杰图式理论。珍妮特·奥斯汀顿(Janet Astington, 1993)和亨利·威尔曼(Henry Wellman, 1990)可能会强调内尔非常明显的"心理理论"(Theory of mind)。4个案例中的任一事件里,心智倾向性场域都为儿童实现心中的目标创造了空间,尽管成人一开始无法预测他们的兴趣和参与的性质到底是什么。

评　价

上述观察为我们所选择的评价定义提供了很好的注解，即评价就是"日常实践的方式，我们观察儿童的学习，尽力去理解它，然后把我们的理解用到合适的地方"（Drummond，1993，p.13）。

那么这些与兴趣和参与有关的例子会给评价带来哪些指引呢？它们提出了以下建议：认可发展中的不可预测性；寻求学习者的视角；叙事比表现性指标更能反映学习情况；对共同收集到的行为表现进行合作解读会有助于评价。

认可发展中的不可预测性

包含下一步计划的评价会认可这样一个观点，那就是，我们并不总是清楚地知道发展的方向和学习的方向。本章中的案例支持凯瑟琳·尼尔森（Katherine Nelson）的观点，"发展通常是一个'藏于地下的'难以捉摸又不太可见的过程"（1997，p.101）。故事和记叙可以捕捉呈现在我们眼前的发展瞬间，但是它的方向却很难被预测。案例研究可以描述那些随着时间变化而发生的变化。佩利的孩子们讲述并且表演对他们而言有特殊意义的故事：一开始，他们通常会演绎经典故事，例如《杰克和豆藤》，或者是电视里播放的故事，然后对这些故事进行改编并且用自己的方式表演出来。佩利将这些被讲述的故事记下来，然后，这些故事和孩子们表演的故事脚本以及佩利对它们的描述一起成了佩利评价和分析（孩子们学习和发展）的基础。她说："我将他们的幻想游戏记录下来，是因为它是储存了秘密信息的仓库，是他们用来表达想象和逻辑、喜悦和好奇、恐惧和担忧等感觉的直观语言。"（1988，p.vii）佩利把幼儿园描述为"私人化戏剧的日常表演舞台和环球剧院"。她感兴趣的是儿童的情感生活以及他们处理情感的方式，例如，他们会用幻想游戏来告诉自己恐惧是可以被克服的。同样的，摩西和莎莉表演了对他们有特殊意义的故事，艾伦把自己的注意力放在环境中那些与让他拥有木工学徒这一身份有关的元素上，而内尔似乎热衷于为一个社会群体设定边界和含义。

寻求学习者的视角

评价那些"隐藏着的"复杂的学习成果需要随时寻求学习者的视角。在第八章中我们会看到，3 岁的吉尔告诉他的妈妈要在家庭式托幼中心的记录本里记下当天发生的那些事情。在许多早期教育机构中，儿童学习成长档案里所收录作品的标题通常是由儿童口述的。在美国加利福尼亚州的一个一年级教室中，一个对作文进行评价的实例里就包括了学习者的视角。萨拉·梅里特（Sarah Merritty）老师和研究者安·海斯·戴森（Ann Haas Dyson）记录了这个评价案例，这些都收录在西莉亚·基尼世（Celia Genishi，1992）的一本有关评价的著作中。这些评价任务的特性、撰写对儿童来说有意义的故事并给彼此留言都说明评价可以是课程的一部分，在评价中也能包含儿童声音。萨拉把儿童撰写的日志保存了一整年。在描述两个女孩写的文章时，作者们认为日志"反映了女孩们不断加深的友谊和她们正在不断发展的编码技能，而文章中的信息也变得越来越复杂了"。作者们论述了从 3 个视角——个体、同伴和班级进行观察是如何帮助教师理解和支持儿童学习的。另一些评价实例寻求的是较大年龄学习者的观点，评价中包括 10 岁的学习者所撰写的反思式学习日志。澳大利亚学者苏·霍华德(Sue Howard)和布鲁斯·约翰逊(Bruce Johnson) 进行的研究则使用"这是你的生活"格式，与 9—12 岁的儿童展开有关适应能力的访谈。

叙事比表现性指标更能反映学习情况

迪伦·威廉姆（Dylan Wiliam）在论述英国数学课程中评价真实任务这一主题时，建议摒弃标准参照型评价，而采用建构参照型（construct-referenced）评价，因为，"这种评价设计的内容更为全面，而不只是根据清晰目标而进行的测试"（1994，p.59）。他建议："我们需要的是一种能够根据他们自己情况评价真实任务——也就是他们（学生）为自己设定的任务——的方式，然而，似乎没有一种明确的评价体系能够实现这一目标。"

把本章中 4 个孩子的参与特点用表现性指标来描述会是非常困难的，因为他们的兴趣与情境有关，也是非常个性化的。我们需要长期关注这些孩子，了解他们及他们所处的心智倾向性场域。尽管像《勒芬投入度等级量表》（The Leuven Involvement Scale）这样的行为表现指标体系可能会很有用（一些表现出"正在参与"的具体信号，包括专注、热情、复杂程度和创造程度、面部表情和姿态、坚持、精确和对细节的关注、反应时间、语言表达和满意度），但是早期教育实践工作者会积累很多发生在早期教育机构中与兴趣和参与有关的故事，再加上他们非常了解孩子们，因此，他们完全有能力识别出持续发生的兴趣和参与。

对共同收集到的行为表现进行合作解读会有助于评价

早期教育工作者们以团队形式工作，教师与其他教职员工、家长和儿童共同讨论已经是早期教育实践中的传统了。这些讨论，有时候被称为"整体"评价方法（可以参考 Pamela Moss，1994），包括合作解读收集到的关乎儿童的观察记录。

英国普通中等教育证书（GCSE）英语学科测试中对学生的英语文章进行"协同审阅"就表明合作解读是可靠的（William，1994，p.60）。在摩西和艾伦的例子中，"评价"就是他们的父母（对摩西进行评价）和老师们（对艾伦进行评价）的解读。他们会相互讨论，也会和孩子进行讨论，回忆在过去发生的那些已经被证实的或者仍具有冲突性的事件，然后决定对孩子来说哪些都是重要的兴趣和参与片段，而这样的决定常常是试探性的。从评价的角度来看，这些讨论就是对复杂的、收集到的行为表现进行合作式解读。

下一章将会提供一些对有助于学习的心智倾向的另一个领域——遇到困难或不确定情境时能坚持进行分析的实例，进一步发展出对学习成果（一整套和参与有关的机制）进行评价的原则。

第四章
遇到困难和不确定情境时能坚持

    迄今为止，我们已经看到了很多儿童遇到困难和不确定情境时的反应：蒂莫西花了很多天练习，直到他能完成拉着绳子从下至上爬到滑梯顶部这个困难的任务；内尔则很享受为了争取自己拥有友谊的权利而对艾米丽和劳拉提出挑战。在第二章中，苏西决定"再也不要"面对丝网印画时会出现的困难，以防再次犯错。用杜维克的话说，苏西似乎正在发展"表现性"目标，至少对于早期教育中心里的某些活动来说是这样的，而蒂莫西发展的则是"学习性"目标。杜维克及其同事用一些实验性的任务来评价年幼儿童的学习导向。在 1994 年，她提出了"学习性目标儿童"和"表现性目标儿童"这种说法。

>   学习性目标组的儿童与表现性目标组的儿童在解决任务时遇到了同样的障碍，而且，学习性目标组的一些儿童对未来的成功是缺乏信心的。尽管如此，作为一个小组，学习性目标组的儿童整体来说都能够把注意力集中在策略上，在经历困难的任务时情绪也能保持相对稳定，能积极地评估自己的技能，在失败后也能继续坚持。
> （Smiley and Dweck, 1994, p.1739）

    我把杜维克的思想与"学习者即在心智倾向性场域中行动的学习者"这一观点结合在一起。当然，从某种意义上看，遇到困难能坚持"应该"是与所处的情境相关的，或者说取决于所处环境。让 3 岁的孩子坚持独自一人穿过拥挤的马路显然是不合适的：她应该不会愿意这样做，而且对这样的时刻也会非常敏感。从另外一种意义上说，遇到困难能坚持"可能"会与所处的情境相关：对内尔的观察表明，当主题是与友谊有关的时候，她持有的是学习性目标；但是当技术性挑战迫近她时，她持有的是表现性目标，以免让人认为她是没有能力的。在第二章中曾提到，梅格的朋友在制作蝴蝶壁画时表现出了表现性目标，但是，当她们在积木区共同游戏时表现出的则是学习性目标。在本章中，丹尼实现了从表现性目标向学习性目标的转变。丹尼在制作与自己喜欢的主题有关的丝网印画时，遇到各种困难依然坚持。正如第二章所描述的，丹尼所在的幼儿园里有很多活动已经成了心智倾向性场域：在过去，心智倾向性场域是由一些儿童和他们的老师所决定的。然而，一些儿童在很多活动和领域中都持有学习性目标。正如我们在前一章中提到的，"学习和发展与情境有关"这个观点对评估（儿童的）进步是有帮助的：进步将体现在发展更为复杂的问题解决策略上（如内尔在维持友谊时所用的策略），也体现在遇到困难和不确定情境时还在坚持，这些困难和不确定情境跨越了人工制品、活动及社会群体之间的边界。

杰　森

杰森，即将满 5 岁，和内尔上的是同一所幼儿园，尽管我只是在他上小学前才认识他，但我发现他似乎总是很享受困难，在遇到困难时总是会坚持。以下是我认为能够体现杰森遇到困难能坚持这一心智倾向的实例。

观察 1

滚　珠　画

杰森想要画一幅滚珠画，这种画就是把一颗蘸了颜料的珠子放在硬纸盒里的白纸上滚来滚去。他引导观察者帮他寻找专门用来画滚珠画的硬纸盒，但是我们没有找到盒子。杰森就说："我可以另外找一个盒子。"

他把一个原来装有能量棒的空盒子的一边剪下，然后把盒子翻过来。现在他就有了一个剪去一边的托盘了。他把一些纸塞到托盘底部，用勺子把蘸了颜料的珠子放在纸上，然后让珠子滚动起来。他用勺子推着珠子走，以控制珠子的走向，而不是通过晃动盒子让珠子滚起来。然后，他再一次倾斜和晃动盒子，用手抓住珠子。他向观察者解释他遇到的问题："那里也需要一条（边）。"（托盘的另一边）然后他把纸卷起来做成了第四条边，而卷起的这条边可以不让珠子从盒子里滚出来，这样就可让珠子上下来回滚动了。

杰森尝试了一些解决问题的策略，而这个需要解决的问题是他所犯的一个"错误"（他把盒子的一边剪掉了）造成的。他尝试的策略包括用勺子推珠子以控制它的滚动方向，用手抓住珠子，把纸卷起来做成第四条边。后来（观察2），他提醒内尔不要犯同样的错误。

观察 2
滚　珠　画

几分钟后，内尔来了，她也要做个跟杰森一样的滚珠画托盘。她找到一个麦片包装盒，然后对杰森说："你知道怎么把它剪开吗？我不知道怎么弄。"杰森指着内尔盒子的一个部位说："你就剪这里。把那里拉出来。你要把上面剪掉，下面不能剪。"

杰森看来是把犯错当成是学习的一部分了。当他教内尔的时候，他注意到了在自己犯错的过程中所学到的东西。对内尔来说，这次观察也具有重要的意义，因为到目前为止，这是她第一次承认"不知道"如何去做一些技术性的事情。此前还没有观察到她去尝试那些她没有把握做好的技术性挑战，或者是向同伴求助。

观察 3
书　　写

这是一个杰森和艾莉森（杰森的老师）合作学习的片段，杰森正在学习写他的朋友约翰（John）的姓。杰森已经会写自己的名字、姐姐的名字以及约翰的名了。两个参与者（杰森和艾莉森老师）发现他们的名字中都有"s"。杰森有时候会寻求帮助（你知道怎么写……吗？），有时候他会说自己知道怎么写了。

杰森：（对艾莉森说）你知道怎么写约翰的（另一个）名字吗？

（艾莉森为他写下约翰的姓，然后，在杰森写的时候一个个地读出这些字母）

艾莉森：这个字母是"n"，读这个字母的时候我的嘴唇没有合起来。

杰森：你看。

艾莉森：好的。现在，这是字母表中的最后一个字母：他的名字里有"z"。

杰森：好像弯弯的，像一个弯弯的"s"。

艾莉森：是的，一个非常尖的"s"。

杰森：我的名字里有一个弯弯的"s"。

艾莉森：我也有。

杰森：是这样的。

艾莉森：对的。它有点像"s"，但它的线条更尖一点（杰森说"是的"）。不是弯曲的。现在把这个字母写在那里。

杰森：我知道怎么写。

艾莉森：你真的知道怎么写那个字母吗？

观察 4

提出与行为管理有关的建议

艾莉森正在教杰森写约翰的名字，这时蕾切尔打断了他们，蕾切尔抱怨说有人在追她。

蕾切尔：艾莉森老师。

艾莉森：哎。

蕾切尔：有人想要追我们。

艾莉森：哦，那你该怎么办呢？

蕾切尔：我不知道。

杰森：快点跑，摆脱他们。（回到他正在写的名字上）我写好了。

艾莉森：你能跟他们说点什么呢？

蕾切尔：走开！

杰森：我、我、我会绊倒他们，然后跑开。

艾莉森：还有其他的办法，可以有其他替代的方法。你可以告诉他们，告诉他们"停"和"走开"，这就是另外一种方法。

杰森：是的。

　　老师们正在鼓励孩子们自己处理和应对其他孩子挑起的矛盾。老师们给孩子们的提示是："当别人在对你做你不喜欢的事情时，你要说'停，我不喜欢'。"杰森即将离开幼儿园进入小学，他用一种轻松和灵活的视角看待幼儿园的规则。

　　还有一次，杰森做了一顶与众不同的帽子：圆柱形的帽子（他在幼儿园做的所有帽子都是这样的）。他又用打印纸做了带孔的流苏边，并花了很多时间用透明胶带把它贴在帽子上，这样，流苏边就能被均匀地贴在帽檐上了，长度也适中，并能随着他的跑动而摆动起来。杰森遇到困难能坚持，运用丰富想象力跨越了人工制品、活动及社会身份之间的边界，也承担了在幼儿园群体中提出行为管理建议的建议者角色。

梅　格

　　另一个 4 岁的孩子梅格也展现出了遇到（和选择）困难能够坚持的能力，但是最初她却陷入了一个更为保守和没有挑战性的心智倾向性场域中。在第二章，我曾经论述了在一些集体活动中这种保守的环境可能是一种"默认状态"，这些集体活动通常是由老师设计和发起的，孩子们对此并不是非常感兴趣。

观察 1
　　一组孩子正在一起制作一大幅蝴蝶画／手工作品。在以下的观察记录中，梅格两次试图把话题转移到解决困难上，她建议大家给蝴蝶装上触角挂在墙上，这样就更为逼真了。梅格的两个提议都被与"谁是谁的朋友"有关的对话淹没了。
　　——：　那是中间。那是蝴蝶的中间。
　　——：　是的。身体。
　　梅格：你忘记了那些东西，你忘记了，你忘记了什么东西是像那样往上升的。
　　琳达：梅格，我今天要去你家。
　　梅格：我知道。（用滑稽的嗓音）我朋友今天要去我家哦。（用

> 普通的嗓音）那是我朋友。
>
> 琳达：我去她家的时候，她总是这样做。
>
> 梅格：还有两个竖起来的东西。那些东西里什么东西会竖起来？
>
> （艾美老师和一个孩子经过，嘴里发出"嘟嘟"的声音，意为"借过"）
>
> 瓦莱丽：你知道吗，你有没有告诉你妈妈我也会去你家？

接受挑战意味着遇到困难时会去解决并坚持不懈。"谁是谁的朋友"这一表现性目标主导了这个活动，使得孩子们没有机会尝试制作触角。如同以下记录所呈现的那样，在表现性目标面前，梅格是弱势的。

> 潘妮（Penny）正在滚珠画的托盘中用手指涂画。梅格和琳达试图让老师关注到潘妮，因为潘妮正在做的事情可能是不被允许的。
>
> 梅格：看看她（潘妮正在滚珠画的托盘中用手指涂画）。
>
> 琳达：有人允许你这么做了吗？
>
> 潘妮：（……）要做。
>
> 琳达：什么？……哦，真恶心。老师说你可以那么做吗？哇，看看她。
>
> 梅格：（对着老师说）她在用手弄（老师说这样是被允许的）。
>
> 琳达：你那样做是允许的。
>
> 潘妮：是的。

不过，第二个观察展现了梅格决心从事一项困难工程的情形，她要制作一顶富有想象力的帽子，她的这个决定可能是受到了蓝色玻璃纸这一人工制品的启发，也可能是受到了做帽子这一受大家欢迎的活动本身的启发。

观察 2

制作一顶帽子

（上午10点22分）梅格正把两条带子钉在一起，以做出一条长一点的带子，用来测量自己的头围。（10点30分）梅格把帽子做好了，但是有点大，于是她在后面打了个褶并且钉住。帽子还是有点大。梅格帮助琳达把她的模板粘在一张纸上。（10点35分）把3张蓝色的A4纸沿纵向剪开，然后粘在一起变成一条带子，尝试用这条带子围在头上。不够长。（注意：琳达也模仿着用了蓝色的纸，横向剪开，然后做了一根纸环链条；彼得模仿了琳达的纸环，做了一副手铐）梅格把两张以上的纸条粘在一起，用透明胶带粘成长长的一条。她又试着把纸条围在头上，可是纸条总是从头上滑下来。当纸条从头上滑下来时，是很难把它固定住并钉成纸环的。（10点43分）她脱掉小毛衣外套，放进自己的柜子里，回来后又试了一次，然后拿着纸条和订书机离开了（大概是去找成人帮助了）。回来的时候纸条已经钉好了——用透明胶带将蓝色玻璃纸粘在纸条圈上。她戴上帽子，调整了一下，让蓝色玻璃纸正好垂到一只眼睛前面。她摘下帽子，在装有装饰用纸的盒子里看是否还能找到更多的玻璃纸。找到了！她把它剪成跟前面所用的玻璃纸差不多大小和形状的，然后又戴上帽子，调整位置，把第二张玻璃纸粘在另一只眼睛前方的位置。（10点49分）艾米丽正在娃娃家谈论生日聚会的事情，这让她有些分心。她用透明胶带在帽子的"耳朵"位置粘上一些蓝色的瓶盖。艾米丽在娃娃家的尖叫影响了梅格和琳达。艾美老师提醒艾米丽安静一点，因为这她们都停下了手上在做的事情。继续。梅格在帽子中间的位置画画（"鼻子"的位置），然后在背面刷上颜料。她把帽子挂起来晾干（上午10点55分）。

这顶有着内置遮阳板的帽子可能在8天前就已经开始"萌芽"了。那时候，梅格和琳达制作的是望远镜，她们用透明胶带把各色的玻璃纸粘在硬纸筒的一端（同一天，她们参与制作蝴蝶的过程中用到了玻璃纸，这可能让她们意识到了玻璃纸的特性）。

丹　尼

丹尼对小动物非常感兴趣，特别是小虫子、蜘蛛、蚂蚁、蝴蝶和兔子。丹尼在家里经常画这些小动物，非常喜欢这方面的书，这方面的知识也越来越丰富。在幼儿园里，丹尼接触到了丝网印画，一系列的观察记录了他是如何越来越熟练地运用丝网印画这种艺术表现手段的。不过，大多数孩子只会参与制作一次丝网印画，并且常常会保留已经被印过的自制印画模板，却把印好的作品扔掉（丹尼一开始也是这么做的）。在我对丹尼进行观察的 6 周时间里，他做了 5 幅丝网印画，做到第四和第五幅画时，他开始拓展这种艺术手段。以下的观察记录了这个发展过程。

观察 1

第一个学习片段发生在本学期的第一天，艾莉森正在教丹尼如何折并剪出他画的一张脸。"这样我们就能看到眼睛和嘴巴了。这里有一个技巧。我做给你看。你先把一张纸对折，我再告诉你能做什么。当你画了一张嘴巴、一双眼睛，并且想在丝网印画里把它们印出来时（就可以这样做）。你看看将会发生什么。它就变成这样了。我们可以开始剪眼睛了吗？现在我们必须用另一种方法折，这一次，哦，不。这样折……像那样……像那样，那是一只眼睛。把这张纸折一下，然后沿着你画的线剪。看，你能看到你画的脸了，在丝网上印制了以后它看上去就会是这样的。"

在第二个学习片段中，丹尼和我（一个研究者）讨论他应该如何摆放自己剪下来的图画。当我告诉他放哪里都可以时，他似乎并不满意。他把他画的蚂蚁一面朝上摆放。他对自己制作的蚂蚁印画模板的兴趣比对最后印制出来的作品更感兴趣。

观察 2

丹尼已经画了两个图形（一个大的，一个小的）并剪了下来，他正在用它们来制作丝网印画。"哪一面朝上？"他问道。我建议把他画的那面朝下，他好像并不喜欢我的建议，把它朝上摆放，然后印制。不过，他对保存自己剪下来用以印制图画的那两个图形更感兴趣，之后我们把它们放在一张卡纸上以保护它们。我问他："它们是人吗？"他说："它们是蚂蚁。"这是一只网球蚂蚁（？）。他把自己印好的画扔掉，把剪出的模板挂起来晾干。

研究者捡起来他扔掉的东西："我要把这个挂起来。丹尼，我可以帮你把这个挂起来吗？这是你印出来的画。"

丹尼："好的。"

观察 3

在第三个学习片段中，他画了一头鲸并剪了下来。这不是他选择的主题，而且，做一幅丝网印画也是老师提的建议。丹尼和布里吉特（Bridget）在一起，艾美说："你今天想做些东西带回家吗，丹尼？丹尼和布里吉特？布里吉特，做一幅丝网印画怎么样？"她建议用丝网印制一头鲸（这是大家坐在地毯上时介绍的一个主题）。当布里吉特说"我不知道怎么做"时，她说："好吧，我可以帮助你。"他们拿起书（有关鲸的书），丹尼也加入了。艾美提醒他，如果他没有镂空眼睛的话，最后印出来的画上就看不到眼睛了。艾美："嗨，看这个。他很漂亮。剪得好，丹尼。做得很好。你坚持下来了，你也完成了。太棒了。你剪出了眼睛，这样我们就可以在印出来的画上看到眼睛了，你看。哦，它真漂亮。所以，你把它折过来。你在这里剪。像那样。然后你就能在印出来的画上看到它的眼睛了。做得真好，对吧，布里吉特。看，那里有一只眼睛，现在你也许需要再这样剪另一只……往里。对了，像这样。让我们看一下。哦，印出来的画上就是你看到的样子。它真漂亮。（她提高嗓门）大家都来看看这头鲸，看看丹尼的鲸。"她把丹尼的作品挂起来晾干。

尽管这个活动和主题不是丹尼的主意，而且丹尼也不需要大家的赞扬（如观察 4 中显示的那样），他还是在这个过程中学习了丝网印画的制作工艺。

观察 4

在第四个学习片段中并没有老师出现，他把他的画面朝下放在丝网上，并且表示他正在探索丝网印画中剪影成形的（潜在的）可行性。他的朋友约翰发现他把画面朝下放在丝网上。

约翰：你放错了。

丹尼：我要做它的影子。哦啊！

他把作品挂起来晾干。

观察 5

在第五个学习片段中，在一位老师的帮助下，丹尼又做了一个"影子"，一个兔子图案的丝网印画。他小心地确保颜料覆盖了图案模板以外的纸面，他保留了印出来的画，并且把它挂起来晾干。

丹尼已经成了一个丝网印画能手了。他发展了用丝网印画来印制图形轮廓的能力，并且把它用来表现他最喜欢的小动物主题。

简要评述杰森、梅格和丹尼的故事

遇到困难时能坚持发生在3个层面上：人工制品、活动和社会身份。在前两个层面上，我们可能期待那些具有明显挑战性的人工制品和活动会激发儿童在遇到困难时坚持。不过，儿童通常是引入挑战的那一方。除了调整帽子的大小让它能正好戴在头上这个过程之外，用长条形卡纸做一顶圆柱形帽子是一个没有太大难度的活动。不过，即便调整帽子大小这样的困难，大多数孩子还是会选择避开，他们可能会说自己是在为那些不需要当场测量头围的、不在场的家人做帽子，或是给小婴儿甚至是小猫做帽子。通常，滚珠画是很简单的，但是杰森让它变得有难度了。这些例子呈现的并不仅仅是在一段时间内坚持不懈（如蒂莫西和摩西的案例），而是呈现出了在所处社会群体中"拒绝"按常规方式行事的能力。杰森建议用另一种方式来替代已经明确建立的"用你自己的语言"这一规则。并且，找不到滚珠画托盘后，他并没有走开去做其他事情，而是自己做了一个新的，这彻底改变了与滚珠画相关的心智倾向性场域。结果，对其他孩子来说，制作滚珠画托盘成了本来是枯燥又简单的滚珠画活动中的一个新挑战。出于一个复杂的目的，梅格做了一顶很复杂的帽子，而当时其他孩子制作的帽子大多数是涂上了颜料或拼贴了图案的圆柱形生日帽。最后是丹尼，他用艺术家（超越了幼儿园孩子）的眼光制作丝网印画。他向约翰宣布，他"要做它的影子"。在这些学习事件中，我们还看到了因为参与活动而带来的趣味和童心。梅格做了好几顶传统的帽子，并在（至少）两个活动中发现了蓝色玻璃纸的特性。丹尼制作了一系列丝网印画。以前，我从没见过杰森尝试滚珠画，但是他曾经用很多种方法尝试使用颜料。杰森马上就要升入小学了，他是熟知幼儿园日常安排和规则的"老手"，因此在自己擅长的领域有足够的自信去面对有可能受到责难的风险，并用一种游戏的态度参与活动。

我们怎么就能说儿童准备好、很愿意并且有能力了呢？被记录下来的观察是一种证据，它证明了持续记录儿童学习的价值，在任何情况下，这些被记录下来的观察都是从众多观察中挑选出来的。儿童愿意冒犯错的风险和遇到困难能坚持是一个持续的主题，特别是在那些记录了他们打破常规做事的实例中这一点尤为明显。这些儿童所在的早期教育机构提供了儿童自发游戏需要的大量的时间、空间以及材料，为儿童的自愿探究与坚持创设了环境。在我所记录下的那个制作帽子的活动之前，梅格已经体验过制作帽子和用玻璃纸制作。在本章中记录的帽子制作过程中，她用一种不寻常的方式将这两个活动结合在了一起。杰森调皮地建议，当有人追你时"把他绊倒后逃跑"是上策，其实他知道不可以这样做；而他的老师温柔地回应"你其实还可以有其他方法的"则表明她很欣赏他的调皮和玩笑，但不欣赏他的建议。这些学习片段中有许多是有其他人参与的，即使在活动中这些人并不总是在合作（杰森教内尔；老师教杰森如何写约翰的名字，他给蕾切尔提出建议；梅格在繁忙的艺术区制作帽子，停下她的工作去帮助别人，使用订书机时寻求大人的帮助）。儿童运用的已有技能和知识储备，以及他们正在发展的支持他们坚持下去的技能和知识储备是多种多样的。在 3 种情况下，他们收到并接受成人恰到好处的帮助：杰森在书写的时候，梅格用订书机订东西的时候，以及丹尼尝试丝网印画的时候。这些孩子们似乎认为他们自己是专家了：杰森在帮约翰写名字，他还教内尔如何制作滚珠画托盘；梅格尝试着主导制作蝴蝶壁画的任务，并且在做帽子期间帮助了琳达，并被琳达模仿；丹尼向约翰解释制作丝网印画的目的。

当我采访丹尼和其他 37 个 4 岁儿童，并尝试找到他们关于克服困难这一话题的观点时，我有了与儿童遇到困难能坚持相关的另一个发现（Carr，2000a）。丹尼极少在幼儿园里画画，但是，我知道他是一个有天赋的艺术家。当我问他觉得什么比较难时，他回答："像我哥哥一样画车。"当我继续追问画车的时候什么比较困难时，他做了如下回答。

> 嗯。窗户。（我：窗户）因为，嗯，你必须画一个三角形的窗户（我：是的），和，嗯，后面的窗户，然后还有那些。你知道那些三角形的窗户吗？

众所周知，采访儿童是一项艰巨的任务。我想到的一个克服其中一些困难的方法就是画一本反映幼儿园活动规律的绘本，然后寻求儿童对绘本的反应。我将自己感兴趣的话题编织进了绘本的故事情节中。我感兴趣的话题就是孩子们是否认为在幼儿园里克服困难和承担遭受失败的风险是一个"好"主意，于是，我给绘本编了一个不完整的结尾。我问孩子们可以如何结束故事，也加入了一些开放性问题，如他们认为什么是困难，对于做自己现在还不能做的事情有些什么样的期待。有一些发现是很有启发性的。38 个孩子中只有9 个孩子建议让英雄或女英雄去承担一个有难度的任务和承担遭受可能失败的风险。关于补充问题"什么是困难"，23 个孩子给出了 36 个回答，有趣的是，这 36 个回答中有 22 个认为困难就是他们在幼儿园之外学的或练习的一些困难的技能和活动。23 个孩子中有 10 个孩子认为困难只出现在其他地方。几乎一半的孩子似乎都没有把幼儿园视作他们克服困难并坚持的地方——不过，他们倒是让我知道了在其他地方他们认为哪些活动是困难的。这次访谈同时揭示了孩子们在不同的领域——人工制品、活动和社会身份——都发现了困难。掌握文化性的书写工具被提到了好几次（一个孩子说写"a"和"e"、另一个孩子说写自己的名字是困难的）；塞缪尔（Samuel）说他喜欢玩很难的 100 片的拼图；许多孩子认为跳跃、倒立、前滚翻和侧着翻是困难的（一个孩子告诉我他正在学习吹口哨，"爸爸教我的"）；弗雷达（Freda）告诉我她觉得画鼻子比较难。在社会领域，马特（Matt）说他希望自己长得足够大，"可以自己上街买鸡蛋"，丽塔（Rita）说她希望能够使用吸尘器，而劳拉则觉得跟艾米丽说不想和她玩是很困难的。

评 价

在前一章中，通过分析一些与兴趣和参与有关的实例，我提出了 4 条评价原则。本章中的实例又为我们进行非正式反馈和正式记录下来的评价提出了两条原则：许多任务自身就提供了评价的机会，评价能为儿童心智倾向的发展做出贡献。

许多任务自身就提供了评价的机会

能够吸引学习者投入地发现问题和解决问题的真实任务可以提供一种评价现场，在这样的现场，克服困难和遇到困难时还坚持这个过程本身就提供了评价和奖励的机会。相关文献描述了（学习者）内心真正感兴趣的任务和有始有终的工作之间的积极关系。与之相反，埃姆斯（Carole Ames，1992，p.265）对一篇论述外在激励的文章进行了评论："参加工作第一年的老师……经常会把给予休息时间、奖励贴纸或者一些特权用作激励手段，来刺激学生完成他们的工作或者用一定的方式行事。"

托兰斯和普莱尔（1998，p.86）引用了相关研究，这些研究认为来自外部的奖励体系"对于（学习者形成）内在动力有不利的影响，特别是刚开始有很浓厚兴趣的时候"。他们补充道，"习惯了来自外部奖励的儿童在未来可能不太愿意选择那些无法得到此类外部刺激的活动，并可能会更愿意参与那些不太难的活动"（pp.86–87）。

这一评价原则意味着，在很多情况下，评价是一种学习任务或者活动真实自然的产物。在早期教育阶段，材料本身经常会提供反馈信息。比如，很多蒙台梭利教具就带有反馈信息，拼图玩具也是如此。在儿童参与的一些有明确目标的活动中，经常能看到学习性目标而不是表现性目标。书写就是一个很好的例子。

> 金妮（4岁，正在写一张卡片）：你知道怎么写 love 吗？
> 艾莉森（老师）：如果我念出字母的话，你能把它们写下来吗？
> 　　　　　　　我念出来的话你知道是哪个字母吗？比如我
> 　　　　　　　说 L ？
> 金妮：可以。内尔的名字里有个 L。
> 艾莉森：（对内森说：看看那个）是的，内尔的名字里有 L。（对
> 　　　　内森说：可以了，你能把那个挂起来吗？）L，O（金
> 　　　　妮：O，对），V，是的，E（老师边说边在空气中书
> 　　　　写字母）。就是这些。你想要再试试写单词 from 吗？
> 金妮：是的。

老师并没有加入表扬的话。但是，不久以后，她的家人会把这个故事读

给金妮听，这就给金妮提供了一个评价自己成就的机会。就是这些让儿童能够体会到成功（或者失败）的活动，可以经常给早期教育工作者提供有关遇到困难能坚持的故事：掌握并熟练使用工具（比如剪刀和木工工具），骑自行车，完成一幅拼图，写名字。

评价能为儿童心智倾向的发展做出贡献

遇到困难和不确定情境时还在坚持的情况下，相关的评价会强调犯错也是学习的一部分。更广泛地说，评价自身就能通过一系列的方式为儿童心智倾向——感兴趣、参与、遇到困难和不确定情境时能坚持、与他人沟通、承担责任——的发展做出贡献。这种评价从根本上采用的是一种取长式的评价手段，它基于一种假设，即一种心智倾向就是头脑思维的一种习惯；它产生于一种能够被识别和强调的积极的学习经验和氛围中；它会最大限度地减少消极的与他人的比较。由这种评价生发的计划以增强被评价的学习成果为目的。艾米丽（第一章中的"不要说我错了"）和苏西（在第二章）对待杰森的不同方式提醒我要注意这一评价原则，其他学者也观察到了类似的情形。埃姆斯做出了如下评论。

> 当比较的结果对儿童不利时，与他人进行比较（对儿童）所产生的冲击可以在儿童对自己活动的评估中看到，他们不愿承担风险，使用低效和表面性的学习策略，而且，这些负面的影响直接影响着他们自己（的自我认知）。（1992, p.264）

我对英国潘·格林幼教中心（Pen Green Early Childhood Centre）为每个儿童准备的学习成长档案非常感兴趣。这些学习成长档案为儿童的学习欢呼喝彩，它包括照片（大多数来自视频记录中的系列图片）和儿童的图画作品，重点关注的是身体和运动发展规律，收入其中的实例包括能体现某个儿童的发展轨迹。一个儿童的学习成长档案被形容为"一个容纳体"（enveloper），教师也像往一个信封（envelope）里装东西那样为儿童建立学习成长档案。学习成长档案中的文字很详细地对图画和照片中呈现出来的图式做了注释，它们包括那些能够阐释图式的学习事件，也包括"PLODs"，即可能的发展路线（Possible Lines of Development）。玛姬·华利（Margy Whalley）在她的著作《学着变得强壮》（*Learning to be Strong*，1994）中描述了这个过程。学习成长档案中的一些实例来自家庭，因为很多家庭都有记日志的习惯，也会借助摄像机来记录。在该幼教中心召开的家长会表明，欢快又有趣的记录（这也反映了潘·格林幼教中心的理念）对家庭与儿童间的关系以及幼儿园与儿童间的关系都有积极的影响。与本书后几章中记录的评价类似，这种评价实践能够对儿童发展有助于学习的心智倾向做出贡献。

下一章提供了一些"与他人沟通"和"承担责任"方面的实例，并且提出了另一条评价原则。

第五章
与他人沟通和承担责任

 我在第二章中提出了有助于学习的心智倾向的 5 个领域，并在第三和第四章中引用了与其中 3 个领域有关的一些实例。最后两个领域的内容是"与他人沟通"和"承担责任"。我把这两个领域结合在一起，用以阐释那些既有孩子们表达自己的某种观点或感受，又在接纳他人观点的片段。这些片段是展现人与人之间互动互惠关系的实例，它们把情感、认知和社会性发展与丰富的学习素材编织在了一起。在每个案例中，孩子们都已经能够找到或者构建能让他们在互动互惠的关系中完成自己感兴趣的任务的学习场。在本章中，我将讲述并分析罗丝（Rosie）、科里瓦图图（Kiriwaitata）、尼克、迈拉和莫莉的故事，然后讨论这些案例可能会给评价实践带来的启示。

罗 丝

 罗丝所在的托幼中心给孩子们提供了大量的时间和机会参与复杂的社会性表演游戏。在这个托幼中心里，活动、计划和规则都尽可能通过协商决定。罗丝是一个 4 岁的孩子，她似乎对比较难界定差异的"二元论世界"很感兴趣，如可怕—友好、好—坏以及真实—假装（这个孩子所关心和感兴趣的主题也是薇薇安·佩利和基兰·伊根论文的主题）。罗丝会想出一连串充满想象力的故事情节，就这些情节与别人商量并改编，组织想要参与的孩子们一起发展那些她感兴趣的主题。这些共享责任的过程让成功合作解决问题成为可能。她在"搭桥"（分享理解）和"组织"（指挥他人或与他人协商如何参与）的过程中所使用的策略包括：主导一系列活动，提出其他选项并说出理由，商量故事情节，承认他人的兴趣并试图说服，坚持让协商后达成的解决方案得以实现，在谈论她画的画时把她的想法传达给成人，进行对话。

观察 1

主导一系列活动，提出其他选项，并给出理由。罗丝和安娜（Anna）在托幼中心里用小棒和缎带"钓鱼"。她们将一盒"鱼饵"（从附近桌上拿来的拼图）放在旁边。现在是上午 9 点 20 分。安娜想要和罗丝商量故事情节，但是罗丝拒绝了，并解释了理由。罗丝还与丹（Dan）进行了一次轻松的协商（如果你是我的朋友……只有在你使坏的时候）。后来，成人提出了一个新选项并给出了理由。

罗丝：我们可以在家钓鱼，因为我们的家就在河边。

安娜：我们现在就回家。

罗丝：不，这儿就是我们的家。

（丹从旁边走过，踩到了钓鱼线，安娜冲他大喊）

罗丝（对丹说）：如果你是我们的朋友，我会让你到我的家来，跟我的猫一起玩。

丹：它可能会挠我。

罗丝：只有在你对它使坏的时候（它才会挠你）。

成人请罗丝把那些被她们放在纸盒里当鱼饵的拼图放回去，并解释说要不其他的孩子完不成拼图了。她还建议用贝壳来代替，于是她们就把拼图换成了贝壳。

观察 2

主导一系列活动。罗丝在教室里玩。她设计了一个"去比萨店"的脚本。她给托幼中心里的一个成人做了一个假比萨，并给她倒了一些假柠檬汽水。露易丝（Louise）过来，试图在游戏中扮演领导者角色：扮演妈妈，然后是收银员。这两个角色都被罗丝拒绝了，每次她都会通过重述（或快速调整）她的脚本以拒绝露易丝。

露易丝（刚刚来园）：我来做妈妈，怎么样？

罗丝：不行，我们现在在比萨店里。（递给成人一个空盘子）

想要放一些巧克力在上面吗？我们把比萨带回家吧，嗯？

成人：我们的比萨付钱了吗？（罗丝点点头）多少钱呢？

露易丝：两块钱。

成人：太便宜了，每个两块钱。

露易丝：你需要给我两块钱。

罗丝：不对，听我说。我们把这块比萨带回了家，带回了我们家。你知道吗？我们把这块比萨还有这个冰激凌都带回家了。猜猜我会对你说什么。我们现在不在比萨店里，我们现在在家里了。

观察 3

商量故事情节。装扮游戏用品架被拿到了户外。游戏一开始，罗丝是爸爸，安娜是一只小狗。罗丝终于让其他人主导了一系列活动的发生，另一位成人（与观察 1 或观察 2 里的成人不同）再次对罗丝的请求进行了解释。

罗丝：谢谢小狗。我是爸爸。（她们将照相机挂在衣架上，这个衣架是为在户外进行"装扮游戏"准备的）我会给你拍张照片。

（安娜请成人把秋千放下来，成人解释了为什么她不能这样做）

成人：现在大人不够，我知道这很难理解，但是如果把这个秋千放下来，我就必须看着玩秋千的孩子，可是我现在还需要照看整个区域。

安娜：（对罗丝说）那是我的相机（她们开始争论这到底是谁的相机）。

罗丝：这是我买的。

安娜：不，你没有买它，如果你没有买，我就要把这个拿走（她抢走了罗丝一会儿穿上一会儿脱下的一件衣服）。

罗丝：好吧，我没有买。

观察 4

承认他人的兴趣并试图说服。罗丝在表演虎克船长和彼得·潘的故事（*Captain Hook and Peter Pan*），这时露易丝来了。露易丝最喜欢的角色是美人鱼。罗丝试图说服露易丝加入到彼得·潘故事的剧情里。

　　罗丝：故事里有美人鱼。

　　露易丝：不，没有的。

　　罗丝：有的，故事里有。

　　露易丝：不，没有。

　　罗丝：（把脸凑近露易丝）故事里有的，因为在视频里看见美人鱼了。

　　露易丝：我没有看见。

　　（露易丝并不相信，她在旁边的活动区里开始扮演美人鱼。罗丝在自己的和露易丝的故事里都扮演了角色，并在两个地方和故事之间不断进行转换）

观察5

　　商量故事情节。在这个片段里，罗丝和安娜在户外玩。安娜对故事的情节和角色分配发表看法，罗丝试图将安娜的想法融入表演脚本中（"你自言自语地说，'我喜欢贝拉'，嗯？"），并把安娜的想法视为故事情节的核心内容。她试着让安娜进一步发展野兽的行为（"你要杀的是谁？"），甚至连一个不到4岁的孩子珍妮（Jeanie）都想要通过协商让自己能玩一次布娃娃。

　　安娜：你是贝拉，我是野兽。

　　罗丝：你自言自语地说，"我喜欢贝拉"，嗯？

　　（一个学步儿走来告诉罗丝头顶上有架直升机）

　　罗丝：走开。

　　（安娜发出野兽的声音，谈论着要杀的是谁）

　　罗丝：你要杀的是谁？（安娜没有回答）

　　（珍妮走了过来，想要罗丝手里的布娃娃，罗丝没有给她）

　　珍妮：你回家的时候把它给我好吗？（罗丝没有回应）

观察6

　　坚持协商出一个可行的解决方案。孩子们在户外骑着三轮车兜圈子，罗丝没能骑上车。另一个孩子不想协商（或为协商制造障碍），就用了一个模糊但又有效的定时方法来推托（竖起几根手指："再骑这么多分钟。"）。这个孩子后来对环境做了安排，让它对每个人来说都是公平的。罗丝坚持了下来。

罗丝（对艾美）：请问我能骑一会儿车吗？

艾美：我还没有骑完。（罗丝跟着她）到我结束还有这么多分
　　　钟（她每只手都各竖起几根手指）。

罗丝：过一会儿我能骑吗？你骑完了以后？

艾美：能。

罗丝（把它变成了一个故事）：好的，再见！

（几分钟之后）

罗丝（哭了，对着成人）：她说要这么多分钟（竖起几根手指）。

艾美：但是我还没有下来。

（成人帮助罗丝上了一辆很大的三轮车）

（几分钟之后）

艾美对着吉娜（Gina，一个高个子孩子）：你来骑这辆大车。

（吉娜骑上了这辆最大的车，艾美骑上了吉娜的车，罗丝骑上
了艾美的车子。她们沿着成人在地面上画的粉笔线骑车）

观察 7

与一个成人交流想法。这个实例中的活动并不是社会性角色扮
演游戏或社会性游戏，而是绘画。罗丝画的是她们一家在动物园里，
里面的动物要么是友好的，要么就是可怕的。她边画边跟成人谈论
她的画：妈妈，我，爸爸，一只友好的恐龙（"虽然它的刺有点尖"），
一头友好的狮子，一只可怕的老虎，一个椰子，一只小猫（"我可
以画爪子吗？""可以"），草地，一朵花（"茎，圆圈，花粉，
还有花瓣"），太阳。

观察 8

进行对话。罗丝坐着享用她的茶点，对我说着她喜欢做的事情，
以及她长大后能做什么（喝茶和吃鱼），还告诉我她现在喜欢做的
很难的事情（转头、跳）。

我：那你画的画呢？你画的东西里面什么是很难画的？

罗丝：龙。

我：嗯。它的舌头和眼睛很难画吗？

罗丝：龙看起来就像这样（做怪脸），它们的后背还有尖刺，
　　　脚上有爪子。你知道放电视机的那个柜子（比着手势，
　　　小声说）里就有一条龙，在电视机的后面。

> 我：噢，不。它会出来吗？
>
> 罗丝：（小声地）噢，不。这不是一条好龙，它会吃了你。
>
> 我：（小声地）吃了小孩和大人？
>
> 罗丝：是的。吃掉小孩和大人。
>
> 我：它是什么颜色的？
>
> 罗丝：绿色和橙色的。它有橙色的舌头和绿色的皮肤。
>
> （一个学步儿走了过来）
>
> 我：嗯，嗯。
>
> （罗丝和成人互相心照不宣地点点头，决定不要吓到这个小孩子）

　　罗丝努力运用她拥有的所有语言技能：她串起了一连串的想法，说明原因，描述想象中的事件，并讨论想法。她的装扮游戏、绘画、对话都在这些越来越精细化的主题或情节中反映了出来。在音乐时间，罗丝最喜欢的歌曲之一是《我们要去猎熊，我不害怕》，她带着极大的兴趣参与其中，帮忙确定剧情，并假装害怕地跳到成人腿上。在另一个情境中，她宣称她是一个牛仔男孩。一个成人问她为什么不是牛仔女孩，她回答说她是一个牛仔，与怪兽对抗，但对人很友好。

科里瓦图图

　　发生在一个全浸泡式毛利语早期教育中心或 kōhanga reo[①]（字面意思是语言巢）的实例很好地显示了两个心智倾向领域——沟通和承担责任——与中介介质（人工制品、活动和社会群体）之间的密切联系。4 岁的科里瓦图图上的是城市里的一个毛利语早期教育中心，以下的这些观察来自于他们的老师——米亚·谢利特 – 怀特（Mere Skerrett-White）对孩子们的学习所做的记录。这些观察聚焦于科里瓦图图在所处环境中的语言经验。米亚引用了罗格夫的话，以提醒我们环境是"一张能形成'意义结构'的相互交织的关系

---

① 新西兰的毛利语早期教育机构，旨在传承毛利语和毛利文化。——译者注

网"（Rogoff，1990，p.79）。科里瓦图图的例子反映了这个早期教育中心的文化，它包括了科里瓦图图运用的一些与其他孩子沟通并对他们负责的方式：把画画变成一个共同的对话活动，对小一点的孩子用不同的语言，纠正说错了名字的成人。此外，她使用的是越来越复杂和准确的语言功能。

观察 1

把画画变成一个共同的对话活动。科里瓦图图与另一个更小的孩子肩并肩一起画画。两个孩子讨论着科里瓦图图会在她的画纸上画些什么。

科里瓦图图说"ka pēnei"（像这样），展示着她的技术。他们继续画了一会儿，看看彼此的画，谈论他们正在做的事情。科里瓦图图在用黑色画笔画一些垂直的线条，她的同伴则用绿色的画笔画一些平行的线条。他看了看科里瓦图图画到哪一步了，然后他环顾四周寻找黑色颜料，再回到画纸前，用找到的黑颜料在他的画上增加了一些黑色的垂直线条。他们继续谈论他们正在做的事情。他们的画在某种意义上是另一种形式的对话，通过他们的画相互交换着与设计和颜色有关的想法。

观察 2

对小一点的孩子使用不同种类的语言。科里瓦图图和其他 4 个孩子都在沙坑里玩。他们在一起搭建。这时，有一个小婴儿过来"帮忙"搭建。科里瓦图图用一种唱歌般的声音（婴儿腔）说："不……不。我们（除了你）搭了这个。"她用一个小的元音声调作为结束。

观察 3

纠正说错名字的成人，使用越来越复杂和准确的语言功能。科里瓦图图承担了一项责任，给一个总是说不准某个名字的新来的成人提供帮助。这是这个成人第一天来到这里，一些在拼贴画桌上工作的孩子希望她帮助他们。在和其中一个孩子一起工作的时候，这个成人说错了名字。科里瓦图图听到了，纠正她，并正确地说出了名字。科里瓦图图：这是 K……

米亚特别从语言方面对科里瓦图图进行了评论。

首先，她使用了"ko"这个虚词引出一个适当的名词；其次，正确使用"tēnā"（与 tēnei 或 tēra 的用法相对），用它表明位置，"你旁边的那个人"。许多把毛利语当作第二语言学习的成人都会感到很难掌握"tēnā"的用法。

对科里瓦图图的观察反映了这个早期教育中心里一些和参与有关的文化，特别是一种强大的相互照顾和支持的文化。即便是画画，在这里也是一种共同的、对话式的活动。对小一点的孩子使用不一样的语言是大一些孩子的典型行为。孩子们可以在不同的场合使用许多种语言。米亚对第三个片段的观察和评论也清晰地显示了不同的分析重点：一方面强调了科里瓦图图与他人交流及对其他人负责的倾向及意愿，同时也强调了支持着这种倾向及意愿的语言技能和技巧。

尼 克

在本章中，与他人沟通和承担责任被结合在一起，以阐释孩子们共同关注的片段。罗丝和科里瓦图图的故事提供了一些互惠式交互关系的实例。如在社会性角色扮演游戏中（罗丝），在日常生活和照顾他人的情况下（科里瓦图图）。以下的实例则更深入地体现了同伴间的关系（在一个艺术活动和一个社会性角色扮演游戏中），实例中就有一个 4 岁的孩子尼克。孩子们在搭桥和组织。第一个片段主要关于搭桥，这些孩子分享了他们对正在进行的任务的理解：他们发出指令，解释正在发生什么，提出问题，互相提醒可能存在的困难。第二个片段呈现了尼克用一些技巧组织其他人参与的实例。在第一个观察实例中，两个熟悉的小家伙再次出现：内尔和杰森。这是一个与滚珠画有关的观察片段，内尔指导金妮画滚珠画，然后尼克询问金妮画画的过程。尼克承担起了一些责任，为金妮用勺子舀起了一些弹珠。

观察 1

发出指令，解释正在发生什么，提出问题，提醒困难之处。内尔（杰森刚刚教了他如何做一个滚珠画的托盘）指导金妮（杰森反复提醒他在剪掉盒子的边缘时"只需要去掉顶部")。

内尔：我（你？）还不能做出一个来，金妮，因为你必须做一
　　　个盒子。你需要一些这样的剪刀。去拿一个盒子，大概
　　　就像这个或者那个那么大的，然后你就可以剪开它了。

杰森：啊，只需要去掉顶部，不是这些。

内尔：不，不是剪两边。

尼克：你从哪儿拿到那个盒子的？

内尔：我不知道，在架子上。

尼克：是有两个球在那里吗？

内尔：是呀。

尼克：那些是什么？画的那些，是球画的吗？

内尔：弹珠（同时）。

尼克：画的吗（同时）？

内尔：是呀。它们画的（弹珠滚过的声音）。

吉妮：里面有绿色。

杰森：特雷弗，外面刮风了吗？（特雷弗：喔）（杰森之前做
　　　了一个风筝）

内尔：把那种颜色掺入这个绿色里（弹珠滚过的声音）。

尼克：这容易吗？

内尔：容易。

尼克：我能试一试吗？……

尼克：我要把这个放一些在里面吗？……

尼克：我要把球放进去吗？……

尼克：我能再放一点颜料进去……

艾莉森（教师）：（弹珠落下来的声音）噢，弹得真高。

尼克：是啊，它落在这个盒子里。

艾莉森：呵呵。

　　所有18条由这些孩子发起的评论（总共27条评论）都是合作搭桥式的：
发出指令，解释正在发生什么，提出疑问，提醒困难。内尔给金妮解释为什
么她不能直接完成一幅滚珠画（她需要做一个盒子），接着给了她4条指令。
杰森提醒了他们可能存在的困难（"只需要去掉顶部"），这个提醒被内尔
确认了。接着尼克分担了责任，询问制作过程的问题（是这些球画了这些画

吗？这个容易吗？），询问他是否可以试一试，然后为金妮做了些事情（跟她确认后才做的）。现场笔记还有这样的记录："现在尼克也画了一张，他被吸引了。他让艾莉森（老师）来看他的画，他们谈论着弹珠滚动留下的轨迹，弹珠在那里转了一个弯。"

观察2

组织其他人参与。尼克商量出了一个让所有参与者都满意的妥协方案。他在娃娃家中与蕾切尔和托尼（Tony）在一起。尼克和蕾切尔正在准备去参加一个派对，蕾切尔告诉托尼他不能玩。当托尼不愿离开时，她有些生气并重申托尼"不能来参加我们的派对"。尼克结合了两人的观点，建议在他们准备派对食物的时候也为托尼准备一点他的晚餐：虽然托尼不能参加派对，但他也成了这个游戏的一部分。

尼克：……为今晚的派对做一些美味的肉丸。

托尼：我来做一些。

蕾切尔：不，你不能跟我们玩这个游戏。

托尼：嗯？

尼克：因为这些只是为我们的派对准备的。

托尼：我也要为这个派对做点什么。

蕾切尔：不，你不能来参加我们的派对。

尼克：不是的，他只是做了东西让我们带去派对，是吗？

托尼：我也能去的，是吗？

尼克：不。

蕾切尔：不。

尼克：你只是做好了让我们带去。你可以这样做。你可以把它切下来一点做今晚的晚饭，好吗？

托尼：因为我是……

尼克：因为你没有剩下什么东西做晚饭了，是吗，蕾切尔？

蕾切尔：他没有了。

尼克：那我们让他切下一点来吧。

托尼：我来切。

尼克：好的，现在把这些放到冰箱里。那些。那一块比萨。这是一块比萨。可以吗？

莫莉和迈拉

对科里瓦图图进行的一个观察展示了儿童正在发展的语言类型的复杂程度，并以此来匹配他们所处的或想要融入的社会群体。莫莉和迈拉都是4岁的孩子，她们和尼克、内尔和杰森在同一个早期教育中心里。她们是我所谓的"闺蜜语言"的专家，因为在这个早期教育中心里它似乎成了女孩们的特权。在第三章中有一个例子，艾米丽试图通过假装欣赏内尔所做的事情来欺骗内尔，但她没有欺骗劳拉。在这个中心里，几个女孩设置了一些微妙的会话规则，许多女孩用到了被称为"心理理论"的机制，或与其他人想法有关的理论，即理解自己对其他人信念、态度和感受会带来的影响。内尔和艾米丽展开了一段与艾米丽弟弟名字有关的对话："玛吉（Margie，内尔的妹妹）说你的弟弟是鲍比（Bobby）。"劳拉讲了一个故事，她的弟弟希望拥有一套海盗装、刀和海盗船，他期待它顺着小溪（漂）下来。我观察的4岁孩子经常会评论别人"不知道"的事情：迈拉对莫莉说"你不知道我去托幼中心吧"；琳达正在生梅格的气，说"反正，你不知道我另一个名字是什么"。在我对"女孩—朋友—交谈"的观察中包含以下内容。

谈论别人的需要

蕾切尔（对温迪说，有关装饰帽子需要的材料或工具）：这是你做的，所以你需要……（对温迪说，挂起帽子，晒干），你够得到吗？（温迪：是的。很容易）

谈论别人的要求

迈拉（对莫莉说，她知道莫莉喜欢用黄色颜料画，画滚珠画的黄色颜料暂时找不到了，但后来又被老师找到了）：现在，你可以用黄色了，是吧，莫莉？

谈论其他人拥有的知识

琳达（对梅格说）：你不知道怎么拼我的名字，你一点也不知道怎么拼我的名字。

梅格：你不知道怎么拼我的名字。

布里奇特：这是梅格，梅、格。我的另一个朋友……不过，她不知道我住在哪里。

讨论别人的信念

艾米丽：我们真的不喜欢它，是吧？

劳拉（大声地耳语）：是啊。我们刚才说谎了？……

劳拉（讲了一个她弟弟的故事）：然后他期待能沿着我们的小溪漂下来。

使用交谈策略让对话继续进行

指出发言人在倾听别人的话，或者想让其他人参与进来：发展连贯的故事情节，提供建议或协助（感知和假设其他人的需要），寻求和拥有彼此的注意，寻求支持或赞美，解释正在发生什么，发出指令，质疑。

这里记录了莫莉和迈拉的两次交谈。第一次谈话的内容与谁知道什么有关。第二个观察记录了莫莉和迈拉如何使用策略让谈话继续下去。第三个观察，就像先前对尼克所做的第一个观察那样，是一个与搭桥、组织和参与有关的例子。

观察 1

谈论他人拥有的知识（你不知道我去托幼中心），发展连贯的故事情节（她吗？什么时候？）。

迈拉：你知道吗，莫莉？

莫利：什么？

迈拉：我认识那个女孩，她的名字是潘妮。

莫莉：我也认识她。

迈拉：我认识她是因为她跟我去同一个托幼中心，但是我现在上幼儿园了。

莫莉：是吗？

迈拉：你不知道我以前去托幼中心。

莫莉：什么时候？

迈拉：那一年。不过现在我来这儿了。

观察 2

需要和拥有彼此的注意（使用彼此的名字，使用"不是吗？"，或更直接的"看这儿""看这个"），提供建议，或协助感知，或假设其他人的需要（"你应该有一个金色的灯……"），并寻求支持或赞美（我的很漂亮，是不是？）。

第二个例子记录了莫莉和迈拉在制作带有"闪烁灯"的帽子的对话：先在圆柱形的帽子上进行装饰，然后在前面加上一个"灯泡"。

迈拉：莫莉，这就是会闪的灯。（莫莉：是）看看我这个可爱的小东西，我还给它加上一个可爱的灯，它发出金色的光。要把灯打开，快看着这光，莫莉。看中间那金色的光。

莫莉：我的比你的更漂亮，上面的东西更多。这个小东西可以是灯。

迈拉：快看闪亮的金光，金色的灯一直亮着，所以我就可以在夜里看到东西了。在晚上应该有金色的光，这就是你闪烁的灯光，会有小亮光。

迈拉（对着另外一个孩子）：如果你喜欢，也可以制作一顶帽子。我正在做呢。你做的是什么呢？（莫莉：我正在做一个公主的帽子）我的不是。我给我爸爸做，一顶为乔治（George）做的帽子。

莫莉：我的很漂亮，不是吗？

另一个孩子：不过，你准备把它贴在哪里？

当莫莉说"我的很漂亮，不是吗？"时，迈拉没有回答，或许因为莫莉已经表示她的"比你的更漂亮"。这几句话里有一些竞争的意味，但孩子们还是互相帮助，迈拉后来还给莫莉保留了一些珍贵的金纸。

观察 3

解释过程（是球让我这么画的。看到它歪歪扭扭的痕迹了吗？紫色和黄色的），给出指令（也许是对她自己说：然后我们把它放回去；给我看看），质疑（你的在哪里？哪里？你为什么再做一次？）。迈拉刚刚完成了滚珠画，莫莉画了一半。当迈拉画滚珠画的时候，黄颜料不见了，她只好凑合着用紫色了。后来艾莉森老师找到了黄颜料，莫莉就用两种颜色和两个弹珠画了一幅滚珠画。

莫莉：嘿，是球让我这么画的。（笑）现在，现在我们把它（球）
　　　拿出来，放入一些颜料，然后我们把它（球）放回去。
迈拉：我的是紫色的。
莫莉：你的在哪里？
迈拉：就在这里。
莫莉：哪里？给我看看。
迈拉：（远远的）在这里。
莫莉：噢，是的，过来吧，小球，哦，看哪（笑）。
迈拉：你为什么再画一次，莫莉？
莫莉：因为我想再画一次。
迈拉：现在你可以用黄色了，是吧，莫莉？
莫莉：（对迈拉和艾莉森老师）看到它歪歪扭扭的痕迹了吗？
艾莉森：哦，快看一下。
莫莉：那里。紫色和黄色（解释过程）。
艾莉森：哦，它是什么……
莫莉：看，颜色（解释过程）。

在这里，"闺蜜语言"的一些内容很清晰地呈现出来了，如通过使用名字（两次，来自迈拉）来吸引注意。迈拉的评论——"现在你可以用黄色了，是吧，莫莉？"反映了她知道黄色是莫莉最喜欢的颜色。

简要评述罗丝、科里瓦图图、尼克、莫莉和迈拉的故事

果不其然，这些与他人沟通和承担责任的例子都发生在社会群体里。这些实例描述了儿童让自己成为某一群体中一员的方法（通过特定的语言样式），以及他们所运用的让对话得以继续进行或为了完成任务而把一个团队凝聚在一起的策略。这些策略包括达成共识所需的搭桥策略，以及让所有成员都参与进来的组织策略，目的是完成任务或按设定故事情节游戏。互动中孩子们的对等地位和合作模式经常能在社会性角色扮演游戏中看到，这类游戏的结果很明显是孩子们共同实现的结果，而游戏的脚本通常也是很相似的。第二章中介绍的实例阐释了"权力共享"这个概念：以协商、合作和交换为

特征的成年人和儿童之间的关系，以及儿童之间的关系。

罗丝、科里瓦图图、尼克、莫莉和迈拉的故事是孩子们在集体环境中准备好、很愿意和有能力与他人沟通并承担责任的实例，社会文化环境与这些实例的相关性也是十分明显的。孩子们所在的群体鼓励他们用与环境相适宜的方式进行沟通和承担责任的心智倾向。毛利语早期教育中心的心智倾向性场域是一个相互支持、关怀、协作和跨越所有领域（包括绘画）进行对话的环境。但是在托幼中心和幼儿园里，至少有一些活动具有互惠式搭桥和组织的特征以及相互支持的特征。我发现，在体现与他人共同关注某一事物的片段中所看到的罗丝愿意沟通她的想法和倾听他人想法的倾向，是与她所在的托幼中心里互动互惠式的环境相匹配的。成人示范了搭桥和组织的策略，罗丝努力让这些策略能为自己所用。在早期教育机构中，合作性的脚本在社会性角色扮演游戏中是很常见的，但在其他领域（如尼克画滚珠画）中合作性的脚本却比较少见。在这些实例中，我们可以清楚地看到孩子们为了融入群体而发展的沟通（在这里几乎全部为口头言语）策略和相关认知。

评　价

学习场和心智倾向性场域是本章收录的实例所体现的有助于学习的心智倾向的核心。这些实例引出了另一个评价原则：评价保护和提升作为学习共同体的早期教育机构的发展。

评价保护和提升作为学习共同体的早期教育机构

我们依据本地可以利用的中介介质来评价受中介影响而行动着的学习者。我们可以从文献资料中看到一些被称为是学习共同体的早期教育机构和班级是什么样的。在意大利北部的瑞吉欧·艾米莉亚地区，早期教育课程就特意通过邀请艺术家和工匠进驻早期教育机构、把孩子们的艺术项目带入当地社区等方式融入当地社区。瑞吉欧·艾米莉亚的课程记录提供了一个能够呈现出学习共同体风貌的评价实例（Dahlberg, Moss and Pence, 1999）。瑞吉欧课程中有一个名为"鸟的游乐园"的项目，乔治·福曼（George Forman）和莱拉·甘蒂尼（Leila Gandini）于1995年制作的同名视频对此进行了详细的记载。3—5岁的孩子们为鸟设计和建造游乐园，活动包含了观察、绘图、造型（建造喷泉和水车）。成人用墙面展示、视频和照片等方式记录下这个生成课程的全过程，项目、参与和个体没有被分开。对学习者的评价和对项目的评量在同一个过程中进行。

在另外一个强调心智倾向性场域的评价实例中，安·法勒（Ann Filer，1993）概述了对4岁的彼得在小学一年级时以及后来进入小学二年级后听说方面（英国教育中的一个目标）进行的评价。她加入了她自己（研究者）对彼得在说和听方面的观察。一年级的老师评价后认为彼得的词汇量有限，虽然看上去好像在听，但是他似乎无法理解他所听到的内容。一年级老师建议彼得重回预备班学习。二年级的老师评价后认为彼得有较好的常识性知识，能为讨论做出贡献，是"小组中的佼佼者"。二年级老师的结论是彼得"没有问题"。法勒分析后认为，两次评价体现出来的差异并不是因为彼得在二年级时有了飞跃式的发展。法勒在一年级时与彼得进行了很多次交谈，她发现在这些交谈中彼得一直都能"自由地表达和拓展对话的主题"。

根据教师应对教学的策略和对教育知识的表达，法勒将教室环境分为两类。她把第一个教室描述为"程式化的"，以作业卡和非常明显的成绩等级为主，辅以少量非结构化的探索／游戏活动。在这种环境中，教育知识是通过正式的沟通来表达的。这类教室似乎排斥围绕儿童家庭生活和儿童自身文化背景展开的讨论，教师处于知识拥有者的地位。但在二年级的教室里，教师更加灵活，和学生互动的情境也更为丰富。在这里能很明显地感受到其中的"情感氛围"，发生在教室里的讨论是由学生的兴趣引发，讨论过程也更加不可预知，更具对话性，它与一年级教室中那种一问一答式的讨论完全不同。法勒的结论是，一年级和二年级的教室是由教师创造的极为不同的语言环境。她认为，教室是"一个会给孩子带来不同影响的社会和文化环境"（p.208）。

很显然，对评价内容的关注——只需打对钩的量表或类似的东西——与需要达成的大量且多样的目标相关——正在模糊我们对过程的理解……很难标准化地呈现评价结果，很难把心智倾向特性和社会性层面的期待与认知方面的特性以及自我实现层面的期望割裂

开，这些都是在复杂的评价过程中已经显现出来的一些因素。（法勒补充了一些没有在此文中提及的参考文献）

基于对罗丝、科里瓦图图、尼克、莫莉和迈拉的观察而进行的评价，来自瑞吉欧·艾米莉亚的实例，以及法勒的研究，都传达了这样一个信息，那就是评价能反映出（学习者）所处的学习共同体是什么样的。前4章所论述的有别于传统评价模式的另一种评价，需要在一个以兴趣、参与、面对困难和不确定性时能坚持、与他人沟通和承担责任为特征的环境中进行。在下一章中，我将整合前4章传达的信息以及提供的原则，探究如何用另一种模式进行评价。

第六章

学习故事

评价有助于学习的心智倾向

前面3章提供了与有助于学习的心智倾向各个领域相关的实例，这些实例聚焦的是儿童和学习。前面3章也为评价提出了一些指导原则。本章将更为直接地关注评价过程，而本书也将从这一章开始，从关注作为学习者的儿童转为关注作为评价者的教师。当然，儿童和教师是紧密联系的，虽然心智倾向性场域中有学习倾向的学习者仍然是论述的重点，但是，成人从现在开始成了主角。我将从已经被提出的评价原则开始论述，并在此基础上补充两条，然后再详细阐述已经被一些教育实践工作者付诸实践的一套评价程序：学习故事。

下列评价原则是从一些记录了儿童的兴趣、参与、遇到困难与不确定情境时能坚持、与他人沟通并承担责任的案例中浮现出来的。它们是评价一整套和参与有关的机制时的原则，而一整套和参与有关的机制是技能、知识、意图、社会伙伴及实践、工具、动机的累积体。

评价认可发展中的不可预测性

如果能认可发展中存在不可预测性，那么评价就不会再坚持一步一个台阶式的阶梯发展模式。借用植物学的隐喻，（这样的评价会认为）发展和学习就像交织于地下的茎或根状茎，不时在地表展露出一朵花来（山谷中的茉莉或花菖蒲，1993 年 Patti Lather 曾就"根茎"的有效性进行过论述）。因此，具有一定时间跨度的案例研究（式评价）将会比较适宜。

评价寻求学习者的视角

寻求学习者的视角既非易事，有时也不存在可能性，不过，如果学习的"隐藏性"和动机性本质也需要用某些方式进行评价的话，儿童就需要有发言权。莎拉·梅里特和安·哈斯·戴森（Sarah Merritt and Ann Haas Dyson，1992）描述了在美国加利福尼亚州某个一年级教室里进行的写作评价。她们发现，儿童的日记既能反映出儿童之间的友情，也能体现他们编码技能的发展，以及他们之间日益复杂的沟通和交流。

叙事比表现性指标更能反映学习情况

前 3 章中的观察是以故事形式呈现的，这些故事通常是在一段时间内发生的，有对周围环境的描述。这些描述和随着时间推移不断积累而成的故事都为解读（儿童的学习）提供了依据。布鲁纳（Jerome Bruner，1996，p.94）指出故事是一种思维模式，也是意义建构的一个载体。尽管有的时候技能和知识也会被放置于最显著的位置进行评价，但运用叙事的方式评价将避免把有助于学习的心智倾向碎片化。

对观察到的学习行为进行合作解读会有助于评价

评价的主要内容是实例而非表现性指标，教师经过协商决定的是儿童建构（"这是能体现艾伦如何克服困难的实例吗？"）和参与的规律。在第三章中，体现学校课程评价复杂性的协同审阅式评价就为我们提供了一个这样的实例。

许多任务自身就提供了评价的机会

大多数时候，成人并不是评价者，人工制品、活动和社会身份都能帮学习者发展他们自身关于成就或成功的认识，学习者能自行判断事件的进展情况。对于那些有清晰目标或正在建构的人工制品、活动或社会群体成员资格，儿童是能自己体会到它们所给予的回报的。这些人工制品、活动和社会群体成员资格包括玩拼图、写名字、搭建大楼、融入游戏中。

评价能为儿童心智倾向的发展做出贡献

心智倾向是准备好、很愿意和有能力的结合，它们是从学习经验中显现出来的，它们会经常出现，也经常被支持、识别和强调。取长式的评价模式被置于显著位置，而关注学习者"可能需要的"知识和技能的补短式评价则很少发生。尽管评价是具体的和局部的，我们还是会关注强大的心智倾向，因为它们能为在其他地方的学习提供一整套和参与有关的机制。英国的潘·格林早期教育中心为儿童及其家庭准备的儿童学习成长档案中所记录和庆祝的就是儿童的积极学习成果。

评价将保护和提升作为学习共同体的早期教育机构

评价将保护和提升作为学习共同体的早期教育机构，学习共同体对学习的定义以及所提供的学习经验与之息息相关。评价的重点是参与：它依据本地可以利用的中介介质来评价受中介影响而行动着的学习者。瑞吉欧·艾米莉亚的课程记录让我们看到对儿童参与情况的评价和对项目发展情况的评量其实是同一个过程。

用以论述这些评价原则的实例大多来自一些特别的早期教育机构，这些机构中的教育实践工作者都有大量的时间去记录。另有些实例来自一些研究项目，在这些研究项目中观察者是在早期教育机构中不承担其他职责的专职研究者。这些实例很有启发性，因为它们阐释了重要的指导方针与原则，只是这些指导方针和原则都需要适当进行调整，以适应不同早期教育机构的实际情况。而对评价现状的审视也让我意识到需要认可进行评价的成人的视角。因此，下面补充的两个原则也是非常重要的。

评价对于忙碌的教育实践工作者来说也是可行的

我记得在多年前为大约 50 位教育实践工作者提供的早期儿童评价工作坊中，我一开始就和大家解释道，学者们总是喜欢教大家一些新的、不熟悉的词。我说，"这里有一个词我希望大家能够慢慢熟悉"，然后我在白板上写下"午餐时间"这个词。这一举动迎来的是笑声和大家表示赞同的交谈声。用阐释的方式进行评价的一大难题就是这样的评价似乎总是包括需要花很多时间才能写下的冗长观察记录，早期教育机构中的员工觉得与其将时间耗费在这样的记录上，不如花时间与孩子一起工作（或吃午餐）。这一观点意味着，早期教育实践工作者认为把时间花在评价上并不值得——当然在很多案例中，这个时间还是有可能得到很好的利用的。管理人员和外来机构常常要求教育实践工作者做大量的文案记录，减少花在评价上的时间的一种选择就是用数值式量表和检查表来评价。然而，如果评价是为了促进儿童学习的话，已有一些评价原则证明这种选择是有问题的。我们需要平衡以下两个方面：复杂的评价过程需要付出的时间和精力是可控的和可行的，评价是有趣和令人愉快的。

评价对于教育实践工作者来说是有用的

我想借用另一植物学的隐喻，并引用盖里的挽歌（Gray's elegy）来形容一个不同寻常的情境：许多评价是"绽放无人见，枉费芬芳旷野中"的。在无数的档案、记录册和柜子里充斥着许多没有人看的、未被分析和使用的观察记录。我们希望评价是形成性的：它们将为持续的教与学过程提供信息，不断促进教与学，并且对于教育实践工作者是有用的。

学习故事

在前面 3 章中，当我想要解释心智倾向的各个领域在实践中的样子时，我引用了几个孩子的故事。这些故事包含对情境的描述，也常常包括孩子与成人及同伴的关系，强调孩子们正在参与的活动或任务，包括非常了解孩子故事的讲述者的解读——聚焦于能呈现孩子新的或持续的兴趣、参与、挑战、沟通和责任等方面学习的证据。一些案例会列出如下证据：在一个共同关注的学习片段中承担责任的案例，如在这个片段中有许多与搭桥和组织有关的常见特征。在一些案例中，对儿童的了解、认可发展的"隐藏性"和未知本质是对案例进行解读的关键，莎莉应对悲伤就是一个实例。这些故事中有许多是在一段时间内发生的一系列故事中的一部分，同时，其中的许多故事都是由若干故事讲述者与本书作者合作进行解读的（例如，摩西的家长、罗丝所在托幼中心的员工以及艾伦的老师）。故事能够捕捉到孩子在当时所用的学习策略的复杂性以及动机。朱迪·邓（Judy Dunn，1993）对儿童关系的研究强调了故事将社会性与认知和情感整合在一起的方式。正如苏·莱尔（Sue Lyle，2000）的研究所显示的那样，故事还能够融入儿童的声音。故事强调参与和文化，并被用于对学习进行解读，而这些都要归功于布鲁纳关于叙事的论述。玛丽·贝蒂（Mary Beattie）引用了叶芝（W. B. Yeats，引自 1958 年合集，p.242）的诗《在学童中间》（Among School Children）来突出故事能将各种元素联结在一起的特性。

> 栗树啊，根柢雄壮的花魁花宝，
> 你是叶子吗，花朵吗，还是株干？
> 随音乐摇曳的身体啊，灼亮的眼神！
> 我们怎能区分舞蹈与跳舞的人？

什么是学习故事？

我们感兴趣的是故事强调学习成果的能力，这引领着我和一些早期教育实践者去尝试、发展和调整另外一套评价方法。我们称之为学习故事评价法。学习故事与前面 3 章中提及的叙事式观察很相似，但学习故事的结构性更强。它们是日常环境中的观察，旨在提供抓拍到的一系列学习片段，或关于某个儿童的小故事。在这些抓拍到的学习片段或小故事里，儿童表现出有助于学习的心智倾向的一个或多个领域。5 个心智倾向领域被转化为 5 种行动：感兴趣，在参与，遇到困难或不确定情境时能坚持，表达一种想法或感受，承担责任（或接纳他人观点）。这一框架是从 1995 年起历经数年发展而成的，它是"评价儿童早期教育经验"这一研究项目的一部分。来自于 5 种不同早期教育机构的员工探讨了每一种行动与儿童个体的关系，以及它们与所在早期教育机构课程的关系。教育实践工作者收集了突显一个或多个这些行动的"关键事件"（critical incidents，Gettinger & Stoiber，1998）。有关某个儿童的一系列学习故事被收集在一起，教育工作实践者会分析其中的叙事模式。儿童的故事被保存在一个个文件夹或档案袋中，它们通常会包括照片、儿童作品的复印件和儿童的评论。

下面是一则学习故事实例，主人公是西恩（Sean），4 岁。他与艾伦（在第三章出现过）上的是同一所幼儿园，他也参与了设计大门的项目。他的学习成长档案中包括一张他使用木工钻的一次成像照片。这张照片下面则是由安妮特（Annette）老师撰写的一个简短的学习故事。故事讲述了西恩在进行一项有难度的任务时坚持不懈，即便是在工作遇到阻碍的时候。故事中的评论包括如下内容。

> "安妮特，这个太小了，给我一个大点的。"我们给他拿了个大点的，他钻了个孔，并用钻将钉子放进孔中。"我们需要什么样的螺丝刀？""平的那个。"西恩选择了那把正确的螺丝刀，并试着使用它。"它卡住了。"即使在非常困难的时候，他还是在不断尝试。

这段文字记录和照片中有足够的细节供西恩和他的老师在第二天进行讨论。和这个故事一起放入西恩学习成长档案的是其他类似的故事，讲述的都是当西恩完成他自己所选的具有一定难度的任务时的场景。为此，大多数早期教育中心会使用一种特别设计的学习故事表格。教师经常回顾这些故事，然后用多种方式为进一步学习制订计划。例如，在西恩的幼儿园，面对困难继续坚持的实例包括：按照计划行事（和调整计划），不放弃（选择、坚持、完成）有难度的或复杂的任务，承认错误或问题（并计划去解决，或实际上正在解决它）。

许多学习故事开始时会主要关注心智倾向的某一个领域，如西恩的坚持性。然而，"重叠"和"排序"这两个过程整合了有助于学习的心智倾向的5个领域。重叠，就是相互联系的领域在一起发生作用的过程。兴趣和参与经常是在同一时间发生的（虽然有人也可能只是感兴趣但并未参与），而参与和应对困难时则常常（但并不总是）都会创造性地解决问题。有解决困难的动机并能在困难面前坚持不懈的儿童常能在这一过程中表达他们的想法和感受。在共同关注的学习片段中也会包括表达个人的想法和感受，以及接纳他人的观点（承担责任）。艾米丽接纳他人观点的能力可能与她对正确与否的担心和对犯错误的焦虑有关。这是接纳他人观点和面对困难能坚持之间呈现出的一种负相关。研究（Yair，2000，p.205）表明，选择和主体能动性（承担责任）提升了学生的兴趣和成就感。排序把整合有助于学习的心智倾向的各个领域视为一系列的行动。丹尼面对挑战时的坚持性是紧随在兴趣和参与之后的。罗丝在社会性角色扮演游戏中的协商集中体现了其兴趣、参与、坚持、表达想法和接纳他人观点。图6.1列出了这一系列的行动。

图 6.1 学习故事序列

从补短到取长的转换：实践中的学习故事实例

布鲁斯（Bruce），4 岁，在一所托幼中心学习。在运用学习故事进行评价之前，该托幼中心采用的是检查表式的评价，检查表里列出的技能或被打上了对钩，或被打叉，并注有日期，那些被打了叉的项目则会被讨论。制订干预计划也是这种基于技能和缺点的评价体系的一部分。在布鲁斯的检查表上，与社会技能有关的项目总是被打叉。他时常有攻击行为，其他的孩子害怕他，而他也常常闷闷不乐。托幼中心的员工们使用一个行为管理项目来评价与攻击和易怒行为相关的内容：他们寻找的是前因与后果（结果）。老师们都知道像布鲁斯这样的儿童是如何主导着成人与儿童的注意力的。现在，老师们开始使用学习故事来记录布鲁斯的学习，那就是，记录当布鲁斯感兴趣并参与时、当他遇到困难坚持不懈时、当他用可接受的方式表达观点并承担责任时发生的学习事件。老师们仍然需要应对他的攻击性，但是以下这些故事也开始出现。学习故事记录并鼓励布鲁斯准备好、愿意并有能力用恰当方式与他人沟通，并在协商过程中以及与人相处时承担责任。

学习故事 1

露易丝和布鲁斯将几个软垫放在太阳照耀的小山上，他们讨论了谁将躺在那个软垫上。

布鲁斯对露易丝说：我要当爸爸。

露易丝说：不，珍尼是爸爸。

布鲁斯走到珍尼面前，把脸凑到她的面前。

珍尼：我是爸爸。

布鲁斯：可以有两个爸爸。

珍尼：不行。

布鲁斯：那我当朋友，行吗？

珍尼和露易丝似乎接受了这个提议（她们没有说"不行"），
然后她们友好地一起玩了好一会儿。

事实上，除了露易丝和珍尼现在已经学会跟布鲁斯说"不"以外，这一
故事还强调了布鲁斯的协商能力（"那可以有两个爸爸"和"那我当朋友"）。
最初这样的协商仅出现在有露易丝参与的社会性角色扮演游戏中，但老师们
对布鲁斯能在其他情境中进行协商也抱有乐观态度。之前他常用推、打的方
式来表达自己的观点。

学习故事 2

布鲁斯认为艾米挠了他（他有可能是对的），他告诉艾米他不
喜欢被挠，追着去告诉她，还跟老师解释说自己没有打艾米。

这是布鲁斯第一次显示出有意识地控制自己的行为，承担这个环境所期
待他承担的那种责任。教师的反馈中也提到了他们对这一点的识别。

学习故事 3

布鲁斯请安妮帮他照看他搭的积木和动物园，安妮也试着照他
说的做。在某一时段，布鲁斯甚至对安妮说："没关系，它可以自
己照顾自己。"

布鲁斯开始叫老师或者走到老师跟前，希望得到老师的关注，
去看他搭的东西，而不是通过制造麻烦来吸引老师注意。

学习故事 4

今天早晨，布鲁斯宣布："我是一个好的海盗。" "我会保护
人们。"

虽然成人仍然要花大量时间来保护其他儿童的学习不受破坏和干扰，并
要时时关注布鲁斯，但他们现在注意到他能够用恰当的方式与其他人沟通并
为其行为负责。成人在开会的时候对这些故事进行讨论，并计划通过鼓励他

与露易丝一起玩（关注露易丝的感受，并鼓励其他孩子加入游戏）、继续帮助他构建他《好的海盗》故事情节（如保护别人，寻找宝藏，而不是挟持人质或用宝剑打仗），来尽可能扩大这些学习事件的效果。当他出现退行性行为时，成人就伸开双臂给他一个拥抱。成人也会适时提醒他，他现在确实长大了——他向维拉（Vera，教师）展示他的沙堡："嘿，基米造了个小的，我造了个大的。"（维拉：是的，她还小，你是大孩子）

成人清楚地解释了为什么他们不能总是看护他搭建的东西，这与他们对布鲁斯的尊重以及他们对其他儿童也需要承担的责任有关，即这是一个所有人都需要为彼此负责的地方。有趣的是，其他儿童也在为布鲁斯的课程承担责任。罗丝告诉我（作为访客）："当布鲁斯用拼图玩具打我的脸时，我就说'不要那样做，我不喜欢这样'。"安迪（Andy）扮演了对布鲁斯的社会性行为表示鼓励的角色。安迪对成人说，布鲁斯在一旁听着："幸好布鲁斯挪走了卡车（这样我就可以修路了）。"成人："是的，幸好布鲁斯挪走了卡车。"（请注意，后来当布鲁斯跳到吉娜身上并弄哭她时，安迪说"这很好玩，布鲁斯"）后来，安迪在布鲁斯用力扔沙子时把小保罗（Paul）带走："当心，保罗，小心沙子弄进你的眼睛。"

教师们在一次会议上对布鲁斯故事的评论和探究似乎反映了他对权力（力量）感兴趣，希望被关注。这样的兴趣和关注通常与"领地"有关——他宣称那个攀登架是"他的"，沙坑是"他的"，只有几个人可以去玩（甚至当他不在的时候）。很明显，海盗是一个很受欢迎的脚本。而且他常常希望在社会性角色扮演游戏中当爸爸，虽然其他儿童都对此很提防，除非游戏中有一个成人也扮演了角色并且可以保护他们（才会同意让他扮演）。有成人扮演配角的故事也是很令人愉快的，主要是因为儿童可以 "牵着"成人的鼻子走，让成人听他们的。不知什么原因，白雪公主和小矮人的故事也是很受欢迎的。持续很长一段时间的快乐游戏都发生在娃娃家中，布鲁斯围着成人和一些儿童建造保护区。一开始，布鲁斯扮演一只老虎，后来发展为布鲁斯保护老虎，并为老虎建造保护区（老虎们也参与了厨房游戏，幸运的是导演也就是布鲁斯似乎并不介意）。那天早些时候他已在建构区里为野生动物们搭建了一个保护区。

学习故事 5

布鲁斯在积木区。

布鲁斯给一些野生动物搭建了一个保护区。

布鲁斯非常投入进行搭建。

学习故事 6

在娃娃家，布鲁斯先是扮演大老虎。我（老师）说我也是一只大老虎，我还鼓励他建造一个更大的保护区，这样我们两个都可以住在里面（老师观察到上午布鲁斯为野生动物搭建保护区了）。其他儿童在旁边玩"做早饭"的游戏，没有注意到布鲁斯。布鲁斯就搭了一个保护区，把我们两个围在里面。

成人帮助他发展了这些故事，平静地协商，并为其他儿童的安全负责。他们促进并记录了所发生的积极的故事，跟其他人、布鲁斯和他的家人分享和讲述这些故事。

学习故事的 4 个 D

布鲁斯对于是否和如何在这种学习环境中参与做出了许多含蓄的判断。他对许多活动（给动物和人搭建保护区）和社会群体（与露易丝、与成人）感兴趣，也愿意表演一些传统的故事，而我们只能猜测他喜欢这些活动的原因。他似乎开始认为这个环境能够给他足够的安全感，让他愿意参与其中并谈论自己的感受。他开始看到他能通过适宜和能令人满意的方式承担在集体中的责任。学习故事帮助教职员工们聚焦，为教学提供依据，为布鲁斯的学习做出贡献，并向布鲁斯及其家人突出强调这些学习活动的价值。在进行这些评价时，教职员工们用 4 种方式进行解读。他们从幼儿园里现有的学习机会以及布鲁斯参与的特定学习活动两个角度来描述布鲁斯的兴趣、参与、挑战、沟通和责任。他们记录布鲁斯的某些行动，而不是全部，并在开会讨论时相互提醒（与记录下来的故事）相关的其他——相同的和可替代的——故事。学习故事为他们的互动提供了指引，他们都在或正式或非正式地决定着下一步该做什么。这些都是成人的判断（虽然儿童会被尽可能多地融入这个评价过程中）。我称这些为评价的 4 个 D：描述（Describing）、记录（Documenting）、讨论（Discussing）和决定（Deciding）。

描述和决定

学习故事因承认发展的不可预测性、既能规划又能促进一整套和参与有关的机制的发展而受到广泛关注。第七章和第十章详细介绍了教育实践工作者如何运用学习故事对学习进行描述，然后决定下一步可以做什么（为进一步学习制订计划）。第七章和第十章论述了学习故事实现以下评价原则的方式。

- 承认发展的不可预测性。
- 为儿童有助于学习的心智倾向的发展做出贡献。
- 保护和提升作为学习共同体的早期教育机构。
- 比表现性指标更能反映学习情况。

学习故事是一种教学工具，它的目的是引发参与层面的变化（鼓励进一步和深入的学习），防止将学习狭义化，将教室文化传递给参与者，重新定义正在发生的故事。

参与层面的变化

撰写学习故事可以通过 4 种方式促进参与的变化，或发展的变化（第十章提供了教育实践工作者为这样的发展制订计划的案例）。这 4 种方式包括分析频度、长度、深度和宽度。第一，相似的学习片段越发频繁地出现，这些学习片段有着自己的模式。偶发的行为逐渐变得带有倾向性。第二，故事越来越长，因为这个学习片段涵盖了更多表 6.1 中所列出的行动。老师们是从参与和坚持这两个方面特征来描述杰森的行动的。当杰森开始教别的孩子后，一系列的故事就此延伸出来。第三，故事变得更有深度。学习显得更为复杂。在西恩的托幼中心里，对很多儿童来说，遇到困难时能坚持就是从制订计划开始的，然后执行和调整越来越复杂的计划。第四，故事涉及的面更宽了。内尔非常擅长应对社会领域的困难，但在遇到技术性困难时选择逃避，不过他现在也开始处理制作滚珠画托盘时所遇到的困难了。通过引用"学习就是参与"这一观点，卡洛琳·吉布斯（Caroline Gipps，1999）指出，在社会文化理论的框架下，"评价并不是一个外部的、正式的活动，而是教学过程中不可或缺的一部分，它融于教室里的社会与文化生活中"（p.378）。通过援引维果茨基的理论，她建议让评价发挥最大功效是符合最近发展区理论的——由其他人和工具提供辅助支持。她提出了 3 种可以融入教室的社会与文化生活的评价程序。第一种就是使用能够反映出一段时间内的学习过程的学习成长档案，档案中收集一系列被充分记录下来的行动和活动。第二种就是评价学生在参与合作性小组活动时的情况，观察学生与其他人的关系和互动，或设计一些让学生必须承担想办法、合作解决问题等责任的方式。第三种就是融入学习者对自己学习的看法，并让他们在围绕评价进行讨论和自我评价中发挥作用。吉布斯补充道，"这个领域的许多工作都还处于研究阶段"。学习故事正在推动着这些与评价有关的工作走出研究领域，进入日常实践。反过来，我们也需要确保相关研究继续探究评价目标和评价原则之间的关系。现在，很多相关的研究将会、也正在由老师们自己主导进行。

防止将学习狭义化

如果我们想要寻找一个令人激动的案例以"拓宽评价的基础，防止将学习狭义化"（正如玛丽·詹姆斯和卡洛琳·吉布斯所论述的那样，1989 年她们提到了高阶技能和"深度学习"），那么我们就应该探索用更为复杂的方式来评价，学习故事就是这些方式中的一种。我在第一章中指出，早期教育中的评价需要采用阐释性和质性的评价方式，用这种方式评价的原因与研究者为了研究真实早期教育机构中复杂的学习而采用阐释性和质性的研究是一样的：我们感兴趣的是正在更为广义的框架里学习的、行动中的或关系中的学习者，以及包括动机在内的一系列累积而成的学习成果。

将教室文化传递给参与者

学习故事记录了这个地方的学习文化：这就是我们在这里所做的，这就是我们在这里所重视的。教育中的叙事通常指的是教师讲的故事和关于教师的故事（参见 Jean Clandinin，Michael Connelly and Marry Beattie 等的研究，及 Sue Middleton and Helen May 所讲的老师的故事），他们反映了研究者把教室或早期教育机构作为文化和社区来研究的兴趣。西格伦·古蒙兹多泰尔

（Sigrun Gudmundsdottir，1991）论述了课程中的叙事框架，并将叙事描述为"教学的载体"（p.212）。珍·雷夫和艾迪安·温格（Jean Lave and Etienne Wenger，1991）举例阐释了讲故事在一个社区的文化传递过程中所起的作用：墨西哥的尤卡坦·玛雅（Yucatec Mayan），一个终将成为助产士的女孩，将听到诸如"棘手的案例""奇迹般的结果"之类的故事。

重新定义正在发生的故事

学习故事可以重新定义从补短式的视角讲述的悲观故事，如同布鲁斯的案例所阐述的那样。采用叙事这一术语来对循环的周期进行描述已经是心理咨询文献的一部分了（Monk，Winslade，Crocket and Epston，1997）。在采用叙事治疗方法的心理咨询中，咨询师并不是专家和解决问题的人。相反，治疗师和来访者一起根据来访者的经历"叙事"。因为这是在治疗，所以一开始所讲的故事通常是一种束缚，来访者很想改变这样的故事。治疗师与来访者一起寻找一种可以取而代之的故事，也就是他们所谓的"闪亮时刻"。无助与失望的故事变成了与能力和乐观有关的故事，问题则被解读为可以被改变的社会性建构。在此之前，这些乐观的故事通常是没有听众的，而一个重要听众的影响是重新建构人生故事时的一个关键因素。

记录和讨论

4类读者能够理解和读到学习故事：教职员工、儿童、家庭成员及外来评估者。第八章和第九章详细论述了教育实践工作者是如何利用学习故事与读者分享学习评价的，他们在学习故事里运用一系列的方法探讨评价和记录评价。第八章和第九章介绍了学习故事是如何实现以下评价原则的。

- 寻求学习者的观点。
- 对观察到的学习行为进行合作性解读。
- 允许任务提供与自身相关的评价机会。

第二章中已经论述了和儿童共同讨论学习会产生的影响。托兰斯和普莱尔（1998）描述了一个教师与4岁儿童艾洛伊斯在她上预备班第一天进行摸底评价时的对话。艾洛伊斯通过对话了解到教室里的权力结构以及什么样的学习在这里是被重视的。罗娜·温斯坦（Rhona Weinstein，1989）指出，儿童很善于捕获与成人的期待相关的信息——用言语和非言语表达出来的期待，而成人的期待是影响儿童发展自我学习期待的关键变量（第九章更为细致地讨论了教师期待的影响力）。托兰斯和普莱尔引用了教师在几个月后对艾洛伊斯的进步所做的评价，他们认为早期互动的特性会影响持续进行着的和未来的互动。与艾洛伊斯的互动是一个体现"权力集中是什么"的案例（第二章中所介绍的）。几个月后教师仍然对艾洛伊斯的"遵守"能力最感兴趣，不太关注她在学业上的进步。我在这一部分中介绍的 3 个评价原则与分享权力有关。学习故事阐述了评价可以如何成为"权力赋予"和"权力共享"框架中的教与学的一部分，它寻求学习者的视角，融入其他解读者的声音，反映的是某个心智倾向性场域——在这个心智倾向性场域中人工制品、活动和社会身份就能给学习者带来回报。学习故事是心智倾向性场域中的一部分，在这样的心智倾向性场域中，学习者是需要承担责任的。

总　结

　　本章对先前章节中提及的学习进行了理论性分析，并开始回答第一章中提出的关于评价实践的问题：我们如何运用能够促进和保护学习的方式来评价早期教育的学习成果？第三、第四、第五章提出了 7 个评价原则，这些原则能够支持复杂的学习成果的发展。为了加入教育实践工作者的声音，我又补充了两条新的原则：评价应是可行的和有用的。所有这些原则都将贯穿于接下来的几章中。在本章中，我对这些原则进行了论述，以论证一套被称为学习故事的评价框架。接下来的 4 章都与教育实践有关。这些章节让我们看到了学习故事如何为不同早期教育机构所用，也讨论早期教育机构为了让学习故事融入当地的学习场所做的改变。学习故事评价程序中的 4 个 D 构成了以后几章的主题：描述、讨论、记录和决定。

第七章

描　述

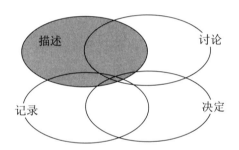

以下 4 章内容主要来自 5 个早期教育机构的教育实践工作者们在探究如何使用学习故事进行评价的过程中的经验。一些曾经参与某个学习评价研究项目[①]，之后又开始实施学习故事的早期教育中心也提供了实例与评论。当教育实践工作者遇到学习故事这种另类的评价方式时，他们曾经深信不疑的

[①] 接受政府经费支持的新西兰早期教育机构需要记录评价。1996 年《理想中的目标与实践修订版》（DOPs；the Revised Statement of Desirable Objectives and Practices）中有以下与评价相关的内容。第一，教育者应该展现对每一个儿童学习与发展情况的理解，识别出每个儿童的学习目标，并运用这些信息制订计划、评价和提升课程。第二，教育者实施的课程和评价实践应该反映儿童学习的整体性，反映儿童、其他人及学习环境间互动互惠的关系，吸引家长 / 监护人参与，适当的时候还可以让儿童身处的大家族（延伸的家庭）参与进来，强化儿童视自己为能干的人和有能力的学习者的自我认知。第三，教育者应为家长 / 监护人提供讨论的机会，适当的时候还可以为儿童身处的大家族（延伸的家庭）提供讨论的机会……定期正式或非正式地讨论他们孩子的进步、兴趣、能力和发展的领域，分享经过具体的观察得到的证据（New Zealand Ministry of Education，1996b）。1998 年，这些理想中的目标和实践成了强制性的目标和实践。

许多与学习和评价有关的观点受到了挑战。他们所经历的和我在第一章中提及的我自己质疑已有（与评价有关的）假设的过程完全相同。同时，他们也在不断研究可能让这种新的评价程序为他们所用的方式。实施学习故事这套评价实践与 4 个过程相关：描述（本章）、讨论（第八章）、记录（第九章）和决定（第十章）。描述就是对学习进行界定，发展和应用与当地存在的学习机会相关的构想。讨论就是与其他教师、儿童及其家人交谈，以发展、证实或质疑某一种解读。记录就是用某种方式把评价记录下来——文本、照片和 / 或收集到的作品。决定就是决定下一步做什么：自发的回应，以及非正式或正式的计划。这些评价过程并不一定是按顺序发生的。一个成年人可能会对学习进行描述（"这是一个承担责任的例子"），然后不经过讨论或记录，成人就会决定如何回应。许多评价并没有被记录下来，也并不是所有的评价都会与别人讨论。一个观察可能会被记录下来，并有可能成为讨论的催化剂。这 4 个过程也会重叠交织在一起，正如本章开头那张图所暗示的，讨论常常与对学习的描述或决定下一步如何做有关，记录则为讨论提供了话题，在记录中加上家人的声音就很像讨论了。

本章的主要内容涉及教育实践工作者对儿童的学习进行描述，在他们所处环境中应用有助于学习的心智倾向各个领域并积累丰富的实例。对学习进行这样的描述给教育实践工作者们带来了以下挑战，而这些挑战也是最让他们感到兴奋的。

- 将关注点转移至欣赏儿童长处和儿童正在做的事情上，而不是关注儿童做不到的事情。
- 开展能反映所处环境中的学习机会和课程的结构化观察。
- 把准备好、很愿意和有能力置于前景和背景的位置。

关注长处

学习故事描述的是充满成就感的片段：感兴趣，在参与，遇到困难和不确定情境时能坚持，表达一种想法或感受，以及承担责任。我已经提到过，关注长处适用于对心智倾向的各个领域进行形成性的评价，因为这种关注心智倾向的评价框架把各种学习倾向和意图——或者说，准备好——放在最显著的前景位置。某种学习倾向和意图就成了儿童所拥有的参与机制中的一部分，并与他们作为学习者的自我认知整合在一起。在要入小学时，杰森视自己为一个有能力解决问题（遇到困难不言放弃并享受困难）的学习者，他能在自己擅长的领域指导他人。随着越来越多的早期教育中心开始尝试学习故事这种评价手段，我发现，当他们在描述学习时，最先吸引他们的是在观察中关注长处这一点，这与他们在早期教育和保育中所扮演的某个角色相关：不去评判儿童，而去发现他们想要的。另一方面，他们有时也表现出一些焦虑，因为这种关注长处的评价似乎有要求教育实践工作者忽视消极行为的可能性。这时候，他们需要理解的是积极和消极行为的心智倾向性本质。

　　我与某一个早期教育中心教育实践工作者的早期对话反映出了他们面临的一些困惑，如哪些观察到的片段是可以被描述为学习的？他们还认为评价就是描述需求和缺点。另一个与评价有关的假设就是认为评价之后必须通过教学（说教式的教学）来纠正缺点。在早期，教师们所持有的观点似乎就是这样的，但是，对任何一种评价来说，这种观点都是不适宜的。

　　　　"不好意思，因为……（我们）不评估儿童，真实的儿童。"

　　　　"不，不是作为个体。"

　　　　"不，所以它（评价项目）没什么用处。好吧，我的意思是，它对于早期教育中心或者其他任何东西来说都没有用处。"

　　　　"我们的目标不就是让孩子们获得一些成就吗？因此，从这个意义上说它们没有什么保留的价值。"

　　　　（研究者）"你做哪些方面的评估呢？关于你们的课程吗？你评估什么呢？"

　　　　"我们评估的是……我们是否有效地维持着和覆盖了我们的政策所要求的那些游戏区域。那是……"

　　　　"所有的孩子都参与。"

　　　　"所有的孩子都参与，并且有机会去尝试……他们能够选择的活动……"

　　　　"因为我们没有什么明确的目标。"

　　　　"是的，不过，因为我们不想，所以我们并没有试着让任何一个孩子去获取某些特定的技能和目标，只是学习任何……他们能够学习的东西。"

"是的。所以我们能够做的计划就是提供机会，让孩子们体验这些机会，并到达他们可以到达的各个阶段。"

有人反对成人根据成就或目标（儿童有可能实现不了某些目标）来描述儿童的学习，因为对于某些成人来说，这一观点与评价的核心有关。然而，后面的对话转向讨论学习的"取长"本质。

"它没有说明'他能……''他不能……''他能做……不能做……'。"

（研究者）"这就是你不想用它的原因吗？"

"是的。事实上这并不是一个真正的评估。"

（研究者）"不是。"

"它只是一个观察……然后你重新思考，然后你评估。"

学习故事不会把孩子们的经验碎片化，关注的是积极的经验而不是"找缺点"，这些是托幼中心的教师们所喜欢的，也是教师们在早期关注的兴趣点。

> 劳拉：比起其他方式来，我当然更喜欢它（学习故事）的观察方式。因为之前，或许是我无知，当我们使用其他表格时，我完全摸不着头脑。
>
> 简：不过，我觉得信息太多了，除非你真正懂得如何使用它，否则太容易陷入那种找缺点式的、负面的观察方式了……

帕特（Pat）通过回顾自己作为家长的经历来强调她的观点，那就是关注长处的重要性："我真的特别热爱这种方式，因为（在学校时）她的确需要那种鼓励，鼓励她从她的优势出发学习——而不是她的缺点。学校几乎都是以缺点为起点。"他们和布鲁斯一起工作的经验（上一章中有相关论述）也支持了这一观点。

在对学习评价进行研究的后期，许多教育实践工作者把颇具吸引力的取长式观点与更为复杂的、正在发展的某个心智倾向结合在一起。后者给了前者力量，而关注长处的价值也成了教育实践工作者在论述自己支持学习故事的理由时经常提及的一个关键特征。

反映所处环境中学习机会和课程的结构化观察

如果说学习评价研究项目的第一阶段点燃了教育实践工作者记录和分享积极经验的热情，那么第二阶段就需要利用所处环境中的学习机会和课程将那些观察到的东西结构化地组织起来。总的来说，这是一个更为困难的过程。许多教育实践工作者要么习惯于用老套的语句来总结，如"具备较好的社交技能"，"一个快乐的注意力集中的学习者"，要么就是常常撰写详细的、松散的和未分析的"实景记录"（running records）。教育实践工作者们对于这种需要提供一连串特定学习证据的观察过程并不太熟悉。其中一个教育实践工作者分享了以下观点。

> 当你看着一个孩子画画时，（运用"实景记录"时）你会说，"这个孩子用他的左手拿起了画笔，画横线或是画圈"。然后我发现，对于类似的事情，（运用学习故事时）你可能会这样想，那个孩子以前并不怎么画圈，这是刚刚发生的，于是你可能就会说："看呀，你知道吗？这个孩子开始用画笔画圈了，他已经意识到可以用颜料画出不同的图画。"是的，这非常好……还有注意力。

刚开始，教育实践工作者对学习的描述是与所处环境中的学习机会相关的。参与研究的托幼中心就是一个很好的例子。一开始，这个托幼中心的教师使用了一种学习故事表格，表格里包括两个紧密联系在一起的内容——接受挑战和当困难出现时仍然坚持，其他还包括发现兴趣、参与和接纳另一种观点。经过 3 个月的尝试，他们决定将表里的小标题《接纳另一种观点》改为《承担责任》，并将"接受挑战"和"当困难出现时仍然坚持"合并到一起。儿童用一系列方式表达自己的想法和感受是学习的另一个重要方面，也是他们想要在评价过程中体现的。我们的学习评价研究项目采纳了这些想法。这个托幼中心的教师还拓宽了对"承担责任"这一内容的描述，它不仅包括互相留意和倾听，也包括用多种方式为课程负责：选择一首歌或者一个故事，决定应该有哪些活动。为其他人的身心健康负责是教师和孩子们都非常重视的，大量的学习故事都对此有所记载。当这个托幼中心的教师对"感兴趣"和"在参与"进行描述时，他们强调的是适应和应对变化。这也反映出了这家托幼机构的一些特点：全日制托幼中心，从两岁以下组过渡到两岁以上组，以及从家庭过渡到托幼中心。接下来，我们将分析这个托幼中心里的教师是如何描述和参与有关的每一类机制的。

发现兴趣

有一些孩子会很迅速地从一个活动换到另一个活动，或者仅在一旁观望而不愿开始下一步——参与。此时，教师会试图发现孩子感兴趣的话题或活动（也包括感兴趣的人）。

- 感兴趣的东西。5 个学习故事都表明詹姆斯（James）对卡车和拖挂车、挂上拖车，以及往卡车、拖挂车和手推车里装东西特别感兴趣。
- 感兴趣的话题。一个孩子对兰格努伊（Ranginui，天空之父）和帕帕图阿奴库（Papatuanuku，大地之母）①的故事特别感兴趣。一位教师带来许多相关的图书，读了好几天，她记下这个孩子的想法和特别感兴趣的部分。在教师会议上，她说："我对他的记忆力感到非常惊讶。"
- 体现个体差异的信号。罗伯特对可能会弄得乱七八糟的游戏（messy play）很感兴趣，但是却不想弄脏或弄湿衣服。老师们讨论了怎样才能让他参与游戏。他们决定为罗伯特降低"乱七八糟的游戏"中的不确定性，邀请他参与准备手指画颜料的过程。这个计划非常成功。
- 活动。谢莉（Shelley）刚刚升入两岁以上组，她似乎常常在一个地方玩一小会儿，然后很快就转到了另一个地方。老师们希望能记录下她由感兴趣转变为参与的过程，他们计算了她在一些活动上花的时间。几天之后，他们发现玩水是谢莉玩得时间最长的活动。

在第三章中，我从人工制品、活动和社会群体 3 个层面分析了孩子们的

---

① 天空之父和大地之母都是毛利文化中的神。——译者注

兴趣。在学习评价研究项目中，我们发现，社会性意图或社会身份认知层面的兴趣似乎很少得到明确描述，教育实践工作者更容易注意到的兴趣点往往与人工制品或活动相关。

在参与

这些早期的心智倾向领域（感兴趣、参与）常常是孩子适应集体生活时的一部分内容，经常会被用来描述孩子们刚刚进入无论是两岁以上组还是两岁以下组时的经验。"他们刚来的时候，总是站在后面，不愿意参与。"一位教师如是说。即便是来了一段时间的孩子，也需要不断地确认周围环境是可以信任的，而刚刚进入两岁以上组的孩子们也常常会被邀请回到他们所熟悉的两岁以下组中。教师们试图发现以下几点。

- 阻碍孩子参与的因素。罗伯特和朗依（Rangi）都对乱七八糟的游戏很感兴趣，但是都不想被弄脏。
- 带来安全感的特殊衣物、玩具或仪式。不满两岁的泰瑞（Terry）必须穿着他的雨衣或者将雨衣放在身边才感到安全。学习故事中记录了他的变化，他变得越来越不依赖他的雨衣了。教师艾达（Ada）说："他是十分在意他的小雨衣的，如果有人不小心碰到了他的衣服，他会把它穿上或者夹在腋下……任何人碰了它，他都会尖叫……但是他现在好多了，发生类似的事情时，他已经不会有这样的反应了。所以，我觉得，这表示他感到这里足够安全了……他几乎不怎么担心了。"
- 大多数孩子会参与的那些活动的特点。谢莉参与玩水游戏，是因为水好玩，还是因为附近有一个熟悉的成人，抑或是因为有一个特别的伙伴陪着她一起玩？有的孩子不喜欢跟一大群人一起玩。讨论雷（Ray）的学习故事时，一位教师说："因此，我觉得大组活动不好……就像成年人。我的意思是成年人也不喜欢它（大组活动），对吧？所以它并不太好。"
- 让孩子不断前行的挑战。罗伯特已经准备好面对使用剪刀这一挑战，这是一个"明显"的活动，因为它可能取得的成功是显而易见的。比利（Billy）会长时间参与一些存在一定"危险性"的技术活动（雕刻和木工）。

- **特殊的人**。塔尼亚（Tania）在骑自行车时可能需要芬（Fern，老师）在身边陪伴，鼓励她持续游戏。在下面这个学习故事中，芬记述了有助于学习的心智倾向的 5 个领域，它们的顺序为：感兴趣→在参与→在困境中坚持→表达她的想法→承担责任。

塔尼亚正在户外和大孩子们一起骑车。她看见一辆无人使用的车，便跑了过去，眼看就要拿到车了，另一个孩子过来把车骑走了。塔尼亚看着我，希望我可以帮她拿到车。我告诉她，再等一等，很快就轮到她玩了，现在可以另外找一辆车。她骑上了另一辆自行车，紧紧地跟在那个孩子后面，留心看着她的一举一动。那个孩子终于停了下来，下了车。塔尼亚跳下她的自行车，骑上了这一辆。她看着我笑了，然后骑车走了。

在困境中坚持

有许多种方法可以描述遇到困难或不确定情境时还在坚持的儿童。这类描述的一个特征就是——通常那是一些儿童和成人能很容易感受到成功的活动：纸剪了下来，钉子立起来了，拼图拼完了，球投进篮筐了。教师们试图发现以下几点。

- 不确定情境或困难对于每个儿童来说意味着什么，（从他们对参与情况的描述可以了解）允许儿童犯错误或冒险的情境是什么样的。
- 帮助儿童应对挑战的方式。在一次木工活动中，罗伯特和乔迪（Jodie）一致认为，如果没做成的话，都是因为工具不好，而不是技术人员的问题。
- 在儿童学习中加入挑战、困难或者不确定性的方式（利用已经收集到的与儿童兴趣和参与有关的信息）。

表达一个想法或观点

托幼中心的教师们对于这个领域学习的描述有一个特征，那就是这个领域的学习给他们带来喜悦。在一个会议中教师们提到了一个学习故事，故事讲的是一个孩子全神贯注地和两只泰迪熊——他的"双胞胎"——一起玩。有人问他它们从哪儿来，他回答说："你知道吗？这可是你在商店里买不到的。"（笑）教师们试图发现以下几点。

- 孩子们用来交流想法或感受的"一百种语言"（瑞吉欧·艾米莉亚地区的教育实践工作者们提出的一个概念，Edwards，Gandini and Forman，1993）：词语和韵律、图案、姿势、歌曲、数字、艺术和文学。琳（老师）为凯特写了这样一个故事："5 个孩子坐在长凳上……凯特说'有 3 个女孩 2 个男孩'（纠正老师）。"
- 这些语言中存在的不同程度的难点。为了回应 A 小朋友，教师们通过头脑风暴想出了一些新的韵文和新的带韵律的图书，并且仔细了解他对韵律的兴趣是如何发展的。
- 体现孩子们经过深思和创造性运用语言和进行沟通的故事，肯定童年期的本质就是创造和想象。

肯尼（Kenny）和玛利亚（Maria）的学习故事既描述了他们在困境中的坚持，也描述了他们是如何表达想法的。

> 在困境中坚持→表达他的想法（肯尼）
> 我们看到肯尼坐在帕特办公室里的椅子上。
> "肯尼，"我说，"请出去，这里是帕特的办公室，她的椅子对你来说太大了。"……（稍后）我发现帕特办公室的门又开了。我往里看，看到肯尼站在一张小椅子上（显然他用这张椅子帮助他打开了门），玩着帕特桌上的打孔机。帕特的椅子（那张"太大"的椅子）已经被推到窗边。

在困境中坚持→表达她的想法（玛利亚）

她拿出两块半圆形积木，拼在一起变成了一个圆圈。拿出一块长一点的弧形积木，试图把它放在上面，然后试着再加一个小一点的半圆形积木。稍后又把两个半圆形积木摆在一起，拍手。接着，把小积木堆起来，当它们倒塌时大笑。过了一会儿，再搭，仔细地把积木摆成长方形。

承担责任

在托幼中心里，这一领域被拓展了，不仅包含体现共同关注和分担责任的学习片段，还包含儿童作为托幼中心群体成员所承担的责任。有一些故事是关于这个托幼中心里成人和儿童共同参与的活动的，有一些是讨论同伴间合作的（在教师会议上，教师们在讨论约瑟夫的学习时有这样的评论，"他不懂如何与其他人商量，以争取到玩一次的机会……但是很多两岁的孩子知道怎么做"），也有很多故事是关于孩子们如何为彼此的身心健康和舒适感负责的。教师用以下方式对 "承担责任"这一领域的学习进行描述，他们寻找那些能让这样的学习故事出现的情境。

- 成人—儿童合作完成任务。
- 同伴合作完成任务。如凯特和詹姆斯共同 "驾驶"一辆他们合作搭建的公交车，在沙坑里一起玩，互相推秋千，一起观察瓢虫。
- 对其他儿童的身心健康负责。莎莉把比利带走，为他拿来创可贴，他也向她解释冲洗伤口的重要性；弗雷迪（Freddie）帮助迈克（Mike）进餐；对谁没有来园和谁的妈妈生病了很敏感；帮助年龄小的孩子；安慰伤心的孩子。

　　莎莉很担心尖叫着的比利，她问他："卡梅隆用他的锤子打到你了吗？"我解释道："没有，他用锯的时候弄伤了自己。"她说："我去给比利拿创可贴来。"他们一起离开，比利向她解释他需要先去冲洗伤口，然后再贴创可贴。

- 为课程承担责任。在莎莉把儿童介绍给参观者们后，有儿童自己去上厕所，弗洛拉（Flora）组织了一次绘画活动，艾丽卡（Erica）组织了一个小团队给植物浇水，凯特组织大家一起做运动。

其他早期教育机构对学习的描述

这些有助于学习的心智倾向领域在其他早期教育机构里会有不一样的描述。比如，项目中有幼儿园关注的焦点是一个制作大门的项目。艾伦参与了这个项目，教师和儿童共同计划在栅栏的缺口处建一个大门，这样就能将户外活动场地分成前后院了。孩子们想要给大门画设计图，他们花很长时间观察木工是如何工作的，在设计桌边忙碌着。这些都在告诉教师，儿童的兴趣是什么。教师们认为，孩子们画的设计图促进了他们的参与和思考。5月份，教师们探讨了这个项目是如何帮助珍妮参与创造性工作中的，一位教师说，它"让她动起来"，另一位教师说："我觉得做设计这个过程可能也有帮助。"

> 研究者：跟我说说这件事吧。
>
> 教师：我们之前从没让孩子们计划他们将要做什么，从未让他们坐下来思考他们要做些什么。如果你读过设计图上的内容，你就会发现他们真的在思考。你问他们："你觉得这一块是什么呢？""哦，它是用来放你的脑袋的。"我确信他们并不只为了回答我们的问题而找出一个答案的……他们已经在学习真正去思考他们在做的事，也变得越来越明确……木工也是……他们到储藏室里寻找他们想要的木料，他们真的在思考他们要做什么，而在以前，他们只是将两块木料摆在一起，除非是在这方面特别擅长的孩子。（教师团队会议，5月16日）

在这个项目中，孩子们正在解决的是同样或者相似的问题（为栅栏的缺口设计一个大小合适的门）。因此，孩子们经常从彼此身上寻找灵感，而对这个项目进行分析的一种方法就是成为一个能够共同关注、合作解决问题并进行讨论的合作型团队。由于早期教育机构中课程特点的不同，对承担责任的描述，也发生了转变。

在家长合作式早期教育机构中，"坚持"被描述成"再来一次"。在一次家长会上，一位家长讲了这样一个故事。

> 每个人都在跳舞……她也正在努力地尝试。她已经跨出了旁观者一步，正在进行尝试……那儿有一群跳舞的人，他们扶住彼此的腰……她在那儿看了他们很久，突然，她真的走近了他们……她鼓起勇气走在他们旁边……她真的和他们一起跳进了圆圈，然后开始拍手，因为他们正在拍手……"再来一次"也是坚持，不是吗？

有一个值得关注的讨论是关于问题和挑战的区别的，"困难"和"问题"是应该避免的东西吗？在探讨一个孩子玩黏土的学习故事时，有人这样说。

> "就这件事而言，困难是一个很强烈的字眼……与其说它是个问题，不如说它是一个挑战。"
> （研究者）"所以，它并不一定是我们所认为的那样，是一个问题。"
> "就好像有什么不好的事情发生了一样。"
> "这是个问题，但是，我们常常在脑海中将问题归为一些不好的事情。"

这让我想起了一所位于赫特福德郡（Hertfordshire）的小学对学习的描述，那是德拉蒙德（Drummond, 1999）一篇论文中的主题。安娜贝尔（Annabelle）老师的教学主要围绕她所说的"工具性词汇"（tool-words）来组织。

> 在她的教学法中，第一个变得重要的词是"问题"。几年前她发现，如果他们正在发展的词汇中少了这个词的话，那么当孩子们遇到问题时，他们并不能重视到底发生了什么……一旦她的学生们理解到问题（与朋友意见不同、在用积木搭建时遇到一个技术性难题、观察大自然时产生困惑）是对他们创造能力和变通能力的挑战，是能够去品味、探究并最终解决的，他们就很少会选择逃避问题，放弃他们正在进行的项目，或者借用成人的权威来平息争议。（p.11）

学习故事的一个目的就是把安娜贝尔老师所说的"工具性词汇"介绍给

孩子和成人，这些词汇包括兴趣、参与、困难、不确定性、责任。

负责管理旗下所有家庭式托幼中心的托幼服务基金会对家庭式托幼中心提出的一项要求就是，教师们每天都需要在儿童情况记录本上做记录。这样做的目的是与"家长 / 监护人和看护人员共享信息"，它必须每天在家庭和家庭式托幼中心之间传递。为比婴儿大一点的孩子做的记录有：①医疗信息和意外事件（这些也被记录在医疗记录本和老师所做的意外事件记录本上）；②日常信息，如简短的饮食记录，或者入睡的时间和睡眠时长，一天中发生的任何家长 / 监护人可能会感兴趣的活动或事件。最后这项记录要求是我们学习评价研究项目感兴趣的一项内容。这所家庭式托幼中心的教师乔治亚（George）每天都会对活动进行记录，以下内容是从他们为马修（Matthew，3 岁 10 个月时开始上这个中心）和吉尔（Jill，两岁 11 个月时开始上这个中心）所做的儿童情况记录中摘取出来的。在这个家庭式托幼中心里，在困境中坚持被描述为目标明确的活动，同时以下这些故事也对它进行了刻画。

- 对某些事情感到困惑：问许多问题。

马修　5 月 16 日
（在玫瑰园中）他问了我好多关于小公牛雕像的问题：它是怎么做出来的？他们是先把混凝土倒下来吗？他对小公牛雕像产生了强烈的好奇心，在它身上花了好多时间。

马修　5 月 20 日
马修问："当我 40 岁的时候，爸爸会是几岁呢？""77。""那当我 40 岁的时候，吉尔会是几岁呢？"经过讨论，他算出来了，是39 岁。

马修　5 月 27 日
开车去乐福利①。"乔治亚，恐龙是怎么灭绝的？"真是太出乎意料了，谁来帮帮我！我回答："因为天气变得太冷了，它们没有了食物。"吉尔说："所以它们不会复活了。""不会了，我们只能在图片、录像或者电影中看到它们。"

---

① 地名。——译者注

- 感到困惑：作预设，解决，利用一个故事或片段作类比来回答成人的问题。

> 吉尔　8 月 11 日
> 午饭后，依偎在沙发上听完故事——是从图书馆借来的一本关于等待新生儿的新书。"我阿姨的肚子也是这样的，这个宝宝是……（找不到合适的词）。"于是我们一个个词猜。"男孩？""不是。""女孩？""不是。""你知道的，乔治亚，这是劳拉的宝宝，但是，我的……""哦，表弟。"我说。"对，对。"她对亲戚关系很清楚——已经基本理解了"谁是奶奶的儿子和女儿"这类问题。有一次我说"双胞胎"，她回答："我爸爸！"

- 应对不确定性：有许多关于马修刚来幼儿园和如何适应的故事，还有两个故事是关于吉尔和她的担忧的。

> 吉尔　5 月 28 日
> 在可爱的木偶戏中，每个人都有一次操作木偶的机会——真是可爱。吉尔戴着老鼠面具，这对于在一个月前还非常害怕这个老鼠面具的小女孩来说是很不可思议的。她愿意看这个面具，但一旦戴上它的时候，她一下子又变得焦虑不安了。

> 吉尔　5 月 19 日
> （吉尔遇到了一个和她同名的婴儿，她对于这个不确定的情况感到十分困扰）给婴儿吉尔（8 周左右）拿去我们为她编的帽子时，我们的吉尔（3 岁左右）变得非常困惑："她不是我，对吧？""她会长得和我一样大吗？""她像我一样有爸爸妈妈吗？——但不是我的爸爸妈妈，是她的吧？"

年龄较小儿童的表达方式主要为非口头语言。在家长合作式早期教育机构里，家长们就会讨论如何描述发生在年龄较小孩子身上的"表达某种观点"的那些时刻。能够传达信息的面部表情被认为是与之相关的。"当他们发现了什么时，他们的脸庞一下子就明亮起来，他们会微笑，他们……你知道他们明白了。他们看着你时，就仿佛在对你说'哦！'。你知道，这全写在他们脸上。"吉娜（Gina）说："有些孩子（这些孩子不经常与人沟通）

自从上学期开始就逐渐地开朗起来，我觉得这非常好。我已经写了几篇相关的故事，也将他们的话记录下来……在为大孩子们写了一些学习故事后，我也想为年龄较小的孩子写学习故事，我已经写了两个小年龄孩子的学习故事了……记录了他们的一些表达方式，它是一条学习曲线。"

在家庭式托幼中心，对表达想法和承担责任的描述常常是在想象游戏和社会性角色扮演游戏情境里出现的。表达想法和承担责任是这类游戏的特征之一，正如马修、吉尔和莎拉（Sarah，乔治亚的女儿，2 岁）的故事所体现的那样。

> 5 月 13 日
> 这是一个令人惊讶的想象游戏。我走进了乱糟糟的缝纫柜，孩子们并不需要成人。这里有合作，从一个主题转到下一个主题——医生、复活节兔子、妈妈和爸爸、烘烤、生日会、购物、看录像，所有的活动都是假想行为。没有一个人是领导者。

> 6 月 27 日
> 彼得·潘是游戏的主要线索——我们看马修带来的彼得·潘的书，从这里飞到那里。和厨师彼得·潘、叮当仙女（莎拉扮演）、温迪（吉尔扮演）和虎克船长（我）一起在餐厅里玩，我们是群幸运的吃货：意大利冰淇淋、比萨饼、卡布奇诺，这些全是镇上最好的。随后，虎克船长进了医院。

> 7 月 29 日
> 马修和亚当（另一个孩子）在玩保龄球——吉尔将自己的孩子留给我照看，她则要去工作。她的工作就是看打保龄球。"你的工资是多少呢？"吉尔回答："7 美元一分钟。"

在家庭式托幼中心，承担责任也意味着与儿童家人和朋友建立联系。乔治亚总会记下儿童在一天中遇见的人或者来中心拜访的人的名字，以及他们之间的关系。

> 5 月 26 日
> 来自妈妈的记录：忙碌的周末……帮助 G 把公寓里的落叶弄进拖车。

来自 M 的回应：听到耙子耙落叶的声音,还听到说"可爱的乔伊"的声音。

我以为她说的"可爱的乔伊"是一个小孩子,直到我听她讲"它出去,在草坪上上了厕所""我们有时候会骑着羊出去拜访哈里和芭比"。妈妈的笔记解释了谁是"哈里和芭比",他们在哪里工作,羊住在哪里,而那个乔伊则是一只哈巴狗。

4 月 11 日
看到了一只贵宾犬从身边经过,马修说："它很像爷爷家附近的米蒂。"

在毛利语早期教育中心,有一个学习故事强调了他们在观察中所关注的,即表达性的语言往往是在熟悉的事情和日常活动中得到发展。

这一天,我们中心的孩子们参加了一次特别的外出活动——在教育学院这个新的环境里由专家陪同玩泥巴。一早上我们都忙着做其他事,对于孩子们来说非常重要的常规活动——早茶被忽略了。早上晚些时候,一个只有 20 个月大的小孩找到了一些勺子,举着它们向我走来说,"E to matou matua"①。这是我们每次进餐前进行祷告时所说的第一句话,我们立刻意识到早茶还没有吃。她的行动是在告诉我们："也许我说了餐前祷告的话后食物就会出现了,因为我好饿。"对于我们成人来说,这件事让我们意识到了常规性语言（在现实生活有意义的环境中反复出现的语言）的重要性,而这也是儿童发展的一部分。

最后,在另一个很晚才引进学习故事的中心里,教师们所写的故事似乎与公平有关。以下是一个故事的摘要。

今天下午,戴维（Davie）一度非常心烦。我问："怎么了,戴维?你为什么心烦?"他告诉我,他伤心的原因是有人说他不能去玩海盗船……维多利亚（Victoria）说她也被排除在外了。我说："现在,

---

① 毛利语。——译者注

这艘船还需要一些帆，谁愿意帮我做一些帆呢？"（教师和两个孩子一起工作，将布料钉在船杆上，并装饰它们，后来又来了一些孩子帮忙。然后，他们组成一个小组，一起将新的帆竖在了海盗船上，并附上提示："每个人都可以上海盗船。"）第二天，教师写道：我注意到今天被排斥的孩子变少了——戴维一直没有被排斥。戴维在船上玩得很开心。

前景和背景

对学习的描述包括第二章中介绍过的把心智倾向的 3 个维度——准备好、很愿意和有能力——分别置于前景与背景的过程。在这里将结合一个幼儿园的项目来具体介绍此过程。这家幼儿园的大门制作项目发生在教师们调整课程以聚焦于 3 个特定的学习成果时：①质疑，遇到困难及不确定情境时能坚持；②体验并擅长运用多种媒介表现自己的想法（表达想法）；③合作（承担责任）。教师们对心智倾向的 3 个维度都很感兴趣：准备好（意图），很愿意（与课程相关，在这里就是大门制作项目），有能力（儿童正在习得的知识和技能储备）。用此框架对这个项目的分析见本章末的表 7.1。

孩子们参与的大门制作项目中的一个小项目或许可以用来阐释这种分析方法。

一天早晨，4 岁的恰塔画了一幅设计图，这幅图随后被称为"聚会大门"。这个设计包括许多垂直的线，顶端有横梁，还有围绕着横梁的一系列笑脸。然后她和另外 3 个 4 岁的小朋友（其中包括她的姐姐）用硬纸管制作这扇大门。他们用胶带将管子搭成了网状，然后添加了用贝壳和羽毛做成的笑脸。珍妮想要加入这个小组时，恰塔同意了，并且说："我现在是你的朋友了。"一位教师和研究员跟他们聊起了这次活动。恰塔告诉大人们，她和她的伙伴们正在"为我们这些人做一个大门"。她解释说，"人们是站着的"，而且如果他们跌下来"掉到水里，一张开嘴就会死掉"。她补充道："这是一场聚会。"

准备好

对于恰塔和她姐姐（她们是新移民）来说，"如果孩子们（'我们这些人'）从门上跌落就会溺水"似乎是非常重大的，孩子们正在复杂的想象中工作，并发展出用个性化的、非同寻常的、精心细致的方式做一个大门的想法。

图 7.1   恰塔"聚会大门"

- 面对困难能坚持。恰塔以前从来没做过大门（她曾经设计过一个更早期的、外观传统的大门，但是决定不去实际制作它）。这并不是一个常规性的活动，而是一个自主选择的、自发的、非同寻常的活动。
- 沟通与承担责任。3 个孩子平时经常在一起工作，但珍妮是这个团队中的新成员，恰塔对她表示了欢迎，并且给了她一个角色。

很愿意

有两件事情在同时进行：富有想象力的故事情节以及复杂的建构。

- 感兴趣和参与。幼儿园中的材料能激发孩子们复杂的、持久的兴趣。最后完成的大门有着精细的结构，有许多笑脸贴在顶端（笑脸是画在她们在幼儿园找到的白色贝壳上的，还用小羽毛当头发、帽子）。
- 在困境中坚持。以成人的视角来看，这是一个有难度的任务，包含建造、图案和测量。此外，发展出一个与建造有关的持续的故事情节也是一个挑战。

- 沟通与承担责任。这是一个合作发展的故事情节，也是一次合作建造过程，这依赖的是人与人之间互利互惠的关系。

有能力

- 沟通。教师也在记录恰塔第二语言的发展和数学能力的发展——在此就是测量和图案——技术、绘画、社会性角色扮演和讲故事的能力的发展。在这个活动中，我们没有看到关于协商和小组计划的观察记录。

总　结

这些学习故事展现的是在不同的学习场或者心智倾向性场域中，针对某个心智倾向领域的关键特征的描述是不同的。这一点在对"承担责任"这个心智倾向性领域的描述中表现得十分明显。在托幼中心里，关心别人的身心健康并为课程承担责任受到高度重视。在幼儿园里，教师对孩子们分享想法、参与活动及小组项目尤为感兴趣。在家长合作式早期教育机构里，成人记录的是合作游戏中的学习片段，而在家庭式托幼中心，这些合作游戏片段通常是在社会性角色扮演情境中发展的。对于沟通和承担责任这两个领域，毛利语托幼中心的教师们对不同的语言类型或者大孩子用来照顾小孩子时使用的妈妈语（mothernese）很感兴趣。记录与更广泛的朋友和家人有关的故事是家庭式托幼中心的鲜明特征，他们正在建构的是一个超越家庭式托幼中心环境的更广大的社区学习资源。这些评价实例呈现了在不同的学习环境中对参与进行的描述有多么不同。同时，正如大门制作这个大项目中孩子们所设计和制造的充满创造性又各不相同的大门（许多孩子们设计制造的大门并不适合装在栅栏上），孩子们也在进行着他们自己对学习的描述。

教育实践工作者用体现优点和长处的词汇来描述学习。他们描述（并记录）儿童在心智倾向 5 个领域中的学习成就，这是因为教师们希望这类体现了他们学习成就的情境能够经常发生，从而变成学习的倾向、意图和设想。总的来说，"准备好"被置于前景位置，但成人也评价支持学习的环境及孩子们在知识和技能方面的储备，正如恰塔建造大门这个故事所呈现的那样。

表 7.1　对制作大门项目进行分析：准备好、很愿意和有能力

有助于学习的心智倾向领域	准备好	很愿意	有能力：知识储备	有能力：技能储备
感兴趣	儿童提出问题，参与项目，根据个人意愿独立设计（随后建造）大门（如聚会大门、电动门）。学习者对此项目感兴趣，并与自己的已有知识相联系。	儿童观察木工制订计划和设计栅栏的过程。很显然，栅栏需要一个大门。这个项目成了"我们在这里做什么"的关键特征。家人们对学习故事都很感兴趣，儿童也被允许设计他们自己的大门。	关于门的知识储备：建造门所需要的材料，门的功能，与其他门的类比，关于建筑的信息资源。	阅读计划或图纸，识别一幅画或照片的主要特征。
在参与	儿童每天都会参与项目。有些儿童花好几天时间建造一个大门。有些儿童建造了一系列大门，解决了相同的问题或是新的问题。一些儿童邀请其他人加入他们的小组。学习者的参与持续了一段时间，并发展有创造性的想法。	在很长一段时间内，儿童能够参与复杂程度不同的活动。学习故事记录了这一参与过程。这个主题让儿童可以把自己的想法和兴趣带入到这个项目中。	有关安全使用木工、计划、木工工具、材料的知识。理解不同的设计构想和它们的功能，如对角支撑、铰链和门闩。	钉钉子，拧螺丝，做支架，组装，测量，计划，锯……密切关注；设计和建造的对称和平衡；发展富有创意的设计（如大门）。

有助于学习的心智倾向领域	准备好	很愿意	有能力：知识储备	有能力：技能储备
遇到挑战、困难和不确定情境时能坚持	儿童寻找问题和解决问题，识别错误，并改变设计。学习者在遇到困难和不确定情境时能坚持，创造性地解决问题。	有很多复杂的问题正等待着被解决：设计、测量、装铰链、装门闩、上升和下降（火车道口的大门）。儿童和成人分享各自的想法以解决问题，常常会使用墙面上展示的学习故事。	与有可能会碰到的一系列问题相关的知识，知道大家都是如何解决这些问题的，例如装铰链和门闩。解决方法通常会包括对测量这个概念的理解。	认识到错误是成功解决问题过程中的一部分。通过调整和使用手边已有材料来解决问题（如用长条形的皮子制作铰链）。
表达一种想法、感受和观点	这个项目的一大特征就是围绕设计和功能展开的自发性讨论。学习者用一系列方式表达他们的想法。	儿童能够使用他们自己特有的"语言"：颜色、木料或电线或硬纸管、争论和协商。相关的评价突出了这一点。	木工和手工艺者所做的工作：建造大门的木工、帮助孩子们完成最终大门设计的手工艺者。	运用口头语言和其他语言的技能以及表达方式日益复杂，包括画画和用一系列材料制作模型。
承担责任，采纳另一种观点	儿童以小组为单位一起工作，协商解决方案，倾听各自的声音。他们分享想法。学习者承担责任，倾听其他观点。	教师鼓励小组项目，分享他们的想法。墙面上对项目发展过程的记录展示了一系列不同的观点。儿童讨论哪些内容可以放入自己的学习成长档案，并口述照片和自己设计图的内容。	女孩也能成为木工（在这里，这与平等有关）。知道合作的机会以及分享各自想法的价值。	合作的技能，欣赏其他人的想法和技能，倾听和考量他人的建议。

第八章

讨 论

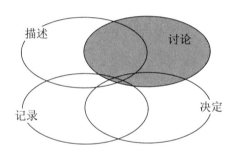

    讨论，是学习故事4个D评价程序中的第二步。在这一章里，教育实践工作者与同事、儿童和家庭成员围绕儿童的评价和学习进行讨论。围绕非正式评价与正式评价展开的讨论能够帮助"我们"（托幼中心、幼儿园、一年级班级）理解"我们"正在建构的是一个什么样的学习共同体。我们和儿童讨论他们的行为或行动，这些讨论有时候可能并不像是在评价，但是其中却常常会含有一些很有影响力的判断，这些判断包括我们认为这些行为或行动中哪些是有趣的，哪些是有价值的，坚持是否适宜，以及谁拥有权利和责任。讨论也会让我们所做的判断和评价公布于众。下一章的主题——记录——使得评价公开化和永久化。评价也是为早期教育机构所属的社会群体而存在的（外部机构也可能看到这些被记录下来的评价）。因此，探究如何让评价的公开化提升有助于学习的心智倾向，而不是减弱或者破坏它们，是非常重要的。

    在参与学习评价研究项目的5个早期教育机构中，教师围绕学习故事所进行的讨论（和其他教师、儿童和家长进行讨论）主要出于以下目的。

- 就一些观点达成共识。
- 让儿童了解什么样的学习在这里是有价值的。
- 寻求儿童对自身学习的看法。
- 把家庭纳入学习和评价过程中。
- 决定下一步可以做什么（第十章的主题）。

本章将探讨前 4 个目的。

就一些观点达成共识

在前一章中，教师围绕学习故事评价几大领域的内涵展开了讨论。在托幼中心，教师认同"应对变化"是"感兴趣"的一个重要方面，而"承担责任"的一个核心特征是照顾其他儿童。在教师会议上，很多讨论似乎是为了就这些观点达成共识。从表面上看，在讨论的过程中，他们是在制订计划，把学习故事作为计划制订的依据，然而，教师们也在建立一套共享的、重要的学习观，他们将这些观点应用于支持个体儿童的学习中，也将这些观点应用于课程中。下面的文字摘自托幼中心教师们的一次讨论记录。

围绕"感兴趣"和"在参与"进行的讨论

项目初期，在一次会议上，教师们讨论的主题是 2 岁的罗伯特的进步。上一次开会时，教师们已经讨论了很多罗伯特的学习故事，并且进行了总结。在本书的第二章中我们已经认识了罗伯特，一直以来他都不太愿意参与活动，喜欢看别人玩"乱七八糟的"手指画，但是自己并不会参与。自从一位教师让罗伯特参与准备手指画颜料后，他决定参与了。在教师制订计划和对学习进行回顾（促进他参与活动的计划和回顾）之间有两个星期时间，其间，罗伯特继续参与"乱七八糟的"游戏，也会在沙坑里玩了。这次讨论中教师们做出了以下评论。

"他更有信心加入活动了，他自己做选择。"

"他仍然是这样，第一次接触时他总是寻找朱莉（Julie，老师）。和你在一起他真的很舒服，对吗？"

教师们讨论了罗伯特早上来园时最愿意见到的是哪些教师，一旦他与其中一位教师有了接触，他就安心了。有一位老师分享了一个故事，以前她觉得自己很难与罗伯特交流，但是最近有一次他们却"聊得很开心"。"参与"对于罗伯特来说，除了加入活动，还意味着做出自己的选择，并把寻找朱莉老师作为寻求安全感的起点，然后再拓宽让他感到安全的成人圈。教师们其实是在讨论对罗伯特来说一个"安全的"环境是什么样的，也就是让他觉得可以参与其中的环境是什么样的。同一次会议上，教师们还讨论了另一个 2 岁孩子的兴趣："她今天很有趣，不是吗？"欢声笑语中，教师们讲述了在睡觉时这个孩子想穿和脱自己鞋子的故事，对她来说，这是一项新技能。

围绕"在困境中坚持"进行的讨论

需要聊聊肯尼了，教师们觉得他需要一个挑战。一位教师说："我觉得他的优势是他的幽默感。"另一位教师说："是的，但是如何能让他发挥幽默感呢？"教师们讨论了一会，然后共同认为肯尼的幽默感与"横向思维"有关："（他认为）他要用不同的方式去做，不管是对还是错。"

于是，教师们决定要丰富物质环境中的各种挑战，并突出环境中存在的不同选项和选择。他们讨论了如何改变环境。一位教师提到了她参观过的坐落在附近小镇上的一家托幼中心。"我们去了那个中心，那是一栋像这座房子这样的老式建筑，户外的地是平的，但是它们提供的挑战却令人惊叹。比如说，他们用木板平铺了一层，用碎树皮铺满了，真是太棒了，设计得非常好……嗯，用的都是废旧物品，它就是一个可以爬越的废旧物品堆。"教师们回忆了以前设计的在户外摆放的具有挑战性的设施和活动，也讨论了这些设施和活动存在的问题及优势。肯尼的主要看护者说："好的，我需要丰富物质环境中的挑战。重新设计、摆放具有挑战性的设施，用上木板以及梯子，用多种方式利用大型的户外建构材料。"

教师们还讨论了帮助约瑟夫（Joseph）顺利升入两岁以上课程的计划。乔蒂（Jodie，他的主要看护者）的观点非常有意思——她了解他，试图准确地描述他。她说道："这样的讨论真好，因为当你找不到合适的词来形容（他）时，其他人却说了出来，你会觉得'是的，就是这个词'。"她想表达的是约瑟夫不会解决问题。这时，就有人插话说他是还不知道如何运用试误策略，只是等着成人来帮助他。"试误"已经是与"在困境中坚持"相关的词汇了。

围绕"表达观点"和"承担责任"进行的讨论

然后，讨论转向了比利。有人说："比利下午告诉我说他今晚会去哪儿，周末会去哪儿……（最后他说）'唉，太难说清楚了'。"（笑声）这位教师还讲了一个罗丝承担责任的故事。

> 内尔划伤了比利的腿，然后比利和罗丝就过来找我。"内尔划伤了我。"其实并没有……只是有一个很小的印……然后我说："哦，你需要去拿一块冰布。我不能和你一起去拿，但是罗丝你能带比利去吗？""来吧，比利"（老师模仿罗丝的声音），然后他们俩互相搭着肩一起走上了楼梯。

另一位教师接着讲述了后来发生的故事："她给他拿到了冰布，并把布放在他的脸上……"第三位教师补充说："是的，他们走到餐桌边时停下来，告诉我发生了什么。"罗丝承担照顾比利责任的故事并没有被写下来，但是现在它成了大家共享的与这个托幼中心里儿童有关的故事的一部分，也成了教师们共享的有关"承担责任"的理解。

让儿童了解什么样的学习在这里是有价值的

家庭式托幼中心使用的记录本在正式让大家了解什么样的学习是有价值的方面起了一定的作用，例如分享蜡笔，帮助他人，给出建议，聆听和尝试。

非正式的反馈也向儿童传递了成人对于他们作为有能力的学习者的期望，以及重要的心智倾向，而很多学习故事中也包括了这样的反馈。一盘录音磁带中就记录了毛利语早期教育中心老师塔胡（Tahu）在木工桌边鼓励皮克（Piki）认真观察后自己尝试的故事。

　　塔胡：这是你的，这是你要去做的，你有什么想法？（暂停）……
这是你要去做的。

梅里·斯克利特-怀特对这个故事发表了如下评论。

　　整个学习持续了将近一个小时。皮克在完成任务过程中表现出了坚持、忍耐、交流、问题解决的技能，在制作车的时候，在用铅笔在木头上画的时候，在粘轮子的时候，等等。这些行为背后以及所有与其他孩子和成人互动中，都体现出皮克真正想要继续下去的意愿。

在制作车的过程中，皮克意识到，当他让车四轮着地站起来的时候，他把一边的车轮粘在了正确的位置即底部，但是另一边的轮子却粘在了错误的位置即顶部。他花了一点时间查看，然后他把一组轮子从一边拿下来，选择新的轮子并重新粘合它们（用胶枪把轮子粘得非常结实，塔胡老师专注地看着他操作），这样他的车就有两组粘在正确位置上的轮子了。皮克完成了他的任务，并让他的车四轮着地站了起来。这时，塔胡老师请其他成人来看皮克的作品，这个举动其实是在认可皮克在这个学习故事中所付出的努力。

　　一位成人：是的，它是两面的。
　　另一位成人：真像一辆车，不是吗？

　　然后，皮克把他的车开到木工桌的另一端，在那里，他开始着手用颜料给车涂色。

寻求儿童对自身学习的看法

　　这是一位成人（我）和4岁的哈里（Harry）间进行的一次讨论（一部分），这次讨论发生在制作大门这个项目过程中，本书第七章对这个项目的一些细节进行了描述（在第三章中我们也认识了制作大门的艾伦）。我们正在看他的学习成长档案，他对一些照片发表了自己的评论。哈里能谈论他曾遇到的困难，并且知道教师（和研究者）认为他的坚持很有价值。

　　我：（指向一张照片）你说你会把它（你想做的下一个门）做得更小一点，这样你就可以在一天内完成。多大？

　　哈里：是的。艾伦想做一个更大的门，但是我不想做那么大的。

　　我：不和艾伦的一样大？

　　哈里：嗯，他做了个更大的，比我的那个大的门大。

　　我：好吧。他做的时候遇到困难了吗？

　　哈里：哦，他没有，他没有装上四边。（停止）可能他忘了。

　　我：可能他忘记了。

　　哈里：一定是忘了。

　　（哈里画给我看艾伦的门是什么样的，然后给门画了四边）

　　我：是这样啊。那你就把尺子放在边上，然后画上四边。如果制作大门的话，你会先做什么？你会先做十字架那一部分吗？

　　哈里：哦，我会好的，哦，会的，当我做那个门的时候（指着他做的一个门）。

　　我：是的，另一个。

　　哈里：当我做那个门的时候，（我：是的）我首先做四边。

　　我：哦，你这样做了。你认为这是最好的方法吗？

　　哈里：是最好的方法。这不是最难的，不是最难的部分，别的部分是最难的。（我：哦）当我钉钉子的时候（最难）。

　　我：钉钉子是最难的部分。

　　在另一个场合，哈里为他想要做的门画了第二张设计图，顶部是波浪形的。它包括一个钩子，一个对角支撑的板子，两个铰链。他在家做了这第二个门，然后把它带到幼儿园，试着装在栅栏的缺口处。他描述了装铰链有多困难，并且说如果他再做另一个门的话，他会做一个小的，这样"今天就能做好了"（别的门要好几天），"我会放一块像这样的小平板"（指向另一个顶部平平的门），"有点像西恩做的另一个门……他一开始做的那个门"。他又进一步画了一幅设计图，这一次是用电线来制作模型的计划。他开始设计一个用电线制作的模型，但是不知道怎么在设计图中画出波浪线："我受够了，我明天再画完它。"他做到了。

在儿童口述评价时寻求他们对于学习的看法是显而易见的，例如，哈里和艾伦口述了他们对学习成长档案里的照片和设计图的注解（在第九章中可以看到艾伦的评论）。在家庭式托幼中心里，吉尔口述了想要在她的记录本里记录下来的事情，她口述的过程也让我们看到了她是如何看待这些事情的。

吉尔眼中的家庭式托幼中心的一天

（向母亲口述）

6 月 12 日

我们去了健身房，在那儿玩，拿了一些气球——把它们举起来（边说边演示），把气球向上扔（手臂在头上舞动），拍气球，跳兔子舞，用气球做尾巴。在健身房里，乔琪（Georgie）帮我吹气球。

在我们出去前，我们做了很多很多很多（妈妈写了一些点，来说明更多的"很多很多"）。

我们去查特韦尔（购物中心）买了些牛奶。马修和我很懂事，但是莎拉有点像傻傻的小孩子，她的妈妈有点伤心。马修和我——我们是懂事的大孩子。

我们在乔琪那里玩了泰迪熊游戏。

在第二天的记录本中有来自乔琪的回应：还不错的总结。

吉尔在这里描述了 4 个事件：在体育馆，在家（我做了很多很多很多），在购物中心，在乔琪那儿（我们玩了泰迪熊游戏）。第三个故事相当有趣。它的主题是把"马修和我是懂事的大孩子"与有点傻的小莎莉相比较。在这里，乔琪被称为"她的（莎拉的）妈妈"，而在其他故事里，她就是"乔琪"，这是融进她故事里的新知识，来自几天前在车里的一段对话。马修说"你已经有了两个名字，乔琪和妈妈"，然后他们又聊了关于儿子、孙子、女儿的话题。最后，吉尔评论说成人"变得伤心"而不是"生气"，这证明了朱迪·邓研究中对小孩子的描述（吉尔在口述这一故事的时候还不到 3 岁），她发现一个小孩子可以在熟悉的情形中采纳别人的观点。我们不能低估记录本对于这种能力发展的作用，例如，记录经常评论的不仅是儿童的感受，还有成人的感觉（在一个记录中，乔琪提到健身房老师玛丽因为他们不能继续去健身房了而感到很"伤心"）。在第二章中引用的尼尔森有关社会分享事件在认知和语言发展中的作用的评论（"只有在社会分享中持续叙事，儿童自己和他人的价值才会是显而易见的"）支持了这一结论。寻求儿童对于自身学习的看法和让目标更明确可能会有让儿童自我意识过强的风险，如坚持会成为一个"行为"目标（而不是内在动机的目标）。然而对于吉尔来说，以家庭为基础的学习故事提供了一种关爱文化，在这些故事中，人们互相关心和关注是非常重要的，吉尔的学习故事说明她至少占有了这一关爱文化中的某些内容。

把家庭纳入学习和评价过程中

在托幼中心，教师们开始探索让家庭可以更多地参与学习故事这套学习和评价程序中的机制。尽管在研究的早期阶段，系统地和家庭沟通评价是怎么回事并不是目的，但这一直是托幼中心长期计划的一部分。托幼中心的教师们进行聚焦式重点观察并把它们用于计划中的能力已经有了很大提升。有很多讨论是关于和家长分享观察的价值。简是这样评论过去他们所做的评价的。

> 你知道有很长一段时间，我们所做的评价真的没有（让家长融入）。家长排在评价过程中的最后一位，如果他们幸运的话，他们可能会看到结果，上面写着，你知道的，类似于我们评价了你的孩子，这样那样这样，这是他们现在的水平。但是，这些都没用。

有一位教师的孩子也在这个托幼中心学习，她分享了在阅读自己孩子学习故事时的乐趣。另一位教师朱莉说，有一位新来的家长问是否会为他们的孩子做记录，她描述了孩子以前所在托幼中心的记录系统，"老师们在小小的记录本上把发生的事情记录下来……孩子离开托幼中心时家长们可以保留这些记录本，并且可以随时随地阅读这些记录本"。朱莉认为学习故事与记录本很相似，也可能会给家长带来同样的好处。她追忆说，她真希望自己孩子小的时候也有这样的记录，然后我们讨论了录像带的作用："能清楚地看到你不在那里时孩子是什么样的是非常好的一件事，因为家长离开时看到孩子开始哭泣，他们可能就会觉得孩子们在这里会一整天都很伤心。"家长开始对学习故事产生很大的兴趣，托幼中心随后向家长发出了一份问卷以获得他们的反馈。一位家长这样写道。

> 学习故事对我孩子的学习和发展进行了深刻的记录。学习故事也记录了我错过的"宝贵时光"，因此从这一点来说，学习故事是有趣的。它们也让我确信老师们思考的是整体的学习情况，让我知道老师们有监控我儿子进步的方法。学习故事还是一个很好的促进家长和老师商讨儿童进步的催化剂，我喜欢它们。我知道老师写学习故事很耗费时间，但是我认为它们是很重要的，也是值得的。

另一位家长作了如下评论。

> 学习故事让我看到了孩子的长处和兴趣，让我可以允许他在家更独立，让我们能在家里更多谈论已经发生了的事情，也能让托幼中心发生的学习得以在家里延伸和拓展，让我们觉得有"归属感"。

评价正在建立的是更为广大的托幼中心、家庭和社区共同体，即使大多数家长做的是全职工作，没有更多的时间在早上来园或下午离园前与教师们进行讨论。

在家长合作式早期教育机构里，一些家长说他们喜欢阅读别人写的关于他们孩子的故事。尽管格里塔（Greta）想强调她的观点是成人不应该干预儿童的发展，她还是高度评价了她女儿在与别的成人讨论这一方面的进步。

格里塔：我觉得你确实能看到你的孩子在做什么，以及他们是如何与别人互动的······我认为，从家长的角度来说，学习故事真的很好，因为······它似乎是在帮助儿童，不仅仅是让儿童发展，而似乎是和他们一起在游戏中工作······这很有趣。在上个学期，我就看到了莉亚（她女儿）在和别的家长讨论事情时的进步有多大，这真的很好。

另一位家长吉娜说的不是很具体，但她似乎对她女儿的学习有了新的了解。

吉娜：我真心认为洛儿（Lou，她女儿）在这个托幼中心成长得很快。当我读了一些关于她的学习故事后，我发现她学的东西真的比我实际想的要多很多。

瑞伊（Rae）喜欢学习故事，因为她所重视的东西也是学习故事认为重要的。

瑞伊：作为一位家长，我很喜欢读自己孩子的学习故事。我了解我的孩子，但是我不知道别人如何看待她。作为一位家长，我想要了解别人是如何看待我孩子的。我儿子在学校里收到的学习报告是成绩导向型的，但是如果我读到一篇关于我3岁的孩子如何合作游戏的学习故事的话，我会感到非常愉快。我能看到当我不在那儿的时候她是什么样的，没有我在那里她有什么反应。每个人都喜爱读那些令人愉快的故事。对我来说，看看别人如何看待她真的是很有价值——我不关心她是怎么拿剪刀或者铅笔的，我对那些不感兴趣。学习故事让我看到有人是真心对你孩子感兴趣的。

她又补充说学习故事也有助于反映出小年龄儿童的学习情况。

瑞伊：当我们终于能够为孩子们写学习故事的时候，我们这些小年龄孩子的妈妈真的很兴奋，我们常常不知道如何关注这些小孩子——年龄更小的孩子。

在前一章里，我提到家长合作式早期教育机构有一位家长讲的一个故事，一个孩子努力加入一群较年长孩子的舞蹈活动中。她补充道："再试一次，那也是坚持，不是吗？"

在家庭式托幼中心里，儿童记录本是讨论的催化剂，也是家庭式托幼中心里的老师乔琪与孩子、家庭成员之间对话的记录：记录和讨论融为了一体。家庭式托幼中心及在里面生活、学习的人就成了一个大家庭。儿童记录本是三方沟通的载体：乔琪、家长（通常是由妈妈写评论，但爸爸、兄弟姐妹和祖父母都会阅读）和孩子。在儿童记录本中，乔琪经常会以跟孩子对话的口吻记录和评论。晚上，和孩子讨论当天发生的事情时，家长常常会和孩子一起阅读儿童记录本。如果把孩子们自己在游戏中讨论或者取得成就的细节读给孩子听的话，孩子就会了解教师和家长认为学习中什么是很重要的。儿童记录本将一天的学习都呈现了出来，孩子们可以在家中回忆、回顾和讨论。同样，将发生在家里的事件记录下来也可以给乔琪一些线索，让孩子们可以在托幼中心一起回忆、回顾和讨论。选择写下哪些事件和如何评论能间接地强调哪些学习是有价值的，但我们也可以通过以下方式更为直接地强调学习中重要的内容：①直接把评论告诉孩子；②赞扬孩子；③为家长提供线索，提醒孩子演示或者回忆一些他们觉得特别有趣的事情。这里有一些例子。

- 直接把评论告诉孩子。

　　3月25日 用马修的蜡笔画画。谢谢可爱的马修的分享。
　　4月28日 在家里，马修向我们展示了他非常高超的骑车技术。真棒！
　　7月21日 来自吉尔妈妈的记录。吉尔有点不愿意分享她的自行车，我希望这不会带来更多的麻烦。
　　7月22日 来自乔琪的记录。谢谢你可爱的自行车。大家在上幼儿园前都有机会骑了一下，你真是可爱的、爱分享的吉尔。

- 间接告诉家长自己的评论，赞扬孩子。

　　3月12日 马修很善于帮助女孩子们翻页（听《黑黑的故事》这本有声读物时，有一面磁带是没有翻页提示音的）。
　　5月19日 健身房。刚刚过了4辆消防车。健身房大厅里响起了错误的火警警铃声，所以，我们不得不帮助玛丽（托幼中心健身房协调员）在延误之后重新布置场地。更多地做向前、向后的动作，努力在跳跃和摆动的时候转身。玛丽说马修有良好的倾听技能和尝试技能。他总是愿意试一试，结果也常常是美好的。跳绳是很有趣的尝试。

5月26日 马修告诉吉尔需要在一个碗里混合她的烘烤原料，然后她选择了一个小碗。马修说，"那么多，需要一个更大的碗"，非常有逻辑性和实用性。

6月4日 上午的茶点时间，有很多关于字母的讨论，现在她不知道的字母已经很少了——真聪明——3岁就可以上学了？！

- 给家长提供线索帮助儿童回忆或者展示。

5月20日 让她唱这首歌给你听。吉尔很快记住了曲调和歌词，并且喜欢和别人一起唱，也喜欢自己一个人唱。

5月22日 （马修的记录本）在幼儿园吃午饭。我们参加了坐在地毯上进行的集体学习时间。这一周他们一直在讲《我去动物园》（*I went to the zoo*）这本书，用了很多手语。请马修向你展示狮子、猴子、乌龟、鳄鱼以及"我知道"的手语是什么样的。

5月22日 （吉尔的记录本）在地毯时间，他们读故事《我去动物园》，每天讲故事时都会用很多手语。我不知道吉尔会记得多少手语。他们做的手语有狮子、猴子、乌龟、鳄鱼、大象、颜色、"我知道"和动物园。

当家里发生了令人兴奋的事件时，乔琪也给家长提供支持以帮助儿童应对这些事件，如马修在家人的婚礼中扮演了一个角色，吉尔平静应对爸爸妈妈卖房子的过程。

3月25日 马修很高兴能够参加斯图尔特（Stuart）的婚礼并住在宾馆里……穿上从百货商店买来的黑色鞋子和衣服。周末愉快，差点忘记了，"乔琪，你知道吗？黛儿会打扮得非常漂亮，她是伴娘"。

8月11日 （吉尔的记录本）妈妈写的记录：房产代理说明天是最后期限。吉尔已经开始走到哪里都带着她的钱包，说不定会看到一个我们想要买的漂亮的房子。想到有人可能会睡在她的房间里，她就会变得很伤心。来自乔琪的记录：很有趣，吉尔只谈论了奶奶新房子里的"可爱老巨魔"（吉尔给她的爷爷起的昵称）。甚至是今天在我很小心地询问她时，她没有提到她的房子——事实上她转换了谈话的主题。谢谢你给我们提供的这个信息，我们会和她好好聊聊，以帮助她度过这段卖房子的时期。

儿童记录本常常是充满感情又很有趣的记录，是儿童所处的两个"单位"在一起进行合作和讨论，共同为儿童提供早期教育和保育，共同庆祝儿童获得的成绩和发展的里程碑，并且鼓励儿童学习。讨论是教育和保育中很重要的一部分。

总 结

这一章突出强调了在用学习故事进行评价时，教师、儿童和家长一起对学习进行讨论的过程。这种社会共享活动丰富了教育者对学习、对有助于学习的心智倾向以及他们与儿童互动的理解。参加了托幼中心的工作会议后，我在现场记录中写了如下文字。

> 很难对这些讨论的质量和热情进行公正的评价。这些老师在和儿童辛苦工作一天后来参加晚上召开的会议，然后开始用儿童的学习故事对学习进行回顾并制订计划。他们讲述一些有趣的小故事，对写下来的故事进行补充，分享其他故事，就这样，交流开始变得生动、有趣，充满感情。老师们也会讲消极的故事，而其他人经常会对这些消极故事作一些积极的注解。

这样的讨论其实就是在合作建立一个学习场，感兴趣、在参与、在困境中能坚持、表达自己的想法和感受、承担责任都是这个学习场的关键特征，而每一个不同的早期教育机构都对这些关键特征的内涵有着自己独一无二的定义。这一章也概述了儿童如何了解什么样的学习在这里是有价值的，以及用何种方式寻求他们的看法。家人们可以了解更多他们的孩子正在学习什么的信息，在家庭式托幼中心和家长合作式早期教育机构中，家长们还拥有发言权。在其他早期教育机构中，教师们也开始思考如何让家庭更多地参与到评价过程中。在所有的早期教育机构中，家长都充满热情地阅读他们孩子的学习故事，也经常为学习故事做出自己的贡献。

第九章

记　录

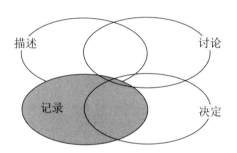

　　记录是 4 个 D 中的第三个 D，就是指把学习和评价用一些方式写下来或者记录下来，有可能包括收集来的带注解的儿童作品。本章想要论述的是：关注学习故事中的记录能让我们聚焦于儿童学习中那些重要特征，也能为真实评价儿童的学习提供强有力的支持。记录能为教育实践工作者改善评价形式和结构提供实例。教育实践工作者需要注意的一个问题是，记录会花费时间，但所花费的时间将由记录本身的教育价值来平衡。这一章中收录了一些教育实践工作者对这个问题的回应。他们说，如果记录是愉悦的，是融入每日活动中的，是能为促进儿童学习和为家庭提供反馈信息的，那么，写学习故事所花费的时间就是值得的。

　　一旦评价被记录下来，那它就不仅仅是公开的，同样也是永久的，不同的受众就可以读到它们了。4 类潜在的不同受众是儿童、教育实践工作者、家庭和社会机构。为一类受众所收集到的评价又可能被其他受众解读或者评判，然而第二个受众可能并不了解与最初的评价相关的背景信息或者讨论。打印出来的文本有一个特性，就是不容易因为人们的口头讨论而改变。此外，评价也可能让其他人在很久以后都能读到它们。在家庭和社区层面，学校的评价通常是总结性的：为家庭而准备的总结，（评价）系统和 / 或者总结是现成的，以便外部机构对一些法规条例的实施情况进行监控。虽然出于这种目的进行的总结性评价一直是学校教学实践的特征，但是，早期教育机构并不能不加思考地全盘接纳这种评价方式。或许通过另一种形成性的评价所获得的来自于两类"内部"受众（儿童和教育实践工作者）的证据，可能为"外部"受众（家庭和外面的机构）提供更为准确和真实的解释。当然，各类受众是不同的，适合一类受众的评价并不一定适用其他受众。比如，儿童是一类受众，但是在早期教育阶段和入学后的第一年，他们不太可能接触到书面的评价。

　　参加学习评价研究项目的教育实践工作者们对以下几个主题很感兴趣，这些主题也是他们经常辩论的。

- 记录的理由。
- 让记录成为行动中的学习者重要组成部分的方法。
- 多元化的评价形式。

记录的理由

　　许多评价并没有被记录下来，因为这些评价发生在教学过程中，是教育实践工作者对于儿童的回应：对儿童或学生的学习进行解读和评判，并在解读和评判的基础上采取行动。这种评价并不是事先计划好的，它们是自发的，通常由学习者发起的，是好的教学的一部分。戴维·普拉特（David Pratt）对此进行了很好的总结。

　　在有效的学习环境中，学生和教师都在试验、尝试想法、承担风险、克服困难、思考、反省、倾听、讨论、提问、搜寻信息，给自己和他人带来惊喜。这种环境的特征是有多元化的反馈途径。教育实践工作者搜寻、接收、注意和回应能够支持探究的信息，以及鼓励、确认和修正的信息。从最广义的视角看，这样的反馈就是评价。这样的反馈是最不正式的、在某种意义上也是它最好的状态，就是被悄无声息地编织进教室活动和互动中。而这种反馈最正式，但从某种程度上看也是它最不好的状态，就是将它与教室的环境和活动分开，并用仪式性的、恐吓性的方式进行反馈。（Pratt, 1994, p.102）

哪些反馈应该被记录下来呢（如果有的话）？正如一位在托幼中心工作的教师保琳（Pauline）所说："我不喜欢为了写而写，它一定是要有用的。"保琳的观点能够帮助我们从4类受众的角度来回答这个问题：社会机构、家庭、教育实践工作者和儿童。1997年，我和布朗文·考伊（Bronwen Cowie）列了一张表格，从4类受众的角度，对有关"为什么要进行记录"和"为什么不要进行记录"的辩论进行了总结。表9.1是这个表格的改编版。

在表中，反对记录的观点集中在文字评价的不确定地位上。记录文档提供了在一个特定时间对所强调的学习成果进行的部分说明，能对（儿童）在一个地方参与路径的日益复杂化进行记录，但是，如果人们对所强调的学习成果的认知很狭隘的话，它可能无法成为预估未来可能遇到的困难或者成就的可信指标。对记录文档的理解需要和所处的环境联系起来。然而，家庭对所记录的评价可能会有所期待，希望评价可能预测一种稳定的（学习和发展）趋势，而社会机构可能也有相似的期待。在第一章中，我注意到，关于"哪些前学业技能是未来在学校里成功所必需的"这个问题的共识很少。在第二、第三、第四和第五章，我提出要从一个更广阔的视野来看这个问题，有助于学习的心智倾向，即一整套和参与有关的机制可能是关键性的。此外，（人们的）期望可能带来负面影响，正如我在第二章概述互动互惠的教与学模式时所评论的那样。彼得·布拉什福德（Peter Blatchford）等人1989年发现教师对于新入学学生的期望（与儿童实际的学识水平相对）与学生在校期间的成就有显著的联系，从教师的期望中可以预测学生的学习成就，而不是学生的能力。芭芭拉·蒂泽德（Barbara Tizard）和马丁·修斯（Martin Hughes）在1984年做的研究中指出，他们观察到托幼机构教师对来自工人阶级家庭的儿童提出的问题，要比对中产阶级家庭儿童提出的问题挑战性更低，大概是因为她们觉得这些儿童无法应对更高难度的挑战。然而在家里，工人阶级的儿童参与的是复杂和高要求的互动。布莱德坎普和谢巴德（1989，p.22）认为"家长的期望是对儿童未来学业成就的最有力预测"。帕米拉·弗洛姆和杰奎琳·艾克尔里斯（Pamela Frome and Jacquelynne Eccles，1998）在学校里进行的研究告诉我们，与孩子们的成绩相比，家长对于他们孩子的能力和努力的理解更能预测孩子自己对能力的看法，以及他们面对数学和英语中遇到的有难度任务的看法。记载着早期总结性判断的文本可能会给3类关键的受众（教育实践工作者、家长和儿童）带来消极的影响，尤其是当这些评判被认为有预测价值的时候。

表 9.1　面向 4 类受众的评价：为什么要记录？为什么不要记录？

受众	为什么要记录？	为什么不要记录？
社会机构	评量绩效责任，确保有一套为儿童和家庭提供反馈信息的系统，确保追踪记录儿童的身心健康和学习。	外部机构可能仅需要证据证明拥有有效的系统，例如，有一些方法对（没有被记录下来的）反馈进行监管即可。
家庭	收到与他们孩子的身心健康和学习有关的反馈信息。 告知家庭与课程有关的信息，使家庭也能参与到课程发展中。 提供家庭有关儿童一日生活中的一些信息，使家长能和儿童以及其他家庭成员分享和讨论。	如果评价被写下来，家长可能会把短期的评价解读成长期的预测甚至标签。
教育实践工作者	了解儿童：写下观察、突出焦点。 了解儿童（写下来的观察记录能够成为合作讨论的催化剂）：为了催生可能与书面评价一致的或者有冲突的（但没有被记录的）和共享的观察。 与不同成人分享和这个儿童有关的学习信息：分享与下一步的方向和计划有关的想法。 建立一个有共同价值观的学习共同体：反思教育实践工作者在这里注意到的和认为重要的东西，以及他们是如何回应儿童的。	在一个特定时间进行的记录可能被认为是不确定的。 专业印象、判断和解释、自由的争论和表达可能没有被表现出来。可能会忙于书面记录。不能再对被记录下来的内容进行探讨。 自发的行为可能会受到威胁。 会占用成人与儿童互动时间：记录和回应很难同时进行，然而互动通常是学习中最重要的部分。
儿童	自我评价的机会：儿童参与高级别的评价。 儿童对于"在这里什么是很重要的"这一点越来越敏感。	儿童对表现导向的学习产生意识。 儿童不能阅读文字材料。

围绕记录进行的争论大多集中在视评价为一个形成性的过程，为当时当下的进步和未来的学习做出贡献。教育实践工作者尝试学习故事的经验显示，如果实例中把生成有助于学习的心智倾向置于前景的话，那么就有许多理由可以说服我们把一些评价记录下来。这种类型的书面评价能够为教育实践工作者提供讨论的催化剂，以帮助他们了解儿童，并且为下一步学习制订计划。这类书面评价帮助教育实践工作者建立一个拥有共享价值观的学习共同体，并将这个学习共同体延展到家庭。它们把从真实学习生活中衍生出来的积极期望和乐观精神置于前景。

保琳说："它让你更仔细地去看一个孩子，不是吗？"朱莉说："你发现了一些你好像知道但是从未真正考虑过的事情，你并没有真正针对这些事情采取过行动，但是当你坐在那儿观察的时候，一切都开始清晰了。"林（Ryn）提出了一个相似的观点："是的，我觉得你看到了更多，因为你在更为仔细地看孩子。"在家长合作式早期教育机构的一次会议期间，有人这样评论："这对于我们自身的学习也是有价值的，我们正在拓展我们看孩子的方式。"一些人敏锐地问道："（在这个过程中）我们是在评价我们自己吗？"艾丽（Elly）说："仅仅是看着孩子，不能让你确切了解他们正在学习什么，但是用一张纸写下来的话，你就能够看到他们到底在干什么。你更加能意识到学习过程是什么样的……挑战，是的，还有参与其中。所有这些关键词（发现感兴趣的事物、参与其中等）都能够帮助你发现你所要寻找的东西。"

让记录成为行动中的学习者重要组成部分的方法

记录日渐成为许多早期教育机构课程实施的一部分。记录也已经成为行动中的学习者不可或缺的一部分了。对于那些家庭和早期教育机构而言，这些故事已经成了文化产物和文学事件。儿童要求一次又一次地读这些故事。举例来说，有一所幼儿园，它引入学习故事的时间要远远晚于其他参与本研究的早期教育机构，但是发生在这所幼儿园里关于麦蒂（Maddie）和阿基拉（Akira）的故事却非常受人喜爱。下文就是这个故事（删节版），故事里也配有照片。

麦蒂侦察到幼儿园户外小屋的屋顶上有一个橙色的"蛋"。她赶紧去告诉老师。她急于将蛋从屋顶上拿下来。阿基拉听到了麦蒂和老师的对话后加入进来，试图将蛋从屋顶上拿下来。一开始，她们尝试跳起来去够它，但运气不佳。然后，她们爬到一把木头椅子上，试着够那个"蛋"，可那个"蛋"在她们可以摸到的范围之外。其他孩子过来给她们出了很多主意。麦蒂和阿基拉决定去拿一架梯子——依然够不着那"蛋"。讨论了一番之后，她们尝试用最长的那块可固定的木板。就这样，她们再一次进行讨论，又是一次不成功的尝试。坐在地毯上集会的时候，麦蒂向孩子们详细地解释她们尝试营救"蛋"的过程。她热爱她分享的话题。

第二天，阿基拉早早来到幼儿园，并且成功地将"蛋"取下来（故事里没有说是如何取的）。这个"蛋"其实是一把橙色的塑料勺。麦蒂来到幼儿园后，阿基拉冲向她并且宣告了他的成功。麦蒂完全不相信它是一把塑料勺，她断言"蛋"已经孵化了，小鸟已经飞走了。

随着时间推移，这成了一个开放式的问题——这真的是一个橙色的大"蛋"，还是一把塑料勺？如果是前者，那么它孵出了一只什么样的小鸟呢？

在幼儿园、在家庭式托幼中心，以及在毛利语托幼中心，记录文档同样成了行动中的学习者的一部分。毛利语托幼中心拍了很多照片，用简短的故事对这些照片进行注解，然后把它们变成了关于每一个儿童的书。这些照片也被贴在墙上。在这个以用毛利语与他人交流为主要目标的环境中，这些照片为儿童提供了可以与其他儿童进行讨论的语言资源。同样地，幼儿园把学习故事呈现在墙上：儿童利用这些学习故事讨论她们自己的或是别人的学习，也利用它们来获得新的想法。这些故事强调的是参与、计划、克服困难和坚持以及合作。这些呈现儿童学习的墙面展示也能在家长来接送她们的孩子时了解幼儿园课程是什么样的。一位教师做出了如下评论。

我经常看见家长们看这些照片……我看着他们，心想，噢，这真不错。我觉得他们不再认为孩子们在这里只是玩。你知道我的意思吗？我觉得他们（家长们）感觉到孩子们确实在做一些事，在学一些东西……有一些儿童，I 和 P，他们会指给家长看他们制作了什么。

这种认识在几个月后被确认了，在第二个项目（制作家具）完成之后，一位妈妈说"这些孩子们在学习的东西"让她感到"震惊"。这也让她相信女儿最新获得的自信意味着女儿上小学后也可能会做得很好。她表示，整个家庭包括祖父母都开始对幼儿园的学习感兴趣了，然而在这个项目开始之前，家里人更感兴趣的是哥哥在学校里的学习。

在幼儿园里，被记录下的评价也收集在学习成长档案中。学习成长档案经常被描述成一种有用的评价年幼儿童的方式。它们可以是总结性的作品集，也可以收集"正在进行中的工作"。因此，学习成长档案包括了以下内容。

- 由成人和儿童选择的作品，带有突出关键目标的注解。
- 儿童口述的评论。
- 由一次成像相机拍摄的作品，往往会加入儿童的解释或者口述的故事；也会拍普通的照片。
- 儿童间合作交流的对话记录：复印的，放在每个参与的儿童的学习成长档案中。
- 照片或儿童作品的复印件，这样的话，儿童就能够将原件带回家和家人们讨论。

儿童常常会问他们是否能够将复印件带回家，而不是原版作品和照片。在一个团队会议中，一位教师作了如下阐述。

今天，我想保留哈里的设计，但是他想把它带回家。所以我说好的，我们先把它复印一下，如果你跟我来，我复印给你看。于是他跟我来并且看到整个复印过程。我们需要复印两份，因为我们必须将它们接起来。然后我问他是否能够将它们接起来，他就去做了。我说"我会保留这个复印件，你可以把那份原件带回家"。他在所有事情完成后说："不，我想要复印件。"（大笑）

我们在第三章认识了艾伦，艾伦的学习成长档案中包含了以下这些故事。

8 月 15 日　大门的第一个设计。注：艾伦的第一个设计。
8 月 28 日　照片（艾伦的大门在自然角）。注：艾伦试着在栅栏的缺口中装他的大门，决定他的大门"装在栅栏顶部的话就够不到地了"。他在考虑做一扇"和栅栏一样大"的大门。他将大门和自然角中的一个柱子钉在一起，先仔细地测量大门柱子的长度，然后将它锯短一点。贝弗帮助了他。

8月29日　第二个设计的复印件，上面有测量数据。注：艾伦测量了缺口的大小以做出一个尺寸适宜的大门。

9月2日　注：艾伦用硬纸板做了一个大门的模型。他安静地、独立地工作着，尽管周围还有其他儿童在场。他遇到的一个问题是怎么让硬纸板条的长度适当，另一个问题是制作并且装上4条铰链。

10月15日　大门的最终设计，上面有测量数据。注：艾伦："大门上的线是向下的。你需要3条铰链。对角围住，有一把锁，顶部的数字显示的是一米宽。它和栅栏一样高。"

10月15日　提供给木工的大门设计图用了3条铰链和锁。

在这个项目进行之前，教师们的注意力集中在"需要"上。现在，他们将对"需要"的关注转移到学习故事希望他们关注的兴趣、参与、挑战（"困惑"）和合作上。因为在这个项目中儿童常常需要画画，所以这些儿童也参与了记录。

多元化的评价形式

"评价是行动中的学习者不可或缺的部分"这一关注点引导着教育实践工作者仔细思考评价形式。在过去一年多的时间里，教育实践工作者（常常是在专业发展培训项目里的教育者们的帮助下）已经改编和修改了他们的评价形式，让这个过程更有效，与他们每日的实践更一致，更频繁，看上去更专业。温迪·李——和教育实践工作者一起对评价进行研究的专业发展促进者——曾跟我说："空气中充满了兴奋之情。"有些学习故事看起来很令人惊讶。在有条件的早期教育机构里，教育实践工作者可以把故事存入电脑，扫描照片或者使用数码相机。对评价形式进行改变和修改一开始是发生在参加试点的早期教育机构里的，但是现在它已经成了很多早期教育机构都有的一个特征了。

起初，早期教育机构使用的是简单的A4表格，在一边写上了心智倾向的5个领域（表9.2和表9.3）。表9.2中的学习故事描述的是一个教育实践工作者和一个儿童之间的互动——发生在沙坑里的一个假想游戏。同一个孩子的其他学习故事记录了他和同伴的互动，以及围绕伊恩（Iain）对消防车和消防员的兴趣展开的社会性表演游戏。表 9.3 记录了理查德（Richard）的缝纫活动，这是一个让他能在早上来园时安定下来的活动。这个故事中记录了他最喜欢的颜色（红色）和早期读写技能。

参与研究的托幼中心的老师们把 A4 纸上的学习故事表夹在写字板上。她们每两周会选择三四个儿童，把收集到的这几个孩子的学习故事放入一个文件夹，然后在教师会议上进行总结，并在计划表上呈现出来。每一个儿童的主要看护人会负责收集该儿童的学习故事，但是每一个儿童都会有好几个教师在不同的情境中对他们的学习进行观察和记录。一开始，大家觉得对观察进行记录是很难的。朱莉指出要想准确捕捉（孩子们说的）话是非常困难的："等你要把它写下来的时候，你已经忘记了儿童刚才说的是什么了。"另一种对观察进行记录的方式就是和其他教师讨论。朱莉也想到了录视频。一直以来用录像机来记录每一个孩子的活动，这是特意为家长们做的事情（后来另一个托幼中心也开始做这件事，教师们开始思考如何在视频中加入解读和评论）。保琳认为把观察到的东西写下来是很有价值，但是她也补充道："把它录下来要比写下来更容易些……我曾效力过（执教过）无板篮球队，这就是我收集数据的方式。我从来不写下任何东西。"然而，教师对写故事越来越有信心了，并且更加确信这些故事应该是"简明扼要的""生动有效的"，并不一定要写得很长。用新的程序进行评价一年后，他们认为他们的学习故事表需要提供更多的线索。在一次教师会议上，我支持他们设计一个新的表格，如表 9.4。表 9.4 记录了玛利亚对积木、图案和圆圈的兴趣。这个表格包括一个较小的写故事的空间（可以在纸的背面继续写故事），也包括与每一个心智倾向领域有关的"线索和实例"。这些线索包括以下内容。

- 感兴趣：在这里发现对某一事物的兴趣——一个话题、一项活动、一个角色。识别出自己所熟悉的事物，喜欢不熟悉的事物。应对变化。
- 在参与：注意力持续一段时间，感到安全，信任别人。与其他人一起玩或者和材料互动。
- 在困境中坚持：设置或者选择困难的任务。在"卡壳"时（写出具体情况），使用一系列策略来解决问题。

- 表达一个想法或者一种感受：用一系列方式（列举），例如口头语言、姿势、音乐、艺术、书写，使用数字和图案，讲述故事。
- 承担责任：对其他人、故事和想象的事件做出回应，确保事情是公平的，自我评价，帮助他人，为课程做出贡献。

表9.2　学习故事评价表：伊恩在沙坑里

评价儿童经验的项目

早期教育课程中的发展线索	学习故事的决策点		学习故事
归属感	在这里发现感兴趣的事物	√	伊恩先给了我一杯茶——一个盛满了沙子的塑料杯，我说了"谢谢""真好喝"等话。然后他找到了一个大的圆盖子，他告诉我这是一个盘子。他在盘子里堆了很多沙子，说："这是你的生日蛋糕。"我说："看上去好好吃呀，有蜡烛吗？"伊恩又在顶上堆了一些沙子，说："这是蜡烛。"我说："这些蜡烛点着了吗？"伊恩抓了一把沙子，另一只手好像拿着一根火柴在抓满沙子的手上划了一下——很显然这是一个火柴盒！然后蜡烛点着了。我说："你会为我唱生日歌吗？"于是，他唱起了生日快乐歌，我吹灭了蜡烛。
身心健康	在参与	√	
探究	投入有挑战的活动和在困境中坚持	√	
沟通	表达一个观点	√	
贡献	承担责任	√	

姓名：伊恩

地点：沙坑

日期：1998年8月26日

观察者：普里西拉（Prisalla）

　　这种学习评价表格包括我们称为"短期回顾"的部分，观察者在这里对他们发现的这个故事的关键点进行概括。这个"短期回顾"里有一条线索：问题：我觉得什么样的学习在这里发生了？（如这个学习故事的要点）这样的表格里还有一处是"下一步呢？"。这是为了给教师提供近期指引，并促进计划的制订。这里提供的线索提醒教育实践工作者该评价方式对进步是如何的定义的。

表 9.3 学习故事评价表：理查德在缝纫

学习故事观察表

姓名：理查德　　　　　　　　　　日期：2000 年 2 月 7 日
地点：户外的缝纫桌　　　　　　　观察者：娜塔莉

归属感	发现感兴趣的事物	理查德不想让妈妈离开，娜塔莉建议他去缝一些东西。理查德觉得缝纫可能会很有趣。
身心健康	在参与	理查德向娜塔莉要了一些红色的毛线，然后就开始缝。他知道针需要在洞洞里上下穿。
探究	投入有挑战的活动和在困境中坚持	当他遇到困难的时候，他会请娜塔莉帮助，一直坚持到全部完成为止。
沟通	表达一个观点	他告诉娜塔莉"红色是他最喜欢的颜色"，他说那是弟弟的生日，所以他要写上"生日快乐"，还要画上他的弟弟。娜塔莉帮助他拼读出每一个字母。他能够自己写下"Happy birthday"（生日快乐）。完成后，理查德把他缝的作品交给娜塔莉，让她放在他的书里（学习成长档案里）。
贡献	承担责任	

表 9.4　学习故事评价表

儿童的姓名：玛利亚
日期：10 月 11 日
观察者：＿＿＿＿＿＿＿＿＿＿

		实例或线索	学习故事
归属感	感兴趣	在这里发现对某一事物的兴趣——一个话题、一项活动、一个角色。识别出自己所熟悉的事物，也喜欢不熟悉的事物。应对变化。	她拿出半圆形积木，摆在一起变成了一个圆圈。拿出一块长一点的弧形积木，试图把它放在上面，然后试图加上小半圆形。后来，又回到这里，把两个半圆形摞在一起，拍手。把小积木堆起来，当它们倒掉时大笑。过了一会，再搭，仔细地把积木摆成长方形。
身心健康	在参与	注意力持续一段时间，感到安全，信任别人。与其他人一起玩或者和材料互动。	
探究	在困境中坚持	创建或者选择困难的任务。在"卡壳"时（写出具体情况），使用一系列策略来解决问题。	
沟通	表达一个观点或感受	用一系列方式（列举），如口头语言、姿势、音乐、艺术、书写，使用数字和图案，讲述故事。	
贡献	承担责任	回应其他人、故事和想象的事件，确保事情是公平的，自我评价，帮助他人，为课程做出贡献。	

短期回顾	下一步呢？
对积木感兴趣，乐于把它们拼成图案和形状——回来进行第二次尝试。问题：我觉得什么样的学习在这里发生了（如这个学习故事的要点）？	和玛利亚一起玩积木。马赛克？圆圈？轮子？问题：我们可以如何鼓励这种兴趣、能力、策略、心智倾向，让故事 ● 更复杂？ ● 在课程不同领域的活动中出现？ 我们该如何在学习故事框架里鼓励"下一步"（学习和发展）？

一些早期教育机构只是在学习故事表中加入了短期回顾（表 9.5）。在这个实例中，有一个关于哈米什（Hamish）用多种方法表现他的宠物小狗的故事。这个故事写在了纸上，所以整个故事读起来是这样的。

哈米什已经缝了一只小狗，还用黏土做了一只特别棒的小狗。他很想再缝一只，就此他已经问了我好几天了。幼儿园太忙了，但昨天我终于说："好吧，哈米什——我们一起开启这个小狗项目吧——你来画一只小狗作图样怎么样？"他就去画了，一会儿带着画好的小狗回来了——不过已经到收玩具时间了！！！啊！我说："我们明天一定做这个！！！！"他："是的！"今天，我们都忘了！当哈米什想起来的时候已经 11：25。"噢，不，哈米什！明天一定要记得！！！！""把它写下来吧！"他说。"好主意。"于是，我们来到办公室，我在笔记本里写下了"哈米什的小狗——第一件事"。当我们走出办公室走向地毯时，哈米什转向我，手搁在屁股上说："你知道明天我要跟你说的第一件事是什么吗？？？""不知道。"我说。"看你的笔记本！"他说——我们一起大笑起来！！

其他早期教育机构里的教育实践工作者想要一个能贴照片的表格，温迪·李就设计了一系列这样的表格。她鼓励那些有电脑、扫描仪或者数码相机的早期教育机构直接用电脑写故事，然后插入图片。表 9.6 就是一个例子。它记录了阿什利（Ashley）参与一次版画印制活动的部分学习。版画艺术家访问了这家早期教育机构，教了孩子们一些版画制作技术。在之后几个星期时间里，一些孩子尝试制作版画。表 9.6 展示了阿什利在尝试制作版画时画的画。

对很多教育实践工作者而言，写东西是烦琐无趣的，但是在电脑上写故事却很令人兴奋。用电脑生成的表格进行评价是一种先进的技术，而且，也可能更容易让儿童参与评价过程中。在瑞吉欧·艾米莉亚，儿童使用了一次成像相机来记录他们的兴趣。数码相机有着和一次成像相机同样的优势——即时反馈，儿童也能够选择反映学习片段中关键点的照片，因此，这些照片也应该被收录到他们的学习故事中。

表 9.5　学习故事评价表：哈米什

儿童的姓名：哈米什
日期：2000 年 9 月 13 日
观察者：朱莉

		学习故事
归属感	感兴趣	哈米什已经捏了一只小狗，还用黏土做了一只特别棒的小狗。他很想再捏一只，就此他已经向了我好几天了。幼儿园太忙了，但昨天我终于说："好吧，哈米什——我们一起开启这个小狗项目吧——你来画一只小狗作图样怎么样？"他就去画了，一会儿带着画好的小狗回来了——不过已经到收玩具时间了！！！啊！我说："我们明天一定做这个！！！！"他说："是的！"今天，我们都忘了！当哈米什想起来的时候已经 11：25。
身心健康	在参与	
探究	在困境中坚持	
沟通	表达一个观点或感受	
贡献	承担责任	

短期回顾
在这个片段里，有很多特别棒的事情应该被注意到！
● 哈米什对创作小狗的持续兴趣——受他自己宠物狗的启发。显然他很爱他的宠物狗。
● 哈米什很乐意再次回顾他的进级经验。
● 哈米什有很强的幽默感！！！
● 哈米什很清楚地知道文字的力量和用途——把事情写下来帮助我们记住它，并且记得再去看和读写下来的事情！
问题：我觉得什么样的学习在这里发生了（例如，这个学习故事的要点）？

表9.6 学习故事表（含作品照片）

儿童：阿什利　　　　　时间：2000年6月　　　　　观察者：莱斯利

		学习故事	照片
归属感	感兴趣	阿什利积极参与一开始的讨论和随后的画草图活动。阿什利参与了有关昆虫秀的对话，她在5月30日去看了这个秀。	
身心健康	在参与	威廉姆（William）说要画一只瓢虫，阿什利说："我去给你拿一本书，我知道它在哪里。"阿什利离开去拿巴里·沃茨（Barrice Watts）画的瓢虫书，她把巴里·沃茨的名字也写在了她的画纸上。	
探究	在困境中坚持	阿什利参与了横着印还是竖着印的讨论，我介绍了"横向"和"竖向"等词汇。	
沟通	表达一个观点或感受	阿什利看着我在她的名字旁边写上数字"2"（我这样做是想表明这是她印的第二张画）。我讨论了two和to的不同含义，阿什利举了个例子："To Mummy。"（给妈妈）	
贡献	承担责任	阿什利一直独立地工作，自信地完成各个步骤。阿什利想出了一个主意，用小积木在边角上印制图案，于是就有了小积木边框。	

短期回顾	下一步呢？
☆阿什利表现出了对版画印刷项目长期持续的兴趣。 ☆阿什利取用材料，想出支持他人的策略，想出解决树脂边框角缺损这一问题的策略。 ☆阿什利很清楚地知道读写方面的联系。 问题：我觉得什么样的学习在这里发生了（如这个学习故事的要点）？	阿什利以前也参与过一个长期的印画项目。没准我们可以介绍另一种印画技术，如丝网印画。 问题：我们可以如何鼓励这种兴趣、能力、策略、心智倾向，让故事 ●更复杂？ ●在课程不同领域的活动中出现？ 我们该如何在学习故事框架里鼓励"下一步"（学习和发展）？

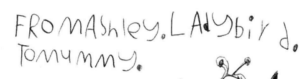

最后，温迪设计了两种表格，一为《儿童的声音》（表9.7和表9.8），一为《家长的声音》（表9.9）。儿童的声音包括一张或者一系列照片，或者一幅画，并且请儿童讲述相关的学习故事。表9.7中乔治亚口述了一个她画画的故事，表9.8中马修讲述了与其他儿童合作完成拼图的学习过程。一些早期教育机构鼓励家庭成员写学习故事——通常是针对一张照片或者一些已完成的工作进行评论。

达林（Dyrryn）的妈妈拍了一张达林站在他在早期儿童中心制作的信箱旁边的照片（没有收入本书）。这个信箱被安装在家里车道的尽头，家庭信箱的旁边。达林妈妈对此发表了一些评论（表9.9）。

表9.7 儿童的声音：乔治亚

儿童姓名：乔治亚
日期：2000年5月25日
教师：格伦尼

		学习故事
归属感	感兴趣	这些是肋骨，我的哥哥马修跟我说我们都有。这些是膝盖骨。这些是手臂和腿——那是骨架的脸。
身心健康	在参与	
探究	在困境中坚持	
沟通	表达一个观点或感受	乔治亚 9月17日
贡献	承担责任	

表 9.8　儿童的声音：马修

儿童姓名：马修
日期：2000 年 5 月 20 日
教师：格莱尼丝

		学习故事	照片
归属感	感兴趣	格莱尼丝跟马修一起谈论在马修拼拼图时拍的照片。 "我在找另外一块。" 格莱尼丝请马修跟她聊聊拼图。	
	在参与	"是关于消防车的……" "我觉得这是 C……（另外一个和他一起拼图的孩子）" "他在帮助我，因为我不会自己拼。"	
探究 身心健康	在困境中坚持	"他帮我拼，我帮他拼——我们一起拼完的。"	
沟通	表达一个观点或感受	"消防员在开车。一个消防员在爬梯子——有一个人在帮助消防员。"	
贡献	承担责任	"我还想再拼一次。" 于是马歇尔走到室内的拼图区寻找拼图。	

表 9.9 家长的声音

		实例或线索	学习故事
归属感	感兴趣	在这里发现对某一事物的兴趣——一个话题、一项活动、一个角色。识别出自己所熟悉的事物，也喜欢不熟悉的事物。应对变化。	人们发现达林在幼儿园、在进行言语治疗时和在任何地方都有了很大的进步。他做更多的事情。他总是能发现和帮忙做一些事情，例如在周末帮忙把梯子从格兰特的货车上卸下来。人们驻足看这个信箱。放学后，所有的孩子都停下来看它。
身心健康	在参与	注意力持续一段时间、感到安全，信任别人。与其他人一起玩或者和材料互动。	
探究	在困境中坚持	设置或者选择困难的任务。在"卡壳"时（写出具体情况），使用一系列策略来解决问题。	
沟通	表达一个观点或感受	用一系列方式（列举），如口头语言、姿势、音乐、艺术、书写，使用数字和图案，讲述故事。	
贡献	承担责任	回应其他人、故事和想象的事件，确保事情是公平的，自我评价，帮助他人，为课程做出贡献。	

总 结

当教育实践工作者发掘教育层面的理由，发掘让记录成为行动中的学习者不可或缺的部分的各种方式，发掘多元化的评价形式时，他们也在转变自己的评价模式，评价从处于学习之外（图 9.1）成为促进学习过程中不可缺少的一部分（图 9.2）。在图 9.1 中，评价发生在学习和教学之后。另一个方面，在图 9.2 中，评价（正如普莱特在本章开头提到的）"被编织进了教室活动和互动中"。

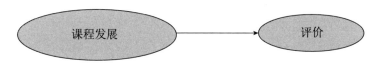

图 9.1 评价处于学习之外

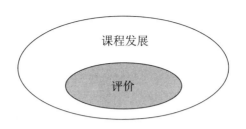

图 9.2　评价是促进学习过程中不可缺少的一部分

本章论述了教育实践工作者记录学习故事的价值。记录文档已经成为更广泛的过程中不可或缺的部分了——这个广泛的过程包括教育实践工作者了解儿童，为他们的学习制订计划，并建立拥有共同价值观的学习共同体。儿童作为积极的参与者被纳入这个过程中，而所做的记录也为家庭提供了与孩子的身心健康和学习有关的反馈信息。这一章还包括了将"下一步呢？"这个部分融入评价表格中的方法。下一章将更详细地讨论评价的第四个过程：决定下一步做什么。

第十章

决 定

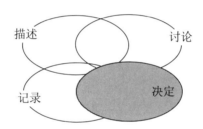

决定是 4 个 D 评价系统中的第四个，也是最后一个 D。教学过程中的关键一步就是决定下一步做什么。它包括回应儿童的提议、发起提议、改变发展方向和介入。在许多情境中，这个过程被称为计划，但是决定还包括直觉性的、自发性的回应。在前一章出现的学习故事表格中，有一部分叫作"下一步呢？"。这些表格所呈现的是形成性评价，这种评价是持续的教学、学习和发展过程中的一部分。正如德拉蒙德在评论伊萨克的观察时所说的："她没有收集大量枯燥的素材……她所收集的素材有利于形成一个有关儿童智力和情绪发展情况的连贯的描述。"（1999，p.4）

形成性评价会对进一步发展与学习其他的可能进行追踪并提出建议。因此，本章提出了一个与潘·格林幼教中心的学习成长档案中提出的"可能的发展路径"同样的问题："还有哪些可能存在的发展路径？"另外，本章还探究了参与学习评价研究项目的早期教育机构里的教育实践工作者们为了促进儿童的学习而决定下一步做什么的具体方法，如为罗丝和雨果（Hugo）的学习，为一组两岁以下儿童的学习，大门制作项目。本章关注的是如何在以下情境中做决定。

- 追踪进步和做决定：罗丝和雨果。
- 在回应中决定。
- 共同计划发展有助于学习的心智倾向和学习场。

追踪进步和做决定：罗丝和雨果

　　要肩负起促进儿童发展与学习的责任，我们就需要理解"进步"这一概念。我已经对发展和学习进行了描述。受罗格夫和布朗芬布伦纳的影响，我认为学习和发展一般说来就是参与的复杂性日益增加，本章将对此进行更为具体的阐述。第九章表9.4中的学习故事表格里有一处是"下一步呢？"，里面提出了4个与进步有关的问题，这些问题都关乎增加参与的复杂性。这4个问题描述了4种可以对增加了的参与度进行追踪的方法：①某一类学习故事更加频繁地出现；②某一种兴趣、能力、策略、心智倾向和故事变得更加复杂；③某一兴趣、能力、策略、心智倾向和故事在课程的不同领域及活动中出现；④行动随着学习故事框架的顺序发展着——从兴趣到参与，从参与到坚持，从坚持到沟通，从沟通到负责。

罗丝：追踪进步

　　"下一步呢？"中的4个问题主导了罗丝所在托幼中心的教师们围绕罗丝在10个月时间里取得的进步展开的讨论（从4岁整到4岁零10个月）。本书前面有对罗丝在沟通和社会性角色扮演游戏方面情况的观察。

某一类学习故事更加频繁地出现

　　要使学习故事中所描述的行动能为心智倾向的发展做出贡献，这个行动就需要多次发生。多个故事显示罗丝已经准备好设计社会性角色扮演游戏情节，这些情节都与可怕和安全、真实和假装等她感兴趣的主题有关，然后她还会劝说其他人参与这些游戏。一开始她和安娜及露易丝一起玩这些她感兴趣的情节。早期记录下来的学习故事显示，她不太愿意和其他人协商，她更愿意直接决定事件的发展顺序，并通过提供选项或给出理由来劝说其他人加入游戏。

某一种兴趣、能力、策略、心智倾向和故事变得更加复杂

深化学习故事。活动时间将会更长，挑战和不确定性将会增加，语言将变得更加复杂，共同关注的事件将会需要更多参与者。对罗丝的观察表明，她所运用的不仅是原有的"搭桥"和"组织"策略，她也开始尝试新的策略。用来协商的语言也在变得更加复杂，而共同关注的事件也需要更多的人参与。在第一次观察中，罗丝和安娜一起去钓鱼，罗丝决定着事件的发生顺序。在第二次观察中（去比萨店），罗丝同样决定着游戏情节的发展方向，她最后说的话中就将几个想法结合在一起，以确保故事情节随时间顺序而发展——她向露易丝指出现在不能为比萨买单，因为已经回家了。在第三次观察中（她和安娜因为照相机产生了分歧），罗丝似乎正在衡量让安娜开心与拥有照相机哪个选择更好。她对游戏发展方向做出让步（好吧，我没有买过它）。在第四次观察（试图说服露易丝扮演彼得·潘故事中的一个角色）中，她利用露易丝喜欢角色（美人鱼）来劝说露易丝加入。在第五次观察中，她和安娜正在玩贝拉与野兽的游戏。现在她开始根据安娜的想法来发展游戏脚本，这是一个复杂的策略，罗丝需要知道安娜会对自己说什么（"你对自己说，'我喜欢贝拉'，嗯"）。在其中一些观察中，成人示范了如何进行解释，为游戏情节排序，也让孩子们看到他们很重视想象。

某一兴趣、能力、策略、心智倾向和故事在课程的不同领域及活动中出现

拓宽学习故事。行动会发生在多个情境或地方，与不同的人或在不同的活动中发生。在第六、第七次观察中，罗丝在一项社会活动（骑自行车）中运用了协商的技巧，也在绘画中表达了对"可怕的"形象的兴趣。她已经将她运用在社会性角色扮演游戏的策略和兴趣转移到了不同的活动中。她的绘画作品中既有可怕的人物形象，也有友好的人物形象，但她的绘画中也包含了抽象图案。有一个观察记录的是罗丝把毛线在几个钉到一块木头上的钉子中间缠绕并形成图案，这或许也能证明罗丝对抽象图案的兴趣转移到了其他领域中。朱莉后来写的一篇学习故事提到罗丝在日常活动中照顾一些比自己小的孩子。

罗丝　11 月 20 日

罗丝走进了睡房。她说："朱莉，詹姆斯醒了。"我笑着点点头。她小声对詹姆斯说："你想起床了吗？""来，我来帮你，想去玩吗？"她帮詹姆斯穿上了鞋子，拉着他的手把他带到了洗手间，然后乔（另一位老师）接过了詹姆斯。

行动随着学习故事框架的顺序发展着

延伸学习故事。出于某种兴趣，儿童的行动随着学习故事框架的顺序向下一步发展。罗丝的社会性角色扮演游戏经历了学习故事框架的"五步"：她对某一事物感兴趣，参与，在困境中坚持，将自己的想法和其他人沟通，并接受其他人的观点。然而，在一些故事中她在承担责任，如帮助遭受了（可怕的？）攻击的受害者。我就是受害者中的一个。在我参观幼儿园的时候，布鲁斯用一块拼图打了我，罗丝变成了老师，告诉我应该这样说："别那样做，布鲁斯。我不喜欢那样。"在第八章中，教师讲了一个罗丝在比利受到伤害后承担责任的故事。"她给他拿到了冰布，并把冰布放在他的脸上……"她经常要求唱"可怕的"猎熊歌。

罗丝：决定

教师如何决定下一步为罗丝做什么呢？在这个案例中，一个重要的策略就是建立一个心智倾向性场域，并通过评价确保罗丝参与其中。教师给予足够的时间，让罗丝感兴趣的社会性角色扮演游戏能够继续发展，能有时间表演故事情节，并有时间建构游戏脚本。教师介绍了一些可能有助于角色扮演游戏的故事（尽管我觉得美女与野兽的故事是她在家里听到的）。教师提供资源、装扮服装和道具，有时他们会将这些移到室外充实表演场景，并鼓励那些更喜欢在户外活动的儿童参与其中。成人可以示范如何进行解释和协商（与儿童或其他教师）。当教师认为时机适当时，他们会参与到游戏中，这赋予了想象游戏价值。教会提出问题、给予建议，使游戏变得更为复杂，会写一些描述罗丝参与情况的故事。

雨果：追踪进步

决定下一步做什么往往需要环境创设和教学计划这两者的结合。雨果（4岁）和他的哥哥蒂莫西上的是同一所幼儿园。这所幼儿园也就是那所爱用石头讲故事的幼儿园。这所幼儿园的另一常规活动就是教手语，常常是与全班坐在地毯上进行圆圈活动时所唱的歌曲结合。雨果刚入园时，就已经是一位喜爱阅读的孩子了，在这方面的学习也很成功。他上幼儿园 6 个月后，也就是他刚满 4 岁的时候，他的爸爸妈妈说他在家里阅读哈利·波特了。他可以很轻松地阅读幼儿园提供的图画书。学习故事和一张总结了个体学习发展重要特征的网络图记录了雨果在幼儿园中取得的进步。以下文字摘自他的学习故事。

5 月 24 日 第一年：有很强阅读能力的阅读者（雨果独自在阅读角看书的照片）。

第四学期 第一年：给一组孩子讲故事（照片）。

第四学期 第一年：看其他孩子做手语。在集体活动时间，开始参与手语故事和歌曲活动。

1 月 27 日 第二年：在一边旁听用石头讲故事活动。发表评论。

2 月 18 日 非常专注地倾听用石头讲故事活动中讲的故事，但不想参与讲故事。

3 月 7 日 非常乐于参与用石头讲故事活动。喜欢听其他孩子讲故事。

3 月 15 日 根据故事《利文斯通的老鼠》（*Livingstone Mouse*，Edwards，1996）进行沙子堆建。非常全神贯注。

5 月 7 日 与另外两个孩子一起参与了"寻宝活动"（一位教师设计了此活动）。雨果向其他孩子读出了寻宝线索，而当他在思考这些线索时，其他孩子已经争相去寻找下一个线索了。

6 月 12 日 选择了一块石头，并参与了用石头讲故事活动。

学习故事也记录下了他的口头语言、幽默感、与其他孩子间正在发展的友情及其对绘画和印画不断增强的兴趣。

教师发展了一个网络图，并在故事发生后不断在网络图中添加故事梗概。另一个描绘雨果在语言与沟通领域中进步的方法就是根据进步的 3 个分支或者路径来组织网络图：深化故事、拓宽故事和延长故事。图 10.1 就是一张以雨果对阅读的热爱为中心的网络图。

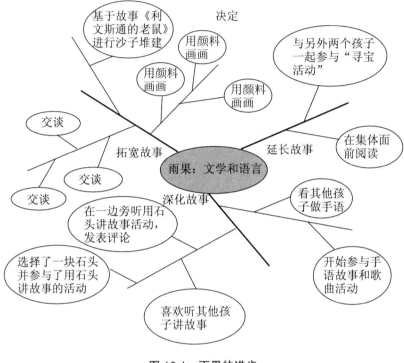

图 10.1　雨果的进步

雨果：决定

在此期间，教师计划了一些系列的活动。

- 面向整个集体：用颜料画画，在集体活动时间教手语，这是该幼儿园用多种方式沟通（当教师不知道怎么做一个手语时，孩子会发明一个）。

- 面向小组，孩子们自由选择是否加入：用石头讲故事。

- 为 3 个孩子设计的，特别是为了让雨果能在小组中发挥其阅读特长的活动：寻宝活动。针对包括雨果在内的 3 个孩子，教师写下了一些线索并将它们藏在幼儿园的不同地方。教师们回忆了小组成员在寻宝过程中做出的不同贡献：在其他人着手解决问题的时候（找寻下一个线索），雨果读出线索，并思考这些线索。例如，当线索是"在一个生活在水中的动物附近"，雨果会大声说出所有他知道的生活在水中的动物的名称，其他两个儿童争相跑向放有青蛙的箱子，并喊他过来读出下一个线索。

雨果带着他对阅读和对文字解码的喜爱来到幼儿园，他也具备与之相关的技能和知识。在幼儿园新环境中，他的老师和家长很希望这种热情能够通过多种方法与"沟通"这一心智倾向结合在一起。他们寻找和引发沟通，包括在不同场合中阅读，并让沟通变得越来越复杂：成为寻宝小组中的阅读者，参与用石头讲故事的活动，学习手语。

在回应中决定

并非所有的下一步计划都会被记录下来。事实上，描述、讨论和决定下一步做什么的过程通常是自然而然和非正式的。例如，在托幼中心两岁以下组课程中，我观察到了一位名叫杰奇（Jacky）的老师与 4 名儿童的互动，我记录下了她的回应。以下是在一开始的 5 分钟里这位教师说的话。

（1）（T 在 D 靠近他的邮箱时尖叫了起来）噢，不要大喊大叫。

（2、3）（C 在滑梯的顶部，神情犹豫）你要从滑梯上滑下来吗？（问了两次）

（4）（C 滑了下来，看着杰奇）噢，干得好！要从另一边爬上去再试试吗？

（5）这儿还有一些（给了 T 一些用于搭邮箱的积木）。

（6）（D 试图抬起一个大箱子）我们一起把它抬起来，看看下面有什么好吗？（她帮了忙）哎呀！没有东西。

（7）（D 拍拍手）耶！Pakipaki（毛利语，意为"鼓掌"）！

（8）（D 走到 T 跟前，拿走了一块搭邮箱的积木，T 尖叫起来）你告诉他。

（9）（D 发出了一个声音，这是在向刚到的海伦打招呼）那是海伦。

（10）（一个成人进来了，T 试图说出她的名字）那是朱迪。

 （11）（D 爬上滑梯）需要我帮助你吗？（他摇摇头作为回答）

 （12）（C 在唱歌）祝你生日快乐。你是在唱这个吗？

 （13）（D 在滑梯的顶部，看着杰奇）你打算从那里滑下来吗？

  如果不是作为学习故事的一部分，这类持续不断的回应通常是不会被记录下来的，它包括一些非正式的评价：当 C 能够滑滑梯时，欣赏 C；对试图进行沟通的行动表示认可；事先意识到可能会有的困难并提供帮助；几乎所有的话语都在传递这样一个信息，那就是互动、互惠性的理解和沟通是非常重要的。我们也计算了在此回应频率下（5 分钟 13 次），一个成人在一天 6 小时中对儿童进行解读和反馈的次数是 936 次。

回应类型与学习场

  回应儿童时所做的自然决定揭示了成人潜在的对于课程和教学的理念。尤其是，这种自然决定勾勒出了成人对儿童主动行为的回应和承担责任这一心智倾向领域之间的紧密关系。杰奇老师做的几乎所有非正式评价都是指向成人和儿童都感兴趣的任务和策略，或者是明确儿童主动行为的意义。这些非正式评价不包括泛泛的或针对个人的表扬，如："好女孩！""我对你非常满意！""你真聪明！"一些研究成果支持了她的这种直觉。盖尔·海曼和杜维克（Gail Heyman and Carol Dweck，1998）对儿童思维特征的探讨、保罗·布莱克和迪伦·威廉姆（Paul Black and Dylan Wiliam，1998）对评价和教室学习所做的回顾都指出，针对儿童本身特点的表扬和评估反馈，如优秀或聪明，会让儿童关注表现性目标，这种类型的目标激发儿童竭力显示自己的优秀和能力而逃避困难的任务，以免因为犯错而被视为无能。布莱克和威廉姆曾引用的另一个研究显示，让个体直接关注自己而非任务本身的反馈干预很可能会对个体的表现产生负面影响。另一项研究记录下了一位数学教师两年来回应类型的变化：从评价性倾听（寻找期望的答案）转变为解读性倾听（寻找信息），再到儿童和成人共同参与的倾听。在共同参与和共同关注的片段中，成人倾听和回应儿童，凭直觉迅速地决定下一步做什么或说什么，这就是丰富的学习情境。它能够促进语言发展，并生成各种能够共享兴趣、尊重、参与、问题解决和承担责任的策略。

我曾在第二章中指出，活动本身就能够发展它们自身的心智倾向性场域。我在杰森和内尔所在幼儿园中进行的研究，也显示了一些与成人在不同地方的回应和评价有关的有趣规律，即便是在同一个早期教育机构，这种差异也是存在的。我比较了成人在两个活动中的评价。在 58 个丝网印画的活动片段中，成人倾向于通过不断提供评价性、鼓励性的话语让儿童能够正确操作，有近 19% 的教师回应是评估性的；在 17 个滚珠画活动片段中，此类评价的比例是 12%。教师通过非正式评价给儿童提供反馈的比例为 12%—19%。然而，评价性评论的类型在每个活动中具有明显差异。成人的评价性评论可以分为两类：一种提供的是泛泛的表扬或与自己或他人相关的反馈（如你的母亲会为你骄傲的）；另一种提供的是与工作或任务相关的反馈。在丝网印画活动中出现的所有评价性评论中，有 33% 是泛泛的或与自身相关评论（"好女孩""忙碌的姑娘""她很聪明，不是吗""干得好""太厉害了"）。在滚珠画活动中，有 92% 的评价性评论与作品或行动相关（"噢，它往高处去了""这像很多条路，不是吗？真是一个好主意"）。在丝网印画活动中，"好女孩"在文字记录稿中出现了 13 次。共有 9 个男孩和 19 个女孩参加了丝网印画活动，但从没有听到老师说"好男孩"。丝网印画活动以表现性目标和成人讲解为主（在第三章中提到的丹尼是个例外），滚珠画活动则是以合作解决问题和学习性目标为主。

这样看来，特定的活动可能会产生特定的回应类型，这些回应类型并不一定为某位教师所特有。研究显示，每一位教师都运用了多种回应类型。当成人的评论是评价性的，这样的决定和讨论通常是不会被记录的。评价性的评论对作为一个学习场的教室、在教室里不同组群的儿童（例如男孩和女孩）以及对于个体学习者都会产生很大影响。

为发展有助于学习的心智倾向和学习场共同计划

从罗丝和雨果的案例中，我们可以清楚地看到"决定"——自发的和正式的计划——可以是在个人层面的，也可以是在课程层面的，这些不同层面的计划可以悄无声息地被编织在一起。本书中的许多实例都描绘个体与环境之间、心智倾向与心智倾向性场域之间互惠的和交互的关系。幼儿园大门制作项目中的计划就是一个实例，托幼中心为了让约瑟夫成功过渡到 2 岁以上课程所做的计划也是一个实例。

幼儿园大门制作项目中的计划

为激发兴趣与参与做计划

在大门制作项目中，教师对谁参与了这个项目进行了记录，并借助一系列的资源和活动来保持儿童的兴趣和参与。

- 有趣的工具和材料：写字板、水笔、电线、黏土、照片、木工工具、卷尺、直尺、木工围裙。
- 与儿童进行讨论。
- 访问者：木工、绘图员。
- 外出活动。
- 各类记录：复印件、照片、写下的故事。
- 来自家庭的兴趣。

在一次团队会议中，一位教师表达了自己的想法。

> 你们知道我是怎么想的吗？这个项目中最受欢迎的东西就是写字板，我觉得园里每一儿童都用过了写字板。（她描述了儿童是如何仔细地使用水笔的）还有乔，今天他们把水笔的笔帽拔了下来，我说把笔帽交给我来保管，乔说："不，老师，你可以把笔帽像这样装在笔的后面。"他们很清楚应该怎么做。

直到 9 月初，教师的记录仍显示男孩比女孩参与度更高，特别是男孩们不让女孩们使用木工设备。于是，教师们决定带孩子们去幼儿园附近走走，包括那些至今还没有参与项目的女孩（和男孩）在内，去画一画和讨论一下各种各样的大门。教师们还提供了更多的直尺和卷尺。当男孩质疑女孩在木工区工作的权利时，教师们会特别鼓励那些女孩们要坚持。到了 9 月中旬，有 30 名儿童（全班共 44 名儿童，其中 25 名男孩、19 名女孩）参与了这个项目：17 名男孩和 13 名女孩。教师估计 10 个大年龄儿童（4 岁半）中有 9 个参与了这个项目。下面的内容来自教师的日志和研究者记录下来的教师们每周进行的讨论。

为增加难度做计划

为大门制作项目制订的计划包括教师和儿童对实践进行的反思。

> 教师：……因为这个项目持续了很长一段时间，所以实际上你有时间坐下来，思考一下我们可能在哪里犯了错误。儿童做着自己想做的事情，并和你讨论。（团队会议记录，9月12日）

在这一会议中，教师表达了对儿童提问水平似乎毫无进步一事的失望之情。当我们讨论"在困境中坚持"是否一定要包括提出问题时，教师们觉得他们对表现出困惑的迹象更感兴趣，而这些迹象不一定会反映在口头提出的问题上。同时，当他们开始有意识地去记录问题时，他们听到孩子们提出的问题更多了。

> 我们一开始认为，或许有一些事情我们做错了（问太多的问题），孩子们没有能力提出自己的问题。以前我们问了太多的问题，但是我们现在没有这种感觉了。现在我想，那天我记录下了一些问题，它们都是些美好的引人思考的问题。（团队会议记录，9月12日）

在大门制作项目一开始，学习评价研究团队（包括研究者和教师们）觉得这个大门制作项目有可能引发下列问题。

> 在门口/大门口安装一扇合适的门/大门。（能合适吗？）
> 使其能够开合。（它会开合吗？如果给大门安装铰链呢？）
> 出于某种目的来设计。（它能达到目的吗？会牢固吗？能把孩子们挡在外面吗？）
> 牢牢地锁上。（能锁住吗？大门是如何锁起来的？）
> 大门存在的目的。（为什么这样设计大门？）

9月中旬，教师们列出了目前所遇到的并已解决的困难。

> 将设计图变成大门。
> 长方形的木工铅笔带来了一个问题：不能用寻常的方法来削。
> （汤米8月13日："你需要一个长方形的卷笔刀。"）

三角形木头带来一个问题：很难将钉子钉上去。

设计并安装铰链。

联结（用钉子或胶带）。

事先计划：测量钉子长度，与木头的厚度进行比对。

第二年 5 月，进行了第二个项目之后，教师们列出了以下有难度的技术。

画设计图，并对此进行思考。

在设计图上添加内容，并说出添加的是什么（口头上）。

从不同视角画图，画三维立体图。

测量（"像 D 和 I 这些孩子能够测量腿长和其他类似的物件，我的意思是，他们在进行真正的测量"）。

按照一定顺序进行：艾伦前天来找我……她拿着一堆木块（用来造小鸟的家），她说："这块是前面的，这块是旁边的，外面的这块是让小鸟站在上面的……"

在大组讨论中观察、专注和参与。

学习故事研究项目团队讨论了一些可能帮助儿童多提出一些真实问题的策略。他们决定自己示范如何提问，向儿童提出一些提示性的问题（"要做这个，我们需要哪些东西？""我们需要知道些什么？""有问题呢？"），并将问题、困惑和"激发物"（这一策略取自瑞吉欧·艾米莉亚课程）介绍给孩子。教师对儿童的提问变得非常敏感，会将它们快速记下。以下文字摘自汤米的学习成长档案："听我说，我们怎么剪开它？""我们要怎么制作呢？""我们正在做什么？是在做一个戒指吗？"

一位教师认为这个项目的长期性特点鼓励了孩子们坚持，并能有机会、有时间重新投入自己先前开始的工作中。

另外，一些孩子已经开始了（项目）但并没有完成，不过第二天他们会再来的，这是一个持续进行的项目。在以前，如果你只是把一个小木块钉到另一个小木块上，这是很无趣的，你很快就会忘记它。而这些孩子第二天会回来继续工作。

墙面展示突出了孩子们的期待和解决的问题。以下是一张照片旁的文字说明。

在这里，一个孩子正在比照着木头的深度对钉子进行测量，以确保钉子足够长，能够把两块木头钉在一起。

梅尔（Mel）的学习成长档案中有一篇学习故事："他把大门的外轮廓锯了下来，这是他从上周就开始的工作，但他不满意上周挑选的两块木头，因为它们总是裂开，于是他新选了几块木头。拆下原先的木头，装上新木头。"卡洛尔的学习成长档案中有一张复印的图片，上面是一个她很感兴趣的铁大门。还有一张设计图，一张复印图，是最终的那个添加了纸片装饰的铁门。在铁门复印图上有卡洛尔口述的一句话："我正在制作一把锁。"

为儿童表达想法制订计划

儿童以自己的方式参与这个项目，随项目发展而进行的记录改变了教师们对孩子们特别才能的看法。珍妮对将三角形与长方形组合起来的多种可能性和颜色特别感兴趣，她是唯一一个为她的（三角形）大门刷上颜色的儿童。这个项目激发了艾伦和娜塔莉对测量和数字的兴趣。教师对米基很感兴趣，他在幼儿园附近散步时画出的大门乱七八糟，但是却十分仔细和准确地写出了邮箱上的数字。乔高超的绘画技术对研究团队来说是一个惊喜。此前他从来没有在幼儿园里画过画。

教师：我特别惊讶，它们真是太棒了。他很确定他要画的大门是什么形状的，而且他画的时候一句话也没有说。我真正喜欢的是他身上的这种热情。

孩子们在很多时候都用上了教师在制作大门过程中介绍的各种工具。梅尔做了一个飞机场，他把木块平放在地上，然后用水平仪做了检验。他告诉安妮特老师"这是平的"。虽然黏土让孩子们很感兴趣，但是没有孩子使用它；细铁丝吸引了许多孩子在相当长的一段时间里用它们制作设计复杂的铁艺门，并拓展了它们的用途，用于设计珠宝和其他。二维的铁丝作品复印效果特别好，儿童作品可以被准确地记录下来，放入他们的学习成长档案中。儿童发明了很多种大门：铁路门、电子门、聚会门。墙面展示被用来鼓励和说明讨论的价值。在一张照片中，有一个儿童和教师在探讨设计图。照片旁写有以下评论。

> 这里苏（老师）正与黛西（Daisy）讨论她画的设计图。在我们的项目中，讨论是非常重要的过程，儿童可以在其中表达他们的想法和感受，成人也可以促进儿童学习、分享知识。

在项目的后期，教师们会把大家坐在地毯上集体讨论的内容记录下来，复印后放到孩子们的学习成长档案中。一开始，在这类集体活动中，几乎都是男孩在回答问题和进行评论（最早的发言比例是 21 个男孩对 4 个女孩）。年中的时候，在这类集体活动中女孩的参与度达到了与男孩相同的水平。教师们也试着吸引那些"不能够快速地说出答案"的孩子们参与。

为共同建构想法和项目制订计划

虽然教师已经设计了一个项目，鼓励儿童合作从事某项事业，然而共同建构想法才是本项目进行过程中逐渐浮现出来的特征——尽管有 4 个女孩确实是在合作制作"派对门"（第七章中所描述的片段）。不过，孩子们也在相互倾听、相互观察，讨论各自的想法（正如哈里所做的那样，他经过考虑后拒绝把艾伦的大门当作样品），有时他们也会相互帮助。汤米的学习成长档案中有以下这篇学习故事。

> "我能做一些翅膀（用于和梅尔一起制作的飞机）。""我会帮你把它剪下来。"（帮助朋友）"剪得怎么样了？"汤米问。"我会告诉你需要做几次。""嘿，我有主意了！""我会剪一条长长的。我也需要它，请你帮忙抓住那一块。""它应该再大一点。""我们一起做的，我们一起剪的。"另一个孩子说："我们一起做了一样的。"汤米："它不一样。没关系！嘿，我们可以一起给提姆做一个，怎么样？"

娜塔莉正在观察艾伦制作一扇有"十"字形设计的大门，然后娜塔莉自己也制作了一扇有相同设计的门。她和艾伦一样对测量和数字有着浓厚的兴趣（她喜欢写自己的电话号码，但是她对老师说她在写 2 时遇到了麻烦）。在她的学习故事中，有一张她正用卷尺测量大门尺寸的照片，上面写着："娜塔莉正在测量大门的宽度，以确保门的对边一样长。"另一个故事里收录了她最终的计划图。她用了直尺，并添加了数字（主要是 5 和 7 ）。

当教师为儿童个体和课程制订计划时，他们也在逐渐形成一整套与"什么是好的项目"有关的观点。好的项目应该是

- 有趣的和真实的：儿童会感兴趣，项目是有意义的，能与儿童的生活、与他们生活的社会环境相联系。
- 鲜明的：与项目有关的活动的目的和意义是鲜明的，儿童能够在很长一段时间里根据自身的情况深入地参与其中。
- 具有挑战的：鼓励儿童在面对挑战、困难、不确定性和困惑时尝试与坚持；在长期的项目中，儿童会逐渐熟悉可能遇到的问题和解决方法，会再次回到前些日子没有解决的问题上。
- 多面的：儿童可以融合和提升自己的特长和"语言"，如颜色、设计、技术、三维立体模型、推理、绘画、社会性互动、数字与测量等。
- 合作的 / 易接近的：儿童可以合作，"交流彼此的想法"。

大门制作项目之后，为了满足不同的目的，孩子们新开始了制作椅子和桌子的项目。在为这个新的项目制订计划和决定下一步做什么的时候，教师们也运用了这些原则。教师从项目伊始就注意到鼓励女孩子们参与，还示范了如何使用较复杂的工具，尤其是电钻，目的很明确（为一个新的户外区域制作家具），许多儿童甚至发现了一个更有吸引力的目的——做好椅子带回家。不过，他们做的桌子、凳子、椅子在幼儿园里也找到了需要它们的地方。儿童参观了一个家具工坊，亲眼看到一把椅子是如何组装起来的。这个项目也是木工任务，但家具不需要像设计大门那样的想象力，这一次有了另一个衡量成功的指标，即这把椅子是否能够让人坐在上面，或者桌子是否牢固——测量就变得非常重要了。这个项目中有更多需要合作的部分，可能是因为这些，家具设计不那么受个人喜好的影响。

为约瑟夫过渡到两岁以上课程做计划

我在第八章中提到，托幼中心的教师们讨论的内容包括：界定个体儿童

的评价范畴，建立拥有共享价值观的学习文化，反思实践，了解儿童。教师们也制订计划。这个托幼中心里的儿童被分为两个群体，一个群体是两岁以下的儿童，另一个群体是两岁以上的儿童。儿童从两岁以下的课程升入到两岁以上的课程这一过渡过程是经过精心规划的。儿童会根据需要，多次参观两个课程的活动区域，儿童的主要看护人会负责这个过程。因此，在教师会议上，当有一个儿童快要两岁时，教师们就会为他制订一个从两岁以下课程过渡到两岁以上课程的计划。在两岁以下儿童课程中，教师不仅和下一位主要看护人分享有关这个儿童的信息，也会和所有教职员工分享。约瑟夫是一个即将转入两岁以上课程的孩子，我记下了教师们为约瑟夫制订计划而展开的讨论，以下文字摘自我的研究笔记。

> 我们聊了聊约瑟夫，这是一次生动的讨论，使我们进一步了解了约瑟夫。约瑟夫下周将从宝宝（两岁以下）房中搬出。他们讨论了他的情况，让大家看了 4 个与他有关的故事……朱尔斯（Jules）提醒他们应该"从他的优势出发"。他们谈论他喜欢进入狭小空间……弗恩说当她让约瑟夫吃午饭时，他正试图拧下桌子腿，于是她跟他玩了一个游戏，想让他把手放到桌子上，后来她意识到他在试图用脚来拧开螺丝帽！（笑声）朱迪指出了在困境中坚持是约瑟夫的一个特点。很有意思的是，这个讨论像跷跷板那样，在消极和积极之间不断转化……这些成人常常会站在约瑟夫的角度考虑问题，讨论中充满了浓浓的关爱、犀利的分析、幽默、趣闻、长吁短叹——还有更为伟大的理解。
>
> 我问其中一位和两岁以上儿童一起工作的老师：你认为这种讨论在多大程度上帮助你了解怎样与约瑟夫相处，尤其是对你们这些不是在小宝宝房中工作的教师？
>
> 老师回答：这真的很棒。这些信息真的很有用，这样我们可以据此为他准备（过渡）环境……我们也在学习与约瑟夫沟通的策略。

在接下来一次的教师会议上，两岁以下儿童课程里的教师们要求讨论一下约瑟夫在之前的两周里是如何逐渐适应大年龄儿童课程的。教师们讨论了约瑟夫适应更大群体的方式，也说到希望能让儿童有更多的可以独处的安静空间。他们回顾了约瑟夫搬到更大的房间后的进步，提到约瑟夫"长大了，你会要求得更多"，以及约瑟夫遇到困难时觉得要"一步步解决问题有难度"。

一些教师补充说约瑟夫喜欢水。他们围绕着主题来来回回地讨论着，分享小故事，得出结论：充满信任的新环境、能够回到两岁以下儿童房间和以前的老师拥抱、安静独处的时间和空间，将对约瑟夫的过渡有帮助，也能激发他对两岁以上课程的兴趣，并使他乐于参与其中。

总　结

　　使用学习故事进行形成性评价，教育实践工作者会以丰富而复杂的方式来决定下一步做什么并制订计划——有时为有助于学习的心智倾向的发展做计划，有时为创设一个学习场做计划。他们常常在学习者即"行动中的学习者"理念引领下为实现这些目标而努力：为了让罗丝在一个充满关爱的心智倾向性场域里参与而制订计划；为了让雨果能够在一个交流性和合作性的学习场里参与而制订计划；为了让珍妮和娜塔莉能够在木工区坚持工作而制订计划，结果让这个木工区变成受女孩子欢迎的区域；为了让约瑟夫能够顺利过渡到一个有归属感的课程中制订计划。很多时候，对进步的理解是个别的、现场的和直觉性的。这些教师非常了解（和他们一起工作的）儿童，尊重儿童的观点，他们也常常会建构儿童的经验。此外，儿童的参与轨迹被仔细地记录下来。在一些案例中，网络图对进步进行了清晰的描述。决定也包括发生在互动互惠的交流中那些未被记录下来的回应，虽然通常这样的回应不会被认为是评价。本章的观点是：不同的回应类型是评价内容的一大方面，应该和记录下来的评价一致，也能受记录下来的评价的启发。

第十一章
学习故事探究之旅

在第一章里，我提出了 7 个关于评价的假设，现在的我对这些假设心存怀疑。这些假设是：评价的目的（根据一份描述了下一阶段教育所需"能力"的清单进行考查），感兴趣的学习成果（碎片式的、不能体现环境因素的、与学业有关的技能），干预或注意的焦点（弱点 / 缺点），评价素材的效度（最好是能对技能进行客观观察，并在一份清单中反映出来），进步（技能等级），程序（清单）和价值（监督作为教师的我）。本书论述了一些可以替代这些假设的新假设，并探究了通过学习故事将这些新的假设运用到实践中的方法。在探究中，我们试图将理论与实践编织在一起，科尔也提醒我们这并不是一个简单的问题。

> 让我特别感到受冲击的是，当我放下研究者的身份，开始承担一名教师的职责，开始实践我提出的理论并帮助那些我教的孩子之后，我对发展进行理论阐述的方式也随之改变了。（1996, p.261）

我感兴趣的是一组被质疑的假设，与我共事的教育实践工作者最为关注的则是实践。她们会问这样的问题："星期一我们可以怎么帮助约瑟夫？"于是，这就成了许多教育者和我一起携手走过的旅程。这段旅程还在继续。当早期教育机构重视和使用的课程和评价是教师、儿童、家庭以及人工制品之间互动互惠关系中的一部分时，评价步骤和框架就将一直发生变化。本章将回顾本书中的素材和论点，并将第一章中提出的两个大问题转换成更有针对性的具体问题。

- 如何用学习故事对早期学习成果进行描述才是对学习和进步有价值的？
- 如何用学习故事对早期学习成果进行评价才能促进和保护学习？

在第一章中，我概述了我在思想上对于评价的转变，用另外一组与评价有关的假设来替代传统的、人们熟知的评价假设。有些早期教育工作者所做的记录被收入了本书，这些早期教育工作者对评价的看法也有了很大的改变。在本章中，我会探讨这种改变的一些特点，试图为以下问题寻找一些答案，即如何帮助教育者从传统模式的评价转换到另一种评价模式？

早期学习成果

如何用学习故事对早期学习成果进行描述才是对学习和进步有价值的？本书提出了一些与学习的本质相关的观点，也采纳了沃茨等人的观点，即学习存在于行动中，存在于个体思维活动与文化性、历史性和机构性环境之间的关系中。在这种受社会文化理论影响的学习观和学习者观引领下，产生了与早期学习成果有关的 5 个暗示。第一，学习者被描述为行动中的学习者，以强调学习者和所处学习场之间紧密互动的关系。第二，受罗格夫观点的启发，我认为发展和学习与参与的转变有关，基于这个理论立场和新西兰早期教育的经验，参与的 5 个特征可能值得我们思考：感兴趣、在参与、在困境中坚持、与他人沟通和承担责任。第三，尽管罗格夫（1997，p.279）认为重视参与的学习观关注的是过程而非成果，但是我添加了（来自心理学的）"心智倾向"这一概念和（来自社会学的）"惯习"这一概念，以此来说明，和参与有关的有助于学习的心智倾向能够用对学习和进步有价值的方式来描述早期学习成果。另一个用来描述一系列有助于学习的心智倾向的术语是"一整套和参与有关的机制"。例如，库默在一个对儿童入学情况进行的研究中有如下总结。

　　他们的一整套和参与有关的机制——包括他们展示自己的知识
和寻求帮助的意愿——这意味着他们常常在非常适当的时候收到反
馈、建议和指导。（Comber, 2000, pp.43-44）

　　第四个暗示，回到一个非常重要的观点——学习存在于互惠关系中，这
就暗示着"一整套和参与有关的机制"包括儿童用一种至关重要的方式参与
把早期教育机构变为一个学习场的过程中。罗伊·纳什（Roy Nash）对布尔
迪厄思想进行了论述，他将惯习描述为一种"文法"。

　　将惯习想象为一种文法让生成新的表达形式成为可能，这种新
的表达形式可能改变文法结构本身（就好像文法可能生成的话语也
会改变文法），从而为文化的改变提供了可能性。（1993，p.27）

　　一种语言或者一种文法是一种强大的传输力量，但是在这些改变的时刻，
儿童面对着数个文法，来自家庭的，来自早期教育中心的，即使是在同一个
早期环境机构也存在数个文法——这就为儿童提供了一些可以引发改变的工
具：杰森正在增加挑战的难度，并指导他人；丹尼改变了一个活动中的权力
结构；罗丝承担了主导活动发展的角色。

　　第五个，也是最后一个与学习成果有关的暗示就是，有助于学习的心智
倾向被描述为准备好、很愿意并有能力在越来越多的情境中用越来越复杂的
方式参与学习。在学习故事的框架下，准备好（倾向／意向）常常被置于前
景位置，但是很愿意（当下情境是适宜的）和有能力有时也是关注的焦点。

　　因此，有一个主要特征从以上的分析中浮现出来，即早期教育机构中的
学习成果是复杂的，又常常是意想不到的。第三、第四和第五章中儿童学习
的实例正说明了这一点。学习故事框架反映出了这种复杂性，也为不确定因
素提供了空间。基于过去半个世纪以来美国教育经验，艾斯纳把以下评论纳
入了他提出的新世纪需要吸取的12个教训中："当目标和标准变得越来越
精确，它们的数量就会激增，而随着它们数量的激增，教师将更加无从应对
它们。"（2000，p.324）他补充道："尽管目标能满足某些理性方面的需求，
但目标和标准的数量需要少一些，而且不能过于抽象概括和狭隘。"在学习
故事框架中，学习成果被描述成心智倾向的5个宽泛的领域，这些领域彼此

之间相互重合、相互影响。在很多文章中，艾斯纳都认为教学是一种艺术而非科学。学习故事框架试图将艺术性的、回应/呼应式的教学观，与有依据的、认真考量后的学习成果结合在一起。

论述了学习故事是用对学习和进步有价值的方式来描述早期学习成果这一观点之后，接下来要问的一个问题就是："对谁有价值？"来自5个参与研究的早期教育机构的素材以及之后收集到的素材都表明，学习故事对学习和进步所做的描述对教师、家庭和儿童来说都很有价值。以下是一次教师专业发展讨论活动中3位教师的观点。

> "我们更多地倾听儿童的声音，我们的关系更加亲密了。"
> "我更关注儿童的工作了，儿童的工作也更让我兴奋了。"
> "学习故事带来了积极的成果——明确的方向和关注点激发了教师们更大的热情。"

在一份对另一组参与者进行的有关学习故事的评估问卷中，有以下一些评论（在"积极的经验"这部分内容中）。

> "也更加关注小组的活力了。"
> "教师更加了解儿童——获得了更深入的信息。"
> "学习故事存在于具体情境中。"
> "是取长式的，而不是关注短处。"
> "关注到了计划。"
> "从家长那里得到了积极的反馈——对家长更具吸引力。"
> "与家长分享积极的记录档案。"

当同一组参与者被问及"经历的困难"时，他们这样评论。

> "没有经过培训的教师没有基础。为所有教师提供培训和支持是非常重要的。"
> "需要解释什么是心智倾向。"
> "是对新评价体系建立信心的时候了。"
> "不遵循一定的步骤。"

"改变体系——教师们已经在现有的体系中投入了很大精力，从补短转变到取长的转变常常是戏剧性的。"

此框架似乎对于没有接受过培训的教育实践工作者来说没有多大价值，尤其当他们没有参加过任何工作坊时，而且，教师也需要时间、精力和决心来实现从一种体系到另一种体系的转变。为外向、自信的儿童写学习故事是容易的。一封来自某个托幼中心主管的信中有如下评论。

我们发现为 J 和 N 这类儿童写学习故事非常容易，然而，我们也意识到为较安静、不那么自信的儿童写学习故事更加有价值。我们已经决定要有意识地去关注这些孩子。

一位教师在参与了最初的学习故事研究项目后，问家长们是否觉得学习故事有价值。以下是来自 4 位家长的评论。

"作为家长，学习故事从一个崭新的角度告诉我们儿童看似'在玩'的行为意味着什么。"

"学习成长档案增加了我们与孩子的讨论话题，它让我们知道孩子们是如何进步的，他们收获了什么。"

"学习故事是一个非常宝贵的窗口，让我们知道孩子们在幼儿园里正在习得哪些技能。使用孩子的对话是一种令人耳目一新的方法，这是家长们非常欣赏的。"

"我认为收录了学习故事的学习成长档案非常棒，因为

- 它让我们了解到 J 在幼儿园里做了什么，以及他在结构化的和学习性的环境中适应得怎样。
- 这是一本非常棒的与他有关的档案。
- 它让我们整个家族都感到很自豪——尤其是 J。
- 它很有趣——J 很喜欢听有关自己的事情，也喜欢解释有关他自己的故事。
- 我们感到与幼儿园和老师的关系更加亲密了，因为老师们对我们的孩子很感兴趣，我们也很开心 J 从中收获了很多。
- 它让 J 的爸爸（他不能常常到幼儿园看 J）感到自己也参与了 J 的学习。"

对于这些父母来说，学习故事非常有价值，个中原因有很多，其中之一与学习故事中记录的学习成果有关：适应一个学习环境、儿童的对话和技能、成就和进步、换一种视角看待"玩"。另一个原因是学习故事让家庭，特别是让那些很少有机会前来幼儿园的家庭成员们都感觉到自己归属于这个早期教育群体。这些评论与第九章中来自托幼中心的家长们的评论很相似。

然而与学习故事对于教师和家庭的价值相比，"一整套和参与有关的机制"对儿童的现在和未来都具有更高的价值。学习故事框架认为在童年期为儿童的参与打基础（兴趣、参与、坚持、交流和责任），我们也就是在为终身学习打下基础。第二章中所引用的一项研究支持了这一观点。在相似的评论模式中，艾拉姆·西拉吉－布拉奇作了以下论述。

> 在童年期为种族平等"打基础"，也就是在为将来的种族和睦以及培养自信和开明的公民进行重要的投资。我们趋向于认为只有大人才是公民，或者才是值得教授类似于平等和公平等概念的人，然而，童年期才是这些态度打基础的时期。（1994, pp.xiii-ix）

布朗文·戴维斯（Bronwyn Davies，1989，pp.x-xi）认为她对学前儿童所体验到的二元性别顺序的分析，"让大家看到了有可能奏效的能带来改变的课程"。

评　价

如何用学习故事对早期学习成果进行评价才能促进和保护学习？评价是本书后半部分的主题，主要探究的是如何评价复杂的、难以捉摸的学习成果。珀金斯及其同事们是这样评论的。

> 是的，心智倾向不可避免地包含着一些确实难以评述的内容：动机、情感、敏感、价值，诸如此类。这些因素也是对行为产生影响的因素，只是它们很难被界定，同时我们认为必须在对良好的思维（以及学习、评价——原著作者的补充）进行完整阐述的过程中

让它们突显出来。（Perkins, Jay & Tishman, 1993, p.18）

如果正如帕米拉·莫斯（Pamela Moss，1994，p.6）所指出的那样，"那些没有被评价的内容似乎在课程中消失了"，那么，我们必须寻找一种能够评价我们认为重要的学习成果的方法。否则，那些容易被评价的学习成果就会将其取而代之。如同我在第一章中所阐述的，对明确的东西进行评价并不能取代对复杂的、累积而成的像有助于学习的心智倾向这样的学习成果的评价。第三、第四和第五章提出了 9 条评价像有助于学习的心智倾向这样的学习成果的指导原则，接下来的第六章论述了一种让有助于学习的心智倾向在一种评价程序——学习故事——中"突显出来"的方法。第七、第八、第九和第十章探究的是教育实践工作者试图通过描述、讨论、记录和决定让学习故事持续支持和保护学习的方法。

通过叙事，学习故事反映和保护了学习的复杂性。艾斯纳提出的第二个"新世纪需要吸取的与教育有关的教训"是，"有教育意义的评价需要来自学生身处的持续学习情境中的素材"（2000，pp.350-351）。他指出，教师在多种情境中逐渐了解学生的方式是任何标准化测试都无法比拟的。

（教师）处在这样一个位置上，即对学生提问的质量、他或她回答中的见解、完成任务时的投入程度、与其他学生关系的质量和他们的想象力进行解读。以上这些和许多其他个性品质都是教师们所能了解的。当这些品质在学习生活中出现的时候，就应该被当作帮助我们理解学生正在学习什么和他们开学至今所取得的进步的主要信息来源。

作为研究者，我们需要另作设计，让教师能够系统地关注这些特征，并准备写下简短的故事。比起标准化测试中的 B+ 或 82 分，这些故事将让我们对学生的学习成就有更为全面的了解。

艾斯纳的观点是关于学校评价的，但也是本书想要论证的观点。当（评价）感兴趣的关注点是行动或活动，"充满意义与意图"，"扎根于具体情境"（Graue and Walsh，1995，p.148），那么，评价就会在日常情境中进行，并且寻求学习者的看法。评价将是解读性的，关注的是人。一个标准化测试或清单式评价拥有的是一整套泛化的标准或表现性指标，它缺失的是将个体和环境联系在一起的行动、活动或特定情境。学习故事是一扇窗户，让我们看到儿童参与"真实的教室里中那些丰富、复杂和相互独立的事件和行动"时所建构的意义（Salomon，1991，p.16）。

在早期教育机构中用解读性的和关注人的方法来理解儿童的历史很悠久。伊萨克（Isaacs，1932）和安·斯戴里布拉斯（Ann Stallibrass，1974）很详尽地介绍了在很久以前英国就有在对儿童进行密切观察后阐释儿童行为的传统。这种传统来源于艾里克森式的或心理分析理论框架——从个体情绪的层面对行为进行解读，在美国这一传统被佩利传承着。接下来，在20世纪七八十年代的英国进行与早期教育中的观察有关的研究更加关注的是认知，著名的有凯西·西尔瓦和大卫·伍德（Sylva，Roy and Painter，1980；Wood，McMahon and Cranstoun，1980）在牛津郡对英国早期教育机构的研究，以及芭芭拉·蒂泽德和马丁·修斯（Barbara Tizard and Martin Hughes，1984）分别对工薪阶层和中产阶层家庭的女孩在家中和在早期教育机构中的情况进行的研究。后来，在1989年，瓦莱丽·沃克蒂尼（Valerie Walkerdine）和海伦·露西（Helen Lucey）对这个研究有了不同的解读。20世纪80年代和90年代初期的研究很多来自美国和澳大利亚，这些研究大多是关于行动或活动的，植根于特定的历史文化实践和时期。例如，威廉姆·科尔萨罗（William Corsaro，1985）、萨利·吕贝克（Sally Lubeck，1985）、戴维·弗尼（David Fernie，1988）、弗尼（Fernie, et al., 1993）、丽贝卡·坎特（Rebecca Kantor，1988）、玛丽安·布洛赫和安东尼·佩列格里尼（Marianne Bloch and Anthony Pellegrini，1989）、布朗文·戴维斯（Bronwyn Davies，1989）和阿莫斯·哈奇（J. Amos Hatch，1995）。这些研究中没有一个是专门研究儿童被认为或把自己视为学习者的过程的，虽然弗尼和坎特等人关注到了"成为一个学生"的过程。最近，苏珊·希尔（Susan Hill）、芭芭拉·库默（Barbara Comber）及其同事——安·哈斯·戴森（Ann Haas Dyson）、安·法勒（Ann Filer）、安德鲁·波拉德（Andrew Pollard）、哈里·托兰斯和约翰·普莱尔等人已经开始使用案例研究和叙事研究的方法来研究儿童如何学习成为一名小学生，完成从幼儿园到学校以及从一个教室到另一个教室的过渡，以及在这些过程中评价的作用。所有这些与儿童有关的发生在真实教室和早期环境机构中的故事都为本书的内容提供了信息和指引。

　　然而，叙事性的框架，尤其是在评价中运用叙事性的框架，会引出与效度有关的问题。"在叙事研究中存在多元化的阅读和解读"这一事实可能会引出一个非常重要的问题，那就是："这些素材可信吗？"在用"实证主义"和"后实证主义"心理测量式方法进行的评价中，素材收集需要遵循为了达到精确而提出的老套的标准：有效性、可靠性和客观性。它关注的是通过编码来实现不同场合和研究者之间的一致性，也会关注中立的任务和观察的作用。然而，在解读性的方法中，地域和文化因素是研究的核心，评价的教师也是地域影响因素中的一部分。与可信度和可适度有关的问题就成了很重要的议题。对有效性和可靠性的测量被与可能性和可信任性有关的判断所替代（Walsh，Tobin and Graue，1993，p.472）。我将这个过程视为"可信化"过程，它包含着可能性和可信任性。第七、第八、第九和第十章中所呈现的学习故事评价过程是如何实现可信性的呢？有 4 个应该使用的重要方法：保持素材的透明度，确保让众多的解读者都可以表达自己的想法，细化在当下情境中对学习故事结构的理解，明确学习者和环境之间的联系。

保持素材的透明度

　　素材应尽可能"透明"，这样，其他教师和家庭就有足够的信息来追踪和理解被解读的内容所要呈现的——如果他们愿意的话还能进行不一样的解读。统计数字和检验清单让透明度不复存在，虽然学习故事也有可能在一张计划表上对叙事的内容进行了概括，但它们是作为可取用的素材进行积累的。我们所谓的"终结性解读"会尽可能晚地出现在评价—教学过程中，这样，读者就能追踪学习者的足迹。在第十章中，我们可以清楚地看到，记录在这个过程中是至关重要的。

确保让众多的解读者都可以表达自己的想法

　　在用学习故事进行评价的过程中，会有几个教师同时为一个儿童收集学习故事，这些故事会与其他老师和家长分享。讨论是这个过程中非常重要的部分，儿童也有发言权。教师们就如何解读进行辩论，并试着想出下一步可以做什么：一起做决定，或者一起建构一个可能的发展方向。艾伦的老师们都对讨论他的学习和进步很感兴趣，他们将艾伦的声音也加入了他存有照片、计划和故事的学习成长档案中。

细化在当下情境中对学习故事结构的理解

在描述的过程中，教师们对学习故事的结构（感兴趣、在参与、遇到困难和不确定情境时能坚持、表达想法或感受、承担责任）在当下情境中、对于任一儿童来说意味着什么逐渐形成了共识，第七章中对此进行了详细的阐述。记录也起到了支持作用：记录下来的例子可以成为范例，用于以后做参考。当然，由于在当下情境中这种评价的效度增加了，那么声称它"在不同情境中都是可靠的"这类说法就变得不太可能了。对于形成性评价来说这不是问题，但是对于外部监督机构来说，他们需要确信有保证当下情境中评价效度的实际程序。

明确学习者和环境之间的联系

被评价的个体和其他人及环境中的活动之间的关系是评价的关键特征。在教师会议上，托幼中心的教师们就约瑟夫的学习故事进行讨论，为帮助他过渡到两岁以上课程而制订计划就是很好的实例。约瑟夫被视为关系中的学习者，教师们对约瑟夫在某个情境中的各种关系的理解，能够有助于他们为约瑟夫在另一个情境中的各种关系制订计划。

从传统模式的评价转换到另一种评价

如何帮助教育者从传统模式的评价转换到另一种评价模式？运用学习故事进行评价的教育实践工作者已经转变对第一章中所提到的那些假设的看

法。正如其中一位教育实践者工作在本章一开始所说，"从补短到取长的转变常常是戏剧性的"。另一位教育实践工作者说，她被推出了"自己的舒适区"。针对"遇到的困难"这个问题，有人说是"说服人们改变旧方法"。是什么帮助了他们实现了转变？基于技能和弱点的儿童发展观能在基于技术和弱点的教师发展观中反映出来。正如基利·古尔德（Kiri Gould，1997，p.1）指出的那样，我们曾经相信

> 优质的教师专业发展机会包括从专家（开发者）那儿得到一套结构良好的、精心计划的、合理的知识包给学习者（教师）。一旦教师完全习得了这些信息，就意味着他或她可以去把这些知识运用到实践中了。然而，研究表明，有效的专业发展要复杂得多。

如同贝弗利·比尔和约翰·吉尔伯特（Beverley Bell and John Gilbert，1996）所说的，专业发展与社会和个人有关，往往是对"做老师意味着什么"这个问题进行重构的过程。早期教育环境所处的系统——家庭、管理层、政府行政部门、外部监督机构——都对教育实践工作者施加了压力，这些常常会阻碍教师改变他们的实践。传统的假设会成为"默认状态"，家庭成员自己有关学校评价的记忆支持着这些假设，并形成了对早期教育评价的期望。在第一章中，谢巴德认为美国学区测试负责人共享的内隐学习理论（她称为"标准参照型测评学习理论"）包括两大观点：测试（在这个里指的是检查清单）和课程是同义词；学习是线性的、有序的。外部监督者会很强有力地传递这样一个观点，那就是"真正的老师"也认同上述观点，并会将其转化到实践中。研究也显示，改变的"所有权"也被认为是影响（专业发展）的一个重要因素（Jane Gilbert，1993）。1994年，《员工发展杂志》（Journal of Staff Development）在为庆祝致力于员工发展研究25周年而发行的纪念刊上，很多撰稿的学者都指出专业发展需要时间（Gould，1997，p.10）。在新西兰进行的一项支持教育者实施新版早期教育课程的研究发现，时间是课程成功与否的关键，其他研究也指出专业发展促进者至少需要提供6个月到一年持续的专业支持（Foote，Irvin and Turnbull，1996；Gaffney and Smith，1997）。长期的专业发展项目包括在一个安全的环境中有进行讨论的机会，有试验和犯错的机会，也有反思哪些是有效的和哪些不太有效的机会。我还

想补充的是，安全的环境也将"遇到困难和不确定情境时能坚持"纳入心智倾向性场域中。在新西兰，教育实践工作者常常在政府为支持早期教育课程实施而出资开展的专业发展项目中了解学习故事这套评价体系，而这些专业发展项目通常是长期的。

在个体方面，许多教育实践工作者把握了探究自己心中假设的机会，也成了改变过程的主人。一些学习故事工作坊聚焦于探究原有的假设从何而来，参与者重新审视了原有的儿童发展文本，分享自己在学校中被评价的经历。一套有关评价的工作坊资料包（Drummond，Rous and Puge，1992）为这些学习故事工作坊提供了有用的点子。这个资料包旨在让那些与做判断和评价有关的假设和感受浮现出来。在学习评价研究项目中，研究者、专业发展人员和早期教育机构中的教育者从灵活的视角来看待学习故事。教育实践工作者发展了或从他们的经验中生成了一些新的模板和"地方性"定义。在社会方面，早期教育工作者有合作进行工作的传统，他们讨论各自想法并一起做决定。正如第七、第八、第九和第十章所描述的，这个传统也促进了改变的过程。在专业方面，教育实践工作者能够在其他环境中看到新的实践行动是很重要的，这样他们就可以借鉴、运用和拒绝某些选择。在学习评价研究项目后期，我们在5个参与研究项目的早期教育机构中制作了3个视频："评价什么？""为什么评价？""如何评价？"（Carr，1998b）真实环境中发生的实例有助于教育者在他们自己的工作环境中试验一些想法。这些视频呈现了多样化的实践。这套视频还包括一本收录有4个工作坊资料的手册。工作坊资料包括可以讨论的问题、反思性的文字材料、摘录的可以进行辩论的语句和7篇简短的阅读材料。这些工作坊资料是为了鼓励参与者辩论、讨论而设计的。在第七章中，我提到引入学习故事会经历若干阶段。第一阶段是因为被准许记录和分享积极经验而迸发热情。第二阶段就是利用当地特定的机会和课程将那些观察记录结构化。第十章中提到学习故事表格的发展过程显示教师对所谓的有助于"准确聚焦的东西"越来越感兴趣。故事变得更加聚焦，而随着时间推移，儿童在学习中的变化也可以被更加清楚地关注到。

然而，专业发展和转变不仅仅是用有效的方法学习如何实施新政策或进行改变。它也关乎早期教育环境之外更广阔系统的合法性和力量（Broadfoot，1996a，1996b；Firestone，Fitz and Broadfoot，1999）。本书中的学习故事实践者受到了国家早期教育课程的支持，这个课程中提出了五大学习和发展线索：归属感、身心健康、探究、沟通和贡献。它为"学习即参与"这一学习观提供了基础。新西兰国家早期教育课程的文件里还引用了布朗芬布伦纳的学习理论模型，强调学习者和学习环境之间的联系，而介绍学习成果的部分提到，知识、技能和态度与儿童正在发展的理论及有助于学习的心智倾向方面是密切相关的。

或许学习故事还有一个关键特征，那就是被所有读者和既得利益者接受，也纳入所有读者和既得利益者。实施新评价模式的后期，教育实践工作者吸引更广泛的读者群体参与进来——组织家长们参与，向儿童咨询。家庭对学习故事感兴趣并非常欣赏它们，这会给教育实践工作者带来极大的鼓舞。某托幼中心的教育实践工作者们说，来自一位自身是小学老师的家长的赞赏大大激发了他们的热情。总的说来，对待创新性的评价模式，外部监督机构采用了"等着看看"（wait and see）的态度。以下文字摘自一份近期的刊物。

> "学习故事"这套评价体系引领教育实践工作者在观察和早期教育课程的主要方面之间建立联系。在那些评价做得很好的案例中，评价能有助于了解作为学习者的儿童，对课程发展也很有用。而在另一些案例中，观察记录和预期的课程之间的联系没有得到发展。（Education Review Office，2000，p.7）

另一些影响力较小的读者（同事和儿童）对于教育实践工作者来说也是非常重要的。教育实践工作者认为找时间与同事一起工作、一起分享想法是"至关重要的"，而困难则是没有时间参加专业发展会议的、流动的和未经培训的老师。当师幼比很低时，向儿童咨询不是一件容易的事，虽然参与案例研究的幼儿园（44名儿童和3名老师）通过使用一次成像相机和寻求儿童对照片及计划看法这些方法解决了这个问题。在墙面展示故事、照片和绘画为讨论提供了触手可及的机会。

总　结

最初研究儿童经验的评价项目只是探究学习故事之旅的一部分。本书把一个对儿童的学习进行分析的研究项目编织了进来，这个研究支持了"用叙述的方法进行评价"这一观点。书中还包含了其他一些研究成果。本书的内容还来自于之前进行了相关研究的研究者们，以及许多已经开始用学习故事进行评价并形成了一套经验的教育实践工作者和专业发展促进者们。当我询问一个早期教育团队是否对学习故事的过程做过改动时，其中一位教师回答说："是的，在这里，我们的生活就是学习故事。"接着他们对他们的实践是这样解释的：他们从所有实践中选择一个他们感兴趣的方面，对它进行研究，在困境中坚持，一起讨论，然后共同进行改变。他们已经摸索了一些不同的方式让学习故事"落地"，他们也建立了一套健全的学习成长档案系统——在学习成长档案文件夹的书脊上印上儿童的姓名，并摆放在书柜上。和一位教师讨论了在户外活动区域的成就之后，一个孩子跑进室内，翻看她的学习成长档案文件夹，然后回来报告说里面没有关于她爬到了攀爬网顶端的故事，而这是她非常珍视的自己在前些天取得的成就。他们一起补写了这个故事。合作描述、记录、讨论和决定使这些学习记录变得更生动，也在继续丰富着我对早期学习成果的理解。将这些生动的学习记录转化成评价，使我们的想象力和实践能力发挥到了极致。在早期教育环境中进行形成性评价才刚刚起步，我希望本书中所列的观点、实例、指导原则和过程能为进一步对话和发展提供一个平台。

参考文献

Ames, C. (1992) Classrooms: goals, structures, and student motivation. *Journal of Educational Psychology*, 84(3), pp. 61–71.

Astington, J. W. (1993) *The Child's Discovery of the Mind*. Cambridge, Mass.: Harvard University Press.

Athey, C. (1990) *Extending Thought in Young Children- a Parent- Teacher Partnership*. London: Paul Chapman.

Beattie, M. (1995a) New prospects for teacher education: narrative ways of knowing teaching and teacher learning. *Educational Research*, 37(1), pp. 53–70.

Beattie, M. (1995b) The making of a music: the construction and reconstruction of a teacher's personal practical knowledge during inquiry. *Curriculum Inquiry*, 25(2), pp. 133–150.

Bell, B. and Gilbert, J. (1996) *Teacher Development: a Model from Science Education*. London: Falmer.

Black, P. and Wiliam, D. (1998) Assessment and classroom learning. *Assessment in Education*, 5(1), pp. 7–74.

Blatchford, P., Burke, J., Farquhar, C., Plewis, I. and Tizard, B. (1989) Teacher expectations in infant school: associations with attainment and progress. *British Journal of Educational Psychology*, 59, pp. 19–30.

Blenkin, G. and Kelly, A. V. (eds) (1992) *Assessment in Early Childhood Education*. London: Paul Chapman.

Bloch, M. N. and Pellegrini, A. D. (eds) (1989) *The Ecological Context of Children's Play*. Norwood, NJ.: Ablex.

Bourdieu, P. (1990) *In other Words: Essays Towards a Reflexive Sociology*. Stanford: Stanford University Press.

Bourdieu, P. (1984/1993) *Sociology in Question*. 1993 English translation by Richard Nice. London: Sage.

Bredekamp, S. and Rosegrant, T. (1992) Reaching potentials through appropriate curriculum: conceptual frameworks for applying the guidelines. In S. Bredekamp and T. Rosegrant (eds) *Reaching Potentials: Appropriate Curriculum and Assessment for Young Children*. Vol 1. Washington DC: National Association for the Education of Young Children.

Bredekamp, S. and Shepard, L. (1989) How best to protect children from inappropriate school expectations, practices, and policies. *Young Children*, 44(3), pp. 14–34.

Briggs, R. (1978) *The Snowman*. London: Hamish Hamilton.

Broadfoot, P. (1996a) Assessment and learning: power or partnership? In H. Goldstein and T. Lewis (eds) *Assessment: Problems, Developments and Statistical Issues*. Chichester: John Wiley.

Broadfoot, P. (1996b) *Education, Assessment and Society*. Buckingham: Open University Press.

Broberg, A. G., Wessels, H., Lamb, M. E. and Hwang, C. P. (1997) Effects of day care on the development of cognitive abilities in 8-year-olds: a longitudinal study. *Developmental Psychology*, 33(1), pp. 62–69.

Bronfenbrenner, U. (1979) *The Ecology of Human Development*. Cambridge, Mass.: Harvard University Press.

Brown, A. L., Ash, D., Rutherford, M., Nakagawa, K., Gordon, A. and Campione, J. C. (1993) Distributed expertise in the classroom. In G. Salomon (ed.) *Distributed Cognitions: Psychological and Educational Considerations*. Cambridge: Cambridge University Press.

Bruna, Dick (1962) *The Little Bird*. London: Methuen Children's Books.

Bruner, J. (1983) *Child's Talk: Learning to Use Language*. New York: Norton.

Bruner, J. (1986) *Actual Minds: Possible Worlds*. Cambridge, Mass.: Harvard University Press.

Bruner, J. (1990) *Acts of Meaning*. Cambridge, Mass.: Harvard University Press.

Bruner, J. (1996) *The Culture of Education*. Cambridge, Mass.: Harvard University Press.

Carr, M. (1987) A preschool 'drill' for problem-solving. *Investigating*, 3(1), pp. 3–5.

Carr, M. (1997) Persistence when it's difficult: a disposition to learn for early childhood. *Early Childhood Folio*. Wellington: NZCER.

Carr, M. (1998a) *Assessing Children's Experiences in Early Childhood: Final Report to the Ministry of Education*. Wellington: Ministry of Education.

Carr, M. (1998b) *Assessing Children's Experiences in Early Childhood*. Three videos and a Workshop Booklet for Practitioners. Wellington: NZCER.

Carr, M. (2000a) Seeking children's perspectives about their learning. In A. B. Smith and N. J. Taylor (eds) *Children's Voice: Research, Policy and Practice*. Auckland: Addison Wesley Longman.

Carr, M. (2000b) Technological affordance, social practice and learning narratives in an early childhood setting. *International Journal of Technology and Design Education*, 10, pp. 61–79.

Carr, M. (2001) Emerging learning narratives: a perspective from early childhood. In G. Wells and G. Claxton (eds) *Learning for Life in the 21st Century: Sociocultural Perspectives on the Future of Education*. Oxford: Blackwell.

Carr, M., and Claxton, G. (1989) The costs of calculation. *New Zealand Journal of Educational Studies*, 24(2), pp. 129–140.

Carr, M. and Cowie, B. (1997) *Assessment: Why Record*. Position Paper Four. Project for Assessing Children's Experiences. Hamilton: University of Waikato.

Carr, M., and May, H. (1993) Choosing a model. Reflecting on the development process of Te Whariki: national early childhood curriculum guidelines in New Zealand. *International Journal of Early Years Education*, 1(3), pp. 7–21.

Carr, M. and May, H. (1994) Weaving patterns: developing national early childhood curriculum guidelines in Aotearoa-New Zealand. *Australian Journal of Early Childhood*, 19(1), pp. 25–33.

Carr, M. and May, H. (2000) Te Whariki: Curriculum Voices. In H. Penn (ed.) *Theory, Policy and Practice in Early Childhood Services*. Buckingham: Open University Press.

Carr, M., May, H., Podmore, V., Cubey, P., Hatherly, A. and Macartney, B. (2000) *Learning and Teaching Stories: Action Research on Evaluation in Early Childhood*. Final Report to the Ministry of Education. Wellington: New Zealand Council for Educational Research.

Clandinin, D. J. and Connelly, F. M. (1990) Narrative, experience and the study of curriculum. *Cambridge Journal of Education*, 20(3), pp. 241–253.

Claxton, G. (1990) *Teaching to Learn*. London: Cassell.

Cole, M. (1996) *Cultural Psychology: a Once and Future Discipline*. Cambridge, Mass.: Harvard University Press.

Comber, B. (2000) What really counts in early literacy lessons. *Language Arts*, 78(1), pp. 39–49.

Connelly, F. M. and Clandinin, D. J. (1988) *Teachers as Curriculum Planners: Narratives of Experience*. New York: Teachers College Press.

Connelly, F. M. and Clandinin, D. J. (1990) Stories of experience and narrative inquiry. *Educational Researcher*, 19(5 (June–July)), pp. 2–14.

Connelly, F. M. and Clandinin, D. J. (1995) Narrative and education. *Teachers and Teaching: Theory and Practice*, 1(1), pp. 73–85.

Corsaro, W. A. (1985) *Friendship and Peer Culture in the Early Years*. Norwood, NJ: Ablex.

Crnic, K. and Lamberty, G. (1994) Reconsidering school readiness: conceptual and applied perspectives. *Early Education and Development*, 5(2), pp. 91–105.

Cross, S. E. and Marcus, H. R. (1994) Self-schemas, possible selves, and competent performance. *Journal of Educational Psychology*, 86(3), pp. 423–438.

Csikszentmihalyi, M. (1991) *Flow: the Psychology of Optimal Experience*. New York: Harper Collins.

Csikszentmihalyi, M. (1996) *Creativity: Flow and the Psychology of Discovery and Invention*. New York: Harper Collins.

Csikszentmihalyi, M. (1997) *Finding Flow: the Psychology of Engagement with Everyday Life*. New York: Basic Books.

Csikszentmihalyi, M. and Rathunde, K. (1992) The measurement of flow in everyday life: toward a theory of emergent motivation. In J. J. Jacobs (ed.) *Developmental Perspectives of Motivation. Nebraska Symposium on Motivation Vol. 40.* Lincoln: University of Nebraska Press.

Cullen, J. (1991) Young children's learning strategies: continuities and discontinuities. *International Journal of Early Childhood*, 23(1), pp. 44–58.

Dahlberg, G., Moss, P. and Pence, A. (1999) *Beyond Quality in Early Childhood Education and Care: Postmodern Perspectives*. London: Falmer.

Davies, B. (1989) *Frogs and Snails and Feminist Tales: Preschool Children and Gender*. Sydney: Allen and Unwin.

Donaldson, M. (1992) *Human Minds*. London: The Penguin Press.

Drummond, M. J. (1993) *Assessing Children's Learning*. London: David Fulton.

Drummond, M. J. (1999) Comparisons in Early Years Education: history, fact and fiction. CREPE Occasional Paper. University of Warwick, Centre for Research in Elementary and Primary Education.

Drummond, M. J. and Nutbrown, C. (1992) Observing and assessing young children. In G. Pugh (ed.) *Contemporary Issues in the Early Years*. London: Paul Chapman and National Children's Bureau.

Drummond, M. J., Rouse, D. and Pugh, G. (1992) *Making Assessment Work: Values and Principles in Assessing Young Children's Learning*. London and Nottingham: National Children's Bureau and NES Arnold.

Dunn, J. (1993) *Young Children's Close Relationships*. London: Sage.

Dweck, C. S. (1985) Intrinsic motivation, perceived control, and self-evaluation maintenance: an achievement goal analysis. In C. Ames and R. Ames (eds) *Research on Motivation in Education (Vol. 2: The Classroom Milieu)*. San Diego: Academic Press.

Dweck, C. S. (1999) *Self-theories: Impact on Motivation, Personality and Development*. Philadelphia, PA: Taylor & Francis (Psychology Press).

Dweck, C. S. and Reppucci, N. D. (1973) Learned helplessness and reinforcement responsibility in children. *Journal of Personality and Social Psychology*, 54, pp. 109–116.

Dyson, A. H. (1989) *Multiple Worlds of Child Writers: Friends Learning to Write*. New York: Teachers College Press.

Dyson, A. H. (1993) *The Social Worlds of Children Learning to Write in an Urban Primary School*. New York: Teachers College Press.

Dyson, A. H. (1997) Children out of bounds: the power of case studies in expanding visions of literacy development. In J. Flood, S. B. Heath and D. Lapp (eds) *Handbook of Research on Teaching Literacy Through the Communicative and Visual Arts*. New York: Simon & Schuster Macmillan, pp. 167–180.

Education Review Office (2000) *Early Literacy and Numeracy: the Use of Assessment to Improve Programmes for Four to Six Year Olds*. Wellington: Education Review Office.

Edwards, P. (1996) *Livingstone Mouse*. New York: Harper Collins.

Edwards, C., Gandini, L. and Forman, G. (eds) (1993) *The Hundred Languages of Children: the Reggio Emilia Approach to Early Education*. Norwood, NJ: Ablex.

Egan, K. (1993) Narrative and learning: a voyage of implications. *Linguistics and Education*, 5, pp. 119–126.

Egan, K. (1996) The development of understanding. In D. R. Olson and N. Torrance (eds) *The Handbook of Education and Human Development*. London: Blackwell.

Egan, K. (1997) *The Educated Mind: How Cognitive Tools Shape our Understanding*. Chicago: University of Chicago Press.

Eisner, E. (2000) Those who ignore the past . . .: 12 'easy' lessons for the next millenium. *Journal of Curriculum Studies*, 32(2), pp. 343–357.

Fernie, D. E. (1988) Becoming a student: messages from first settings. *Theory into Practice*, XXVII(1), pp. 3–10.

Fernie, D. E., Davies, B., Kantor, R. and McMurray, P. (1993) Becoming a person in the preschool: creating integrated gender, school culture, and peer culture positionings. *Qualitative Studies in Education*, 6(2), pp. 95–110.

Filer, A. (1993) The assessment of classroom language: challenging the rhetoric of 'objectivity'. *International Studies in Sociology of Education*, 3, pp. 183–212.

Filer, A. and Pollard, A. (2000) *The Social World of Pupil Assessment: Processes and Contexts of Primary Schooling*. London: Continuum.

Firestone, W. A., Fitz, J. and Broadfoot, P. (1999) Power, learning and legitimation: assessment implementation across levels in the United States and the United Kingdom. *American Educational Research Journal*, 36(4), pp. 759–793.

Foote, L., Irvine, P. and Turnbull, A. (1996) Professional Development Programmes for Curriculum Implementation in Early Childhood. Paper presented at the New Zealand Council for Educational Research Conference, June.

Forman, G. and Gandini, L. (1995) *An Amusement Park for the Birds* [Videotape]. Amherst, Mass.: Performanetics.

Foucault, M. (1979) *Discipline and Punish*. London: Allen Lane.

Frome, P. M. and Eccles, J. S. (1998) Parents' influence on children's achievement-related perceptions. *Journal of Personality and Social Psychology*, 74(2), pp. 435–452.

Gaffney, M. and Smith, A. B. (1997) An Evaluation of Pilot Early Childhood Professional Development Programmes to Support Curriculum Implementation. Report to the Ministry of Education. Dunedin: Children's Issues Centre.

Gallas, K. (1994) *The Languages of Learning: How Children Talk, Write, Dance, Draw and Sing their Understanding of the World*. New York: Teachers College Press.

Gardner, H. (1983) *Frames of Mind*. 2nd edition. London: Fontana.

Genishi, C. (ed) (1992) *Ways of Assessing Children and Curriculum: Stories of Early Childhood Practice*. New York: Teachers College Press.

Gettinger, M. and Stoiber, K. C. (1998) Critical incident recording: a procedure for monitoring children's performance and maximizing progress in inclusive settings. *Early Childhood Education Journal*, 26(1), pp. 39–46.

Gilbert, Jane (1993) Teacher development: a literature review. In B. Bell (ed.) *I Know About LISP But How Do I Put It Into Practice?* Hamilton, New Zealand: Centre for Science and Mathematics Education Research, University of Waikato.

Gipps, C. (1999) Socio-cultural aspects of assessment. In A. Iran-Nejad and P. D. Pearson (eds) *Review of Research in Education 24*, Washington, AERA, pp. 355–392.

Goodenow, C. (1992) Strengthening the links between educational psychology and the study of social contexts. *Educational Psychologist*, 27(2), pp. 177–196.

Goodnow, J. (1990) The socialization of cognition: what's involved? In J. W. Stigler, R. A. Shweder and G. Herdt (eds) *Cultural Psychology*. Cambridge: Cambridge University Press, pp. 259–286.

Gould, K. E. (1997) *Teacher Professional Development: a Literature Survey*. Position Paper Four. Project for Assessing Children's Experiences. Hamilton: University of Waikato.

Graue, M. E. and Walsh, D. J. (1995) Children in context: interpreting the here and now of children's lives. In J. A. Hatch (ed), *Qualitative Research in Early Childhood Settings*. Westport, Connecticut: Praeger, pp. 135–154.

Gudmundsdottir, S. (1991) Story-maker, story-teller: narrative structures in curriculum. *Journal of Curriculum Studies*, 23(3), pp. 207–218.

Hatch, J. A. (ed.) (1995) *Qualitative Research in Early Childhood Settings*. Westport, Connecticut: Praeger.

Heyman, G. D. and Dweck, C. S. (1998) Children's thinking about traits: implications for judgments of the self and others. *Child Development*, 64(2), pp. 391–403.

Hickey, D. T. (1997) Motivation and contemporary socio-constructivist instructional perspectives. *Educational Psychologist*, 32(3), pp. 175–193.

Hidi, S., Renninger, K. A. and Krapp, A. (1992) The present state of interest research. In S. Hidi, K. A. Renninger and A. Krapp (eds) *The Role of Interest in Learning and Development*. Hillsdale, NJ: Lawrence Erlbaum.

Hill, E. (1985) *Spot at the Farm*. London: William Heinemann.

Hill, S., Comber, B., Louden, W., Rivalland, J. and Reid, J. (1998) *100 Children Go to School: Connections and Disconnections in Literacy Development in the Year Prior to School and the First Year of School*. Canberra, ACT: DEETYA.

Hohmann, M., Banet, B. and Weikart, D. P. (1979) *Young Children in Action: a Manual for Pre-School Educators*. Ypsilanti, MI: High/Scope Education Research Foundation.

Howard, S. and Johnson, B. (1999) Tracking student resilience. *Children Australia*, 24(3), pp. 14–23.

Howes, C., Matheson, C. C. and Hamilton, C. E. (1994) Maternal, teacher, and child care history correlates of children's relationships with peers. *Child Development*, 65, pp. 264–273.

Hunt, K. (1999) Respecting the wisdom of a young child in grief. Paper presented at The Third Warwick International Early Years Conference, 12–16 April.

Inagaki, K. (1992) Piagetian and post-Piagetian conceptions of development and their implications for science education in early childhood. *Early Childhood Research Quarterly*, 7(1), pp. 115–133.

Isaacs, S. (1932) *The Nursery Years: the Mind of the Child from Birth to Six Years*. London: Routledge and Kegan Paul.

James, M. and Gipps, C. (1998) Broadening the basis of assessment to prevent the narrowing of learning. *The Curriculum Journal*, 9(3), pp. 285–297.

Jones, E. and Reynolds, G. (1992) *The Play's the Thing: Teachers' Roles in Children's Play*. New York: Teachers College Press.

Kantor, R. (1988) Creating school meaning in preschool curriculum. *Theory into Practice*, XXVII(1), pp. 25–35.

Kantor, R., Green, J., Bradley, M. and Lin, L. (1992) The construction of schooled discourse repertoires: an interactional sociolinguistic perspective on learning to talk in preschool. *Linguistics and Education*, 4, pp. 131–172.

Katz, L. G. (1988) What should young children be doing? *American Educator* (Summer), pp. 29–45.

Katz, L. G. (1993) *Dispositions: Definitions and Implications for Early Childhood Practices*. Perspectives from ERIC/ECCE: a monograph series. Urbana, Illinois: ERIC Clearinghouse on ECCE.

Katz, L. G. (1995) The distinction between self-esteem and narcissism: implications for practice. In L. G. Katz (ed.) *Talks with Teachers of Young Children: a collection*. Norwood, NJ: Ablex.

Kelly, A. V. (1992) Concepts of assessment: an overview. In G. Blenkin and A. V. Kelly (eds) *Assessment in Early Childhood Education*. London: Paul Chapman.

Knupfer, A. M. (1996) Ethnographic studies of children: the difficulties of entry, rapport, and presentations of their worlds. *Qualitative Studies in Education*, 9(2), pp. 135–149.

Krechevsky, M. (1994) *Project Spectrum: Preschool Assessment Handbook*. Cambridge, Mass.: Project Zero at the Harvard University Graduate School of Education.

Laevers, F. (1994) *The Leuven Involvement Scale for Young Children*. Leuven, Belgium: Centre for Experiential Education.

Laevers, F., Vandenbussche, E., Kog, M. and Depondt, L. (n.d.) *A Process-oriented Child Monitoring System for Young Children*. Experiential Education Series, No. 2. Leuven, Belgium: Centre for Experiential Education.

Lather, P. (1993) Fertile obsession: validity after post structuralism. *Sociological Quarterly*, 34(4), pp. 673–693.

Lave, J. and Wenger, E. (1991) *Situated Learning: Legitimate Peripheral Participation*. Cambridge: Cambridge University Press.

Litowitz, B. E. (1993) Deconstruction in the zone of proximal development. In E. A. Forman, N. Minick and C. A. Stone (eds) *Contexts for Learning: Sociocultural Dynamics in Children's Development*. Oxford and London: Oxford University Press.

Litowitz, B. E. (1997) Just say no: responsibility and resistance. In M. Cole, Y. Engeström and O. Vasquez (eds) *Mind, Culture, and Activity: Seminal Papers from the Laboratory of Comparative Human Cognition*. Cambridge: Cambridge University Press.

Lubeck, S. (1985) *Sandbox Society. Early Education in Black and White America: a Comparative Ethnology*. London: Falmer.

Lyle, S. (2000) Narrative understanding: developing a theoretical context for understanding how children make meaning in classroom settings. *Journal of Curriculum Studies*, 32(1), pp. 45–63.

Marcus, H. and Nurius, P. (1986) Possible selves. *American Psychologist*, September, pp. 954–669.

Marshall, H. (1992) *Redefining Student Learning: Roots of Educational Change*. Norwood: Ablex.

Merritt, S. and Dyson, A. H. (1992) A social perspective on informal assessment: voices, texts, pictures, and play from a first grade. In C. Genishi (ed.) *Ways of Assessing Children and Curriculum: Stories of Early Childhood Practice*. New York: Teachers College Press.

Middleton, S. and May, H. (1997) *Teachers Talk Teaching 1915–1995: Early Childhood, Schools, and Teachers' Colleges*. Palmerston North: Dunmore.

Moll, L. C., Amanti, C., Neff, D. and Gonzales, N. (1992) Funds of knowledge for teaching: using a qualitative approach to connect homes and classrooms. *Theory into Practice*, 31(2), pp. 132–141.

Monk, G., Winslade, J., Crocket, K. and Epston, D. (eds) (1997) *Narrative Therapy in Practice: the Archaeology of Hope*. San Francisco: Jossey-Bass.

Montessori, M. (1965) *The Montessori Method: Scientific Pedagogy as Applied to Child Education in 'the Children's Houses' with Additions and Revisions by the Author*. Cambridge, Mass.: R. Bentley. Translated from the Italian by A. E. George. Originally published in 1912.

Moore, C. and Dunham, P. J. (eds) (1992) *Joint Attention: Its Origins and Role in Development*. Hillsdale, NJ: Lawrence Erlbaum.

Moss, P. A. (1994) Can there be validity without reliability? *Educational Researcher*, March, pp. 5–12.

Nash, R. (1993) *Succeeding Generations: Family Resources and Access to Education in New Zealand*. Auckland: Oxford University Press.

Nelson, K. (1986) *Event Knowledge: Structure and Function in Development*. NJ: Lawrence Erlbaum.

Nelson, K. (1997) Cognitive change as collaborative construction. In E. Amsel and K. A. Renninger (eds) *Change and Development: Issues of Theory, Method and Application*. Mahwah, NJ and London: Erlbaum.

New Zealand Ministry of Education (1996a) *Te Whāriki. He Whāriki Mātauranga mō-ngā-Mokopuna o Aotearoa: Early Childhood Curriculum*. Wellington: Learning Media.

New Zealand Ministry of Education (1996b) Revised Statement of Desirable Objectives and Practices (DOPs) for Chartered Early Childhood services in New Zealand. *The New Zealand Gazette*, 3 October.

Nisbet, J. and Shucksmith, J. (1986) *Learning Strategies*. London: Routledge and Kegan Paul.

Noddings, N. (1984) *Caring: a Feminine Approach to Ethics and Moral Education*. Berkeley, California: University of California Press.

Noddings, N. (1995) Teaching themes of care. *Phi Delta Kappan*, 76(9), pp. 675–679.

Nsamenang, A. Bame and Lamb, M. E. (1998) Socialization of Nso children in the Bamenda grassfields of northwestern Cameroon. In M. Woodhead, D. Faulkner and K. Littleton (eds) *Cultural Worlds of Early Childhood*. London and New York: Routledge in association with The Open University.

Nutbrown, C. (1994) *Threads of Thinking: Young Children Learning and the Role of Early Education*. London: Paul Chapman.

Olson, D. R and Bruner, J. S. (1996) Folk psychology and folk pedagogy. In D. R. Olson and N. Torrance (eds) *The Handbook of Education and Human Development: New Models of Learning, Teaching and Schooling*. London: Blackwell.

Paley, V. G. (1986) On listening to what the children say. *Harvard Educational Review*, 56(2), pp. 122–131.

Paley, V. G. (1988) *Bad Guys Don't have Birthdays: Fantasy Play at Four*. Cambridge, Mass.: Harvard University Press.

Paley, V. G. (1992) *You Can't Say You Can't Play*. Cambridge, Mass.: Harvard University Press.

Papert, S. (1980) *Mindstorms*. Brighton: Harvester.

Papert, S. (1993) *The Children's Machine: Rethinking School in the Age of the Computer*. Hemel Hempstead: Harvester Wheatsheaf.

Pascal, C., Bertram, A., Ramsden, F., Georgeson, J., Saunders, M. and Mould, C. (1995) *Evaluating and Developing Quality in Early Childhood Settings: a Professional Development Programme*. Effective Early Learning Project. Worcester: Worcester College of Higher Education.

Pascal, C. and Bertram, A. (1998) The AcE project: accounting for life long learning. In L. Abbott and H. Moylett (eds) *Early Childhood Reformed*. London: Falmer.

Perkins, D. (1992) *Smart Schools: Better Thinking and Learning for Every Child*. New York: The Free Press.

Perkins, D. N., Jay, E. and Tishman, S. (1993) Beyond abilities: a dispositional theory of thinking. *Merrill-Parker Quarterly*, 39, 1 January, pp. 1–21.

Piaget, J. (1954) *The Construction of Reality in the Child*. New York: Basic Books.

Pollard, A. (1996) *The Social World of Children's Learning: Case Studies of Pupils from Four to Seven*. London: Cassell.

Pollard, A. and Filer, A. (1999) *The Social World of Pupil Career: Strategic Biographies Through Primary School*. London: Cassell.

Pratt, D. (1994) *Curriculum Planning: a Handbook for Professionals*. Fort Worth: Harcourt Brace.

Resnick, L. B. (1987) *Education and Learning to Think*. Washington, DC: National Academy Press.

Rogoff, B. (1990) *Apprenticeship in Thinking: Cognitive Development in Social Context*. Oxford and New York: Oxford University Press.

Rogoff, B. (1997) Evaluating development in the process of participation: theory, methods, and practice building on each other. In E. Amsel and K. Ann Renninger (eds) *Change and Development: Issues of Theory, Method and Application*. Mahwah, NJ and London: Erlbaum.

Rogoff, B. (1998) Cognition as a collaborative process. In William Damon (ed.) *Handbook of Child Psychology*. Fifth Edition. Vol. 2. Cognition, Perception and Language. (Volume Editors: Deanna Kuhn and Robert S. Siegler.) New York: John Wiley, pp. 679–744.

Rogoff, B., Mistry, J., Goncu, A. and Mosier, C. (1993) *Guided Participation in Cultural Activity by Toddlers and Caregivers*. Monographs of the Society for Research in Child Development Serial No. 236, 58(8).

Rose, Nikolas (1999) *Governing the Soul: the Shaping of the Private Self*. 2nd edition (first edition 1989). London and New York: Free Association Books.

Salomon, G. (1991) Transcending the Qualitiative–Quantitative Debate: the analytic and systemic approaches to educational research. *Educational Researcher* (Aug–Sept), pp. 10–18.

Salomon, G. (1993) Editor's introduction. In G. Salomon (ed) *Distributed Cognitions: Psychological and Educational Considerations*. Cambridge: Cambridge University Press.

Schweinhart, L. J. and Weikart, D. P. (1993) *A Summary of Significant Benefits: the High Scope Perry Pre-School Study through Age 27*. Ypsilanti, MI: High Scope.

Sheldon, A. (1992) Conflict talk: sociolinguistic challenges to self-assertion and how young girls meet them. *Merrill-Palmer Quarterly*, 38(1), pp. 95–117.

Shepard, L. A. (1991) Psychometricians' beliefs about learning. *Educational Researcher*, 20(6), pp. 2–16.

Siraj-Blatchford, I. (1994) *The Early Years: Laying the Foundations for Racial Equality*. Stoke-on-Trent: Trentham.

Skerrett-White, M. (1998) Case Study Four: Te Kōhanga Reo Case Study. In M. Carr, *Assessing Children's Experiences in Early Childhood: Final Report to the Ministry of Education*, Part 2: The Case Studies. Wellington: Ministry of Education.

Smiley, P. A. and Dweck, C. S. (1994) Individual differences in achievement goals among young children. *Child Development*, 65, pp. 1723–1743.

Smith, A. B. (1992) Early childhood educare: seeking a theoretical framework in Vygotsky's work. *International Journal of Early Years Education*, 1, pp. 47–61.

Smith, A. B. (1999) Quality childcare and joint attention. *International Journal of Early Years Education*, 7(1), pp. 85–98.

Stallibrass, A. (1974) *The Self-Respecting Child: A Study of Children's Play and Development*. London: Thames and Hudson.

Sylva, K. (1994) School influences on children's development. *Journal of Child Psychology and Psychiatry*, 34(1), pp. 135–170.

Sylva, K., Roy, C. and Painter, M. (1980) *Childwatching at Playgroup and Nursery School*. London: Grant McIntyre.

Taylor, P. C. (1998) Constructivism: value added. In B. J. Fraser and K. G. Tobin (eds) *International Handbook of Science Education Part Two*. Dordrecht: Kluwer Academic Publishers.

Thompson, J. B. (1991) Editor's introduction. In P. Bourdieu, *Language and Symbolic Power*. Cambridge, Mass.: Harvard University Press.

Tizard, B. and Hughes, M. (1984) *Young Children Learning*. London: Fontana.

Torrrance, H. and Pryor, J. (1998) *Investigating Formative Assessment: Teaching, Learning and Assessment in the Classroom*. Buckingham: Open University Press.

Turkle, S. and Papert, S. (1992) Epistemological pluralism and the revaluation of the concrete. *Journal of Mathematical Behavior*, 11, pp. 3–33.

Vygotsky, L. S. (1978) *Mind in Society: the Development of Higher Psychological Processes*. Edited by M. Cole, V. John-Steiner, S. Scribner and E. Souberman. Translated by A. R. Luria, M. Lopez-Morillas, M. Cole and J. Wertsch. Cambridge, Mass.: Harvard University Press.

Walkerdine, V. and Lucey, H. (1989) *Democracy in the Kitchen: Regulating Mothers and Socialising Daughters*. London: Virago.

Walsh, D. J., Tobin, J. J. and Graue, M. E. (1993) The interpretive voice: qualitative research in early childhood education. In B. Spodek (ed.) *Handbook of Research on the Education of Young Children*. New York: MacMillan.

Weinstein, R. (1989) Perceptions of classroom processes and student motivation: children's views of self-fulfilling prophecies. In C. Ames and R. Ames (eds) *Research on Motivation in Education Volume 3: Goals and Cognitions*. San Diego: Academic Press.

Wellman, H. M. (1990) *The Child's Theory of Mind*. Cambridge, Mass.: The MIT Press.

Wells, G. (1985) *Language Development in the Preschool Years*. Cambridge: Cambridge University Press.

Wertsch, J. V. (1991) *Voices of the Mind: a Sociocultural Approach to Mediated Action*. Cambridge, Mass.: Harvard University Press.

Whalley, M. (1994) *Learning to be Strong: Setting Up a Neighbourhood Service for Under-Fives and their Families*. Sevenoaks, Kent: Hodder & Stoughton Educational.

Wiliam, D. (1994) Assessing authentic tasks: alternatives to mark-schemes. *Nordic Studies in Mathematics Education*, 2(1), pp. 48–67.

Wood, D. J., McMahon, L. and Cranstoun, Y. (1980) *Working with Under-Fives*. London: Grant McIntyre.

Yair, G. (2000) Reforming motivation: how the structure of instruction affects students' learning experiences. *British Educational Research Journal*, 26(2), pp. 191–210.

Yeats, W. B. (1958) *The Collected Poems of W. B. Yeats*. London: MacMillan (first edition, 1933).

后　记

参与本书翻译的人员分工如下。

周欣：绪言、第一章

邹海瑞：第二章

马丽婷：第三章

周念丽、李欢、杨静、张文文、王宇：第四、第五章

左志宏：第六章

林芷立：第七章

赵连光、郭力平：第八章

陈柯汀、郭力平：第九章

赵琳：第十、第十一章

全书由周菁审校。

译者

出 版 人　李　东
责任编辑　王春华
版式设计　郝晓红
责任校对　张　珍　刘　婧
责任印制　叶小峰

图书在版编目（CIP）数据

另一种评价：学习故事/（新西兰）卡尔
（Carr，M.）著；周欣等译. —北京：教育科学出版社，
2016.1（2023.1重印）
　（学习故事译丛）
　书名原文：Assessment in Early Childhood
Settings：Learning Stories
　ISBN 978-7-5191-0312-5

　Ⅰ.①另…　Ⅱ.①卡…②周…　Ⅲ.①学前教育—研
究　Ⅳ.①G612

　中国版本图书馆 CIP 数据核字（2016）第 016720 号
　北京市版权局著作权合同登记 图字：01-2014-6691 号

学习故事译丛
另一种评价：学习故事
LING YI ZHONG PINGJIA：XUEXI GUSHI

出版发行	**教育科学出版社**		
社　　址	北京·朝阳区安慧北里安园甲 9 号	市场部电话	010-64989572
邮　　编	100101	编辑部电话	010-64989395
传　　真	010-64989419	网　　址	http：//www.esph.com.cn
经　　销	各地新华书店		
制　　作	北京博祥图文设计中心		
印　　刷	保定市中画美凯印刷有限公司		
开　　本	720 毫米×1020 毫米　1/16	版　　次	2016 年 1 月第 1 版
印　　张	15	印　　次	2023 年 1 月第 9 次印刷
字　　数	225 千	定　　价	55.00 元

Original English Title:

Assessment in Early Childhood Settings: Learning Stories

By Margaret Carr

English language edition published by SAGE Publications of London, Thousand

Oaks, New Delhi and Singapore, © Margaret Carr, 2001.

This Chinese Simplified edition is translated and published by permission of

Proprietor. Educational Science Publishing House shall take all necessary steps

to secure copyright in the Translated Work in each country it is distributed.